文成天縱

古籍修复

探索与实践

朱振彬 ⊙ 著

广西师范大学出版社
GUANGXI NORMAL UNIVERSITY PRESS
·桂林·

图书在版编目（CIP）数据

古籍修复探索与实践 / 朱振彬著. --桂林 ： 广西师范大学出版社，2022.1
ISBN 978-7-5598-4511-5

Ⅰ. ①古… Ⅱ. ①朱… Ⅲ. ①古籍—修复—研究 Ⅳ. ①G253.6

中国版本图书馆 CIP 数据核字（2021）第 244322 号

广西师范大学出版社发行
（广西桂林市五里店路 9 号 邮政编码：541004
网址：http://www.bbtpress.com）
出版人：黄轩庄
全国新华书店经销
北京博海升彩色印刷有限公司印刷
（北京市通州区中关村科技园通州园金桥科技产业基地环宇路 6 号 邮政编码：100076）
开本：787 mm ×1 092 mm 1/16
印张：20.75 字数：290 千
2022 年 1 月第 1 版 2022 年 1 月第 1 次印刷
定价：138.00 元

补天之手　为书驻魂

“补天之手，贯虱之睛，灵慧虚和，心细如发”，明周嘉胄在《装潢志》中所写的这段话，描述了从事古籍修复的工匠们应具备的本领。历史长河中正是有代代妙手仁心的修复师用一双双补天之手不断接力，古籍才能延寿千年，承载延续中华文明的灵魂！我的同事朱振彬正是一位有着“补天之手，贯虱之睛”而又“灵慧虚和，心细如发”的修复师。

非常高兴，我是朱振彬这部书的第一个读者。通读《古籍修复探索与实践》后，我感慨良多。更让我感叹的是，朱老师实在是太幸运了。第一个幸运是在18岁的懵懂中，走进国家图书馆，遇到了被称为“国手”的修复大师张士达先生，有了与“师父”朝夕相处的学徒3年，不但学到了技术，还学到了精神，也和师父及其家人结下了深厚的缘分。直到现在，朱振彬和张先生的孙女张粤还常有来往，常常回忆和师父在一起的点点滴滴。这里用“师父”而不是“师傅”，的确是有对老师亦师亦父的情感。2013年在张先生逝世20周年的清明前夕，朱老师和同在张先生门下学习的刘建明、刘峰一起赴江西扫墓祭拜，也反映出师徒间的深厚感情。在国手的言传身教下，朱老师潜移默化地熔铸了精益求精的工匠精神，技术根基也扎实了很多。

第二个幸运是国家图书馆被业界津津乐道的奠定了古籍修复基本理念的四大修复工程，朱振彬经历了敦煌遗书、《永乐大典》、西夏文献三个工程，在“最少干预”“过程可逆”等原则之下，他的技法和经验伴随着其修复实践，得到了不断的提升。在重大修复工程中的见识是可遇不可求的。

第三个幸运是在实践工作中，他遇到了冀淑英、丁瑜、魏隐儒等古籍界的前辈、权威。丁瑜先生曾和肖振棠先生合著《中国古籍装订修补技术》，冀淑英先生在国家图书馆1991年开始启动的“敦煌遗书专项修复”时提出了“抢救为主，治病为辅”的原则，并在之后的敦煌遗书修复中一直贯彻执行，至今还为业界共同遵守。冀淑英先生对朱振彬的修复技术颇为赞赏，称其修复“真是那么回事”。

第四个幸运是欣逢盛世，遇到了国家对古籍保护的重视和投入的最好的时期。2007年，中华古籍保护计划正式启动。古籍修复人才匮乏以及科学化、规范化程度低的状况引起了国家的高度重视。自此，国家图书馆的古籍修复走上专业化、正规化的道路，完成从经验到科学的提升。2008年6月国家图书馆“装裱修复技艺·古籍修复技艺”被文化部正式确认为国家级非物质文化遗产，修复组杜伟生成为国家级非物质文化遗产“古籍修复技艺”国家级传承人。2010年文化部命名这个组为“国家级古籍修复中心”，2013年成为文化部命名的“国家级非物质文化遗产古籍修复技艺传习中心”。2014年国家图书馆古籍馆修复组获得中组部、中宣部、人力资源和社会保障部、科技部联合授予的第五届“全国专业技术人才先进集体”称号；2014年朱振彬荣获第十二届全国技术能手，2016年刘建明荣获第十三届全国技术能手；2015年古籍馆成为修复国家古籍保护人才培训基地；2015年获国家文物局可移动文物修复资质；2019年荣获中央国家机关“青年文明号”。修复组的人员被誉为“大国工匠”，研究生学历的修复人员比例越来越大，标准制定、专利发明促进着规范化、科学化程度的提升，而对专业人才的培养、修复过程的记录、案例的分享及修复材料、修复技艺的研究也实实在在成为业界的引领。而修复和修复师也从默默无闻，成为媒体报道的热点。这一需要才能、需要耐心、需要柔和技巧的工作得到了大众的关注，采访朱振彬的记者逐渐多了，央视导演对朱老师的评价是“儒雅”，还有记者评价其为“沉默的书医”。在采访中，朱振彬不断感慨着国家的投入、行业的进步，也尽其所能宣传着古籍修复的技艺和意义。

2013年，朱振彬在国家古籍保护中心立项的国家图书馆古籍馆专项修复“清宫旧藏天禄琳琅”项目中任首席修复师，承担方案的制定、修复、修复指导等任务。国家图书馆藏“天禄琳琅”书有279部。2013年，国家图书馆在对馆藏“天禄琳琅”古籍进行整理及破损情况分析中发现，在279部3500余册“天禄琳琅”古籍中，约10%即300余册存在严重的纸张糟朽、絮化、粘连、装帧解体等问题。这些破损古籍时间跨度长、破损类型多、破损情况严重、涉及材料丰富，急需抢救性修复，也适合对破损文献修复进行总结分析和教学。朱振彬在7年的时间里的确实现了修古籍、传技术的同时也完成了对修复技艺进行总结研究的预设目标。

书中岁月长，朱振彬从事古籍修复已有42年。为古籍续命的朱老师已不再是少年，从青春到白头，他经手修复的珍籍善本至少有数千册了吧。在纷繁中，他依然坚守在平凡的古籍修复的世界，以当初入职时那位少年的初心，日复一日，一叶一册地让破损的古籍焕发生机，经他修复的书——整旧如旧，一如他的性格，温润如玉。这也是大国工匠的特质吧。

近年，朱老师的重要贡献是不仅自己还在修复古籍，同时也带出了不少徒弟。国图古籍馆青年员工崔志宾拜朱振彬为师后得到了悉心的指导，现在已经成为青年修复人员中的翘楚。同时，在社科院大学联合教学中，我推荐朱老师成为硕士生导师，他带的学生，学习认真努力，技术和为人得到南京图书馆认可，成为南图修复新生代。我还推荐朱老师担任了南京图书馆修复技艺传习所的传习导师，他不辞辛苦去南图传授技术，也得到南京图书馆领导和青年修复师的高度赞誉。他还在其他高校如北京大学、首都职大等进行教学活动，学生的数量在目前全国修复师的数量达到1000的数字中占有一席之地，可谓桃李芬芳了。

与以往还不同的是，过去修复人员只动手不动笔，技术和想法随着岁月流逝而随风远去，即便当年《赵城金藏》历时十几年的大师修复也没留下文字记录，修复人员的研究性文章就更少了。近十年间，通过写文章、做采访等方式，朱老师写出的文字比他过去30年的文字加起来都多得多，让业界可以参考，让青年修复师可以学习，这是一个华丽转身，是当代修复师的风采。希望朱老师倾注心血的这册《古籍修复探索与实践》能够起到这样的作用。

想来，修复师与古书的每一次相遇，便是一次穿越，便是一次和古人的灵魂交流。神交中，古籍的寿命和古籍修复技艺的生命得到延续，这也是书医沉默中的照人光彩。

朱振彬遇到这样一份可以热爱的职业、一位好师傅、一个充满机遇时代是幸运的。经他一双妙手为古书续命，用几十年的职业生涯成就千年古籍的永续，功德无量中也成就了自己大国工匠的无悔人生。对于古籍而言，遇到像朱振彬这样的良工，何尝不是古籍的幸运呢？祝愿更多的书医为更多的古籍治病疗伤，在延续中华文脉中成就自己职业的辉煌。

是为序。

陈红彦

2021年5月于国家图书馆

目　　录

第一章　古籍修复概说

第一章

古籍修复概说

第一节　古籍修复概念

作为四大文明古国之一，我国自古注重文脉传承。中华典籍作为中华文明的重要载体，受到了我国先民的重视。传承至今的古籍善本，不仅制作精良、装帧精美，并且在多个层面上受到了一定程度的保护，使其极大限度地延长了使用寿命，得以历经千年流传至今。

古籍修复作为延续古籍寿命的重要手段，早在汉魏时期，即纸张出现初期已有记录，北魏贾思勰在《齐民要术》中记载了修补破损纸质文献的技法。但在宋代以前，古籍多为写本，装帧形式上与书画颇多近似，常装成各种形式的长卷。随着文化传播的需要和印刷术的出现，以及人们对书籍的使用需求的不断增加，书籍制作呈现出了快速发展的局面。为了更好地携带、展阅、存藏，书籍装帧不断演变，形成了独有的体系，古籍修复也随之不断发展演变，形成了我国颇具特色的传统技艺。

2007年1月，国务院办公厅《关于进一步加强古籍保护工作的意见》（国办发〔2007〕6号）出台，由中国政府主导的对中华珍贵文献典籍进行全面保护的事业拉开序幕。“中华古籍保护计划”启动以来，古籍保护修复工作列入各级政府的工作计划，并受到社会各界的关注扶持，得以快速发展。

10余年来，中国的古籍保护事业在工作管理、人才培养、技术发掘整理、科学技术研发等多方面逐步迈向科学化、规范化，投身这一行业的青年才俊数量逐年增加。随着社会的广泛关注，宣传报道力度逐年加大，原先的“冷板凳”已成为部分年轻人心中新兴热门，逐步走进了大众视野。“古籍修复”现在已成为人们口中称呼相关行业的专有名词，但落实到概念，何为“古籍”？何为“修复”？这是明确处理对象和操作目的的核心问题，因此，本书开篇，有必要明确其概念。

一、文献与古籍

国家图书馆自立馆之初即设有古籍修复专门机构，历经百余年发展，现称“文献修复组”，隶属于古籍馆。各地相关机构也多以“古籍”或“文献”作为名称关键字，足见“文献”与“古籍”在使用中无明显界定，似乎是统一的概念。

现知“文献”一词的最早记录出现于《论语·八佾篇》，“子曰：‘夏礼吾能言之，杞不足征也；殷礼吾能言之，宋不足征也。文献不足故也，足则吾能征之矣。’”朱熹注曰：“杞，夏之后。宋，殷之后。征，证也。文，典籍也。献，贤也。”[①]此处的“文”指典籍，“献”则指贤能之人。唐初陈子昂有言：“汉、魏风骨，晋、宋莫传，然而文献有可征者。”[②]这时“文献”一词有了代指先贤著作之意。

1983年，国家颁布《中华人民共和国国家标准·文献著录准则》（GB/T7714—2005），为“文献”一词作出了权威定义：“文献：记录有知识的一切载体。”这个定义首先界定文献应记录有知识，但非所有以文字形式呈现的结果都是文献。同时，人类知识并非仅以文字记录，诸如图形、声音也是记录、传承知识的重要手段。值得强调的是，载体材质在此“文献”概念中不受限制。可以理解为，自上古时期的龟甲、兽骨、青铜器、石鼓、刻石、竹片、木版、丝织品，到中国绵延千年传承至今的纸张，甚至当下的缩微胶片、光盘、优盘、硬盘等存储介质，都可以视为文献载体，因此这些与通常意义上的书籍都是“文献”的组成部分。因此，“古籍”也是“文献”的一部分。

---

①〔宋〕朱熹撰：《四书章句集注》，中华书局，1983年，第63页。

②〔唐〕陈子昂撰，徐鹏点校：《陈子昂集》（修订本）卷1《修竹篇并序》，上海古籍出版社，2013年，第16页。

二、古籍与古籍修复

“古籍”一词，在《辞源》（商务印书馆2010年修订重排版）、《辞海》（上海辞书出版社2010年第6版缩印本）均未有收录。中国社会科学院语言研究所编纂的《现代汉语词典》（2012年第7版）中对“古籍”二字的释义为“古书”。虽然一目了然，但也存在诸多疑问——如何界定“古”？其时间是否有上限、下限？“书”的范围是什么？

原文化部于2006年发布的《中华人民共和国文化行业标准·古籍定级标准》（WH/T20—2006）对古籍的定义为：“古籍，中国古代书籍的简称，主要指书写或印刷于1912年以前具有中国古典装帧形式的书籍。”标准一经发布，对古籍就有了统一定义，得到了学界的普遍认可。

（一）该定义明确了“古”的含义，为古籍做了时间划分，即古籍的时代下限为1912年（不含1912年），在此之后抄写或出版的书籍不应被称为“古籍”。

“主要指”说明1912年并非绝对界限。例如，由国家市场监督管理总局与中国国家标准化管理委员会于2018年发布、2019年实施的《中国少数民族文字古籍定级》（GB/T36748—2018）中将少数民族文字古籍定义为：“1912年（不含1912年）以前，在中国及相关历史疆域（含少数民族历史上建立的地方辖区）内，用少数民族文字书写或印刷的书籍。注：因少数民族文字古籍与汉文古籍在产生、发展、流传过程中客观存在的差异和复杂性，本标准将符合a）以少数民族文字抄写、印刷，b）以传统方式著述、装帧，c)具有重要历史、学术、艺术价值及传承意义三个条件的各少数民族文字古籍时代下限延伸至1949年（含1949年）。”

有些书籍，刊刻自清末，成书于民初。如版本目录学家缪荃孙的《艺风堂文集》是光绪二十六年（1900）刊刻，二十七年（1901）印行；后有《艺风堂文续集》系宣统二年（1910）刊刻，民国二年（1913）印行。如果以1912年为时间界限，那么《艺风堂文集》可划为古籍，《艺风堂文续集》就不能算作古籍。基于此种情况，古文献学家黄永年先生曾建议：“中国古籍的下限，一般可划到清末。但清末人进入民国时代仍用传统形式撰写的书籍仍可算作古籍。而清末人用新形式撰写的书籍则不算古籍。”①

（二）此标准中，未有对书籍内容的限制，如那个时间段从国外翻译过来的文献、明清时期翻译的外国著作及清代国人走出国门后著写的书籍，也都在“古籍”这一范畴内。

（三）“具有中国古典装帧形式”这一定义实际上讲的是要满足中国古籍特有的书册制度。黄永年先生曾指出：“书册制度，是指书籍的形式。再具体点可以说是单指书籍的外形，而不包括书籍的内容，也不包括书籍的材料以及抄写、刊刻或其他印刷的方法。”②以此为准，我国最早的书籍应当是以竹、木为书写材料制成的书。古今大量学者也都认为我国书籍装帧的正规形态是从简策书开始的。钱存训博士在《书于竹帛》一书中写道：“书籍的起源，当追溯至竹简和木牍，编以书绳，聚简成篇，如同今日的书籍册页一般。”③罗树宝在《中国古代印刷史图册》中也称：“中国古代真正的书籍形式，是从竹简和木牍开始的。”④简策书由书绳将多片竹简编连组合，的确已有了装订成册的意味，因此也应属于古籍的范畴。并且，在简策书盛行时期出现并发展的帛书，在大量的古代经典中，常与简策书并称为“竹帛”。其存放方式有折叠、卷起，后一种方式更像后来的卷轴装书。因此在装帧形式上，可以视帛书为卷轴装的初期形态，因而它们也属于古籍。

中国古典装帧形式常被人们狭义理解为线装，事实上，存世古籍装帧形式绝不只有线装。线装是中国传统书籍发展到“册装形式”或册叶制度的集大成代表，在其之前，装帧形式还有卷轴装、梵夹装、旋风装、经折

---

① 黄永年著：《古籍版本学》，江苏教育出版社，2009年，第4～5页。

② 黄永年著：《古籍版本学》，第49页。

③ 钱存训著：《书于竹帛》，上海书店出版社，2006年，第63页。

④ 罗树宝著：《中国古代印刷史》，印刷工业出版社，1993年，第27页。

装、蝴蝶装、包背装等。何况，采用线装形式的也未必都是古籍，因为近现代有很多出版物也采用了线装本的装帧形式。

（四）“装帧”二字亦甚为重要。众所周知，中国文字的记录可追溯到上古的结绳记事，因文字载体的多样呈现包括远古时期所谓的结绳书、刻木书、图文书、陶文书；商周时代所谓的甲骨文书、金文书；先秦石鼓文、玉文；早期的刻石上的书等。以上各种形式在不同程度上也都起到了或帮助记忆、或交流思想、或起着档案的作用，从某种角度来讲，它们起到了书的作用，但是它们本身并未有“装帧”行为，因此这一类的历史资料并不能归为“古籍”的范畴。

在对古籍的定义有了大致了解后，就要再谈什么是“古籍修复”。

在我国非物质文化遗产体系中，“古籍修复”是一项传统手工技艺。自2008年“装裱修复技艺（古籍修复技艺）”被列入国家级非物质文化遗产代表性项目以来，这一专业名词在业内及学界广泛应用，得到普遍认可。但对这一提法的由来，尚无系统阐述。

记载纸质文物修复的文献中，鲜有“修复”一词出现，阐述这一行为时，常用“装潢”“装褫”“装背”“法装”“裱装”“补缀”等词。国家图书馆的古籍修复机构经百余年发展，数次变更名称，曾用“装订室”（1920）、“保管部修整股”（1951）、“图书修整组”（1953—2000），“善本特藏修复组”（2001—2008），现名称为“文献修复组”（2008至今）。在1961年的专访中，《人民日报》将从事古籍修复的人员称为“装修技工”，称此项业务为“装修书籍”。[①]1964年北京图书馆（国家图书馆前身，下同）制定《线装书操作规程和成品检查标准试行（草案）》中，修复相关用语为“装修”“修补”“装订”。1961—1964年原文化部主办，北京图书馆承办了第一、二届全国古籍修复技术培训班，培训班名称为“装修古旧线装书技术人员学习班”。[②]1980年由馆内

① 孙世恺：《书海珍宝——访北京图书馆善本部》，《人民日报》1961年8月10日。

② 李致忠主编：《中国国家图书馆馆史资料长编：1909—2008》，国家图书馆出版社，2009年，第560～561页。

资深专家肖振棠、丁瑜编著的《中国古籍装订修补技术》一书中涉及修复相关内容时，所用词汇为“装订”“装修”“修补”。直至2001年机构名称变为“善本特藏修复组”时，“修复”一词方才在国家图书馆相关业务领域内使用。

那么“修复”一词究竟为何意？《现代汉语词典》第7版中“修复”一词的释义为：修理使恢复完整。《汉语大词典》中的释义为：①修理使恢复原样。并给出引证解释，有《后汉书》卷1《光武帝纪上》：“秋七月丁丑，幸沛，祠高原庙。诏修复西京园陵。”《南史》卷15《穆之传》：“堰决坏，公私废业。孝武遣秀之修复，雍部由是大丰。”清人吴敏树《宽乐庐记》：“吕仙亭亦燬于兵，近有道人稍修复一二。”②恢复。《后汉书·冯绲传》：“前代陈汤、冯、傅之徒，以寡击众，……卫、霍北征，功列金石，是皆将军所究览也。今非将军，谁与修复前迹？”清朱克敬《暝庵杂识》卷1：“顾宣仁不过承神宗变法之后，起而修复之，以苏民困。”清叶廷琯《鸥陂渔话·轮船本中国之制》：“世有留心经济者，求其制而修复之，岂非军民同利之一器乎？”[①]

有学者认为，“古籍修复”作为专业名词的出现，应与20世纪西方现代修复理念的引入有关。意大利文物与艺术品保护专家、艺术评论家切萨雷·布兰迪先生在1963年著有《修复理论》一书，虽然该书是立足于建筑遗产保护的一套理论，但对修复的本质含义来说同样适用于包括古籍在内的多项文化遗产的修复与保护工作。其中的第一个章节就对“修复”（conservation）这一概念做出了释义：修复通常被理解为旨在使人类活动的产物恢复功能的任何干预。[②]1964年在威尼斯通过的《保护文物建筑及历史地段的国际宪章》（业内常简称为《威尼斯宪章》）中对“现代修复”的定义是：修复过程是一个高度专业性的工作，其旨在保存和展示古迹的美学与历史价值，并以尊重原始材料和确凿文献为依据。一旦出现臆测，必须立即予以停止。此外，即使如此，任何不可避免的添加都必须与

① 汉语大词典编辑委员会编：《汉语大词典》卷1，上海辞书出版社，1986年，第1377页。

②［意］切萨雷·布兰迪著，陆地编译：《修复理论》，同济大学出版社，2016年，第72页。

该建筑的构成有所区别，并且必须要有现代标记。无论在任何情况下，修复之前及之后必须对古迹进行考古及历史研究。[①]

综上，《现代汉语词典》中“修理使恢复完整”与《汉语大词典》中“修理使恢复原样”无疑更为接近我们所需要的定义。但是，“恢复完整”与“恢复原样”在实际意义上又大有不同：前者对于修复结果的要求相对宽泛、模糊，因为“完整”二字并未限定修复结果的边界，即没有明确将修复对象的使用功能及外观等恢复到何种程度算作“完整”；“恢复原样”这一释义相对精准，“原样”二字为修复结果指明了方向，即恢复到修复对象原来的样貌。

虽然古汉语与翻译过来的相关西方文献中的“修复”多使用于建筑领域，但是该词在东西方文化中都有“使已经失去功能的物质对象恢复原有功能”的意思，因此这一词汇也同样适用于建筑外的其他历史文物、书籍的修复工作。只是，通过以往古籍修复工作的实操经验所知，为使存在破损问题的书籍恢复其使用功能，古籍修复的主要内容即装订、修补，因此，这就解释了为何我馆历史上对于古籍修复工作的称谓多为“装修”二字。

随着古籍保护工作的不断深入、业内对于科学修复的意识不断增强，“装修”二字已经不能准确囊括这一工作的本质内容，遂逐渐被替换为“修复”二字。同时，这两个字所包含的也不再仅仅是使修复对象的功能得以恢复，业内人士对于恢复原貌的程度也逐渐有了更加精准的要求。于是，当下的“修复”在理论上常被拆分为“修”与“复”两个主要部分，在实践操作中即分作“修整”与“复原”两个主要阶段。

修整阶段。古籍的破损情况，常见外观破损方面有：原装帧形式解体、书口开裂、霉蚀、虫蛀、鼠啮、撕裂、烬毁、粘连等；纸张劣化情况有：酸化、絮化、轻度老化（变色）等。在一册古籍中出现其中任何一项破损都会影响古籍的使用功能。并且，通常一册待修复的古籍不仅仅只存

① 从事历史文物建筑的建筑师和技术人员国际议会（ICOM）第二次会议通过的决议，见陈志华译:《保护文物建筑及历史地段的国际宪章》,《世界建筑》1986年第3期，第13~14页。

在一种破损问题，上述情况中的多数问题常常会合并出现。因此，将这些破损问题一一进行解决，即古籍修复操作中“修整”阶段要做的事情。其目的主要是让修复对象的使用功能得以恢复。

复原阶段。在这一阶段中，最基础的工作就是恢复修整完成古籍原有的装帧形式。这其中不仅要求最大程度地保留下原书中所有的材料，而且所有材料原来的位置、次序都尽可能不发生改变。例如，原书因订纸捻和线眼留下的针孔，没有特殊情况，在复原阶段时仍旧使用。这也体现出了“复原”与“装订”的区别——“装订”对于修复人员的要求相对宽泛，改换或者保留原装帧形式都可称作“装订”；“复原”二字不仅指出了需还原装帧形式，还更进一步对还原的程度有了要求。而如何把握好复原程度，这就涉及修复原则的问题，也是基于基础工作后对修复结果的更进一步要求。目前被业内公认的四大修复原则——“整旧如旧”“最少干预”“抢救为主、治病为辅”“过程可逆”，经过我馆历史上四大专藏修复工程的成功实践，时至今日也已变成古籍修复行业的工作共识。其中，“整旧如旧”是贯穿整个修复工作始终的首要原则，由它指导“复原”的程度。目前，基于以往大量修复工作的经验，已经总结出“整旧如旧”不能片面理解为一定要恢复到某年代的原始面貌，而是要保持我们现在所看到的状态不再改变的原则。

修复古籍是属于古籍保护的一部分，是保护原有藏品的手段之一。在现当代公藏机构的古籍保护工作方式中，又分为“原生性保护”和“再生性保护”。“原生性保护”包括古籍书库防盗、防水、防火、防霉、防尘、防酸等环境保护，包括在古籍原件上修复操作，使其得到修旧如旧的拯救性保护。“再生性保护”指用现代手段，如石印、珂罗版印、胶印、缩微影印、数字化等方法复制原书，代替原本使用，原本尽可能不再流通，从而达到保护原本的目的。两种保护方式兼施并用，同时存在。

第二节　中国古代的古籍保护

作为中华文明的载体，数千年来中华典籍得以有效保存、延绵千古，这是文明传承的重要前提之一。我国古代人民在长期的实践过程中，反复筛选比较，积累并形成了一系列行之有效的古籍保护方法。对这些方法进行总结、梳理、遴选，不仅对我国科学技术史研究有重要的意义，对我国现代古籍保护工作也是重要的借鉴。

一、护书方法与理念

我国先民在有限的生产条件下，利用自身智慧和我国丰富的自然资源，开发出一系列纸张及书籍保护方法，有效地保护了古籍，为后人留下了许多宝贵经验。

（一）防蠹手段

虫蛀是古籍常见的病害，是造成文献损毁、使用寿命缩短的一大生物因素。蠹虫，指的是蛀蚀书籍衣物的小虫。古代常见的防蠹法主要是进行药物处理，以及使用具有防虫效果的植物染料及化学涂料，较为常用的是潢纸、椒纸和万年红。此外，在存放书籍时也常使用不同药物达到驱虫目的。

1.潢纸

早在汉代，造纸技术形成之初，我国就已出现使用黄檗染纸的方式，称之为“潢”纸。这种操作方式，在将纸张染色的同时，借用天然染料的特性起到防虫防蛀、延长纸张使用时间的效果。国家图书馆馆藏善本中，许多敦煌遗书和唐代写经使用潢纸、硬黄纸，既有先写后染，也有先染后写的。这些经卷历经千年，数代辗转，但其中鲜有虫蛀病害，说明其防虫避蠹的效果是十分显著的。

黄檗，色黄，含有生物碱，主要为小檗碱，是一种中药材，也可作染料。用黄檗煮水染纸的方法，被称为“潢纸”。今见与此相关的可靠资料，有三国孟康注释《汉书》卷67曰：“染纸素令赤而书之，若今之黄纸也。”[①]晋葛洪在《肘后备急方》中的“治卒伤寒时气温病方”提及：“……渐至面黄及举身皆黄，急令溺白纸，纸即如檗染者。”[②]北魏贾思勰《齐民要术·杂说第三十》记录了染潢法：“凡打纸欲生，生则坚厚，特宜入潢。凡潢纸灭白便是，不宜太深；深则年久色暗也。入浸檗熟，即弃滓直用纯汁，费而无益。檗熟后，漉滓捣而煮之；布囊压讫，复捣煮之；凡三捣三煮，添和纯汁者，其省四倍，又弥明净。写书经夏然后入潢，缝不绽解。其新写者，须以熨斗缝缝熨而潢之。不尔，入则零落矣。豆黄特不宜裛，裛则全不入黄矣。”[③]从这段话中可知，我国的染纸技术于北魏时已臻成熟。

纸张染潢除染色功用外，还能防蠹。因黄檗中所含小檗碱是一种真生物碱，所有真生物碱均有毒性且皆有广谱的生理活性。小檗碱具有抗细菌、抗真菌、抗微生物、抗原虫、抗寄生虫及对昆虫具拒食剂作用。《文房四谱》中记载唐代“贞观中始用黄纸写敕制。高宗上元二年诏曰：‘诏敕施行，既为永式，比用白纸，多有虫蛀。宜令今后尚书省颁下诸司诸州县并宜用黄纸。’”[④]北宋宋祁《宋景文公笔记》“释俗”条云：“古人写书，尽用黄纸，故谓之‘黄卷’。……或曰：‘古人何须用黄纸？’曰‘檗染之，可用辟蟫’。”[⑤]明方以智于《物理小识》卷8《藏书辟蠹》也

①〔汉〕班固著：《汉书》卷97，上海古籍出版社，2003年，第2871页。

②〔晋〕葛洪著，王均宁点校：《肘后备急方》，天津科学技术出版社，2005年，第43页。

③〔北魏〕贾思勰著，石声汉校释：《齐民要术今释》卷3，中华书局，2009年，第283页。

④〔宋〕苏易简等著，朱学博整理校点：《文房四谱》（外十七种），上海书店出版社，2015年，第54页。

⑤〔宋〕宋祁著：《宋景文笔记》卷上，《景印文渊阁四库全书》第862册，子部168，台湾商务印书馆，1986年，第535页。

说："古用黄卷，以渍檗，杀虫也。"①

关于染潢的方法，明代文人高濂在《遵生八笺》中记载了关于仿制宋笺纸的操作方法，是在继承前人染潢技术的基础上又加入了别的植物染料制作出接近古纸的颜色，具体方法为："黄柏一斤，捶碎，用水四斤，浸一伏时，煎熬至二升止，听用。橡斗子一升，如上法煎水听用。胭脂五钱，深者方妙，用汤四碗，浸榨出红。三味各成浓汁，用大盆盛汁。每用观音帘坚厚纸，先用黄柏汁拖过一次，复以橡斗汁拖一次，再以胭脂汁拖一次。更看深浅加减，逐张晾干，可用。"②

从以上前人的描述中，我们可以知道，古人"染纸入潢"最初的目的大概就是灭白及防蠹，而出于"崇黄"的目的使用黄纸，则应在此之后。随着对其尊崇的不断加深，渐成皇家书写诰敕、道释藏经等所用纸张的专属颜色，以致私家避不敢用。

2.椒纸

椒纸是指以椒水处理后的纸张，具有抗蠹性。"椒纸"之"椒"，应当指花椒。花椒在我国种植历史悠久，并且分布区域广泛。花椒可作为中药，有温中行气、驱寒、止痛、杀虫等功效。花椒也是一种天然的防腐剂，古代墓葬中常有以花椒的果实填垫内棺的。花椒（亦称川椒、蜀椒、秦椒等）与黄檗、芸香一样，同属芸香科，为双子叶植物，其皮中含有柠檬烯、枯醇和香叶醇等挥发油，散发出来的辛辣气味具有驱虫效果。花椒果实中含有香茅醛、水芹萜，椒根中含有白鲜碱、茵芋碱、小檗碱等多种元素，这些化学成分都可以对蠹虫起到驱避作用。南宋时即出现了"以椒染纸"以防蠹蚀的方法。即将纸张表面用椒汁浸染，制成"椒纸"。

清代叶德辉《书林清话》卷6载，宋板《春秋经传集解》杜预后序又刻印记云："淳熙三年四月十七日，左廊司局内曹掌典秦玉桢等奏闻，《壁经》《春秋左传》《国语》《史记》等书，多为蠹鱼伤牍，未敢备进

①〔明〕方以智撰，孙显斌、王孙涵之整理：《物理小识》卷8，湖南科学技术出版社，2019年，第576页。

②〔明〕高濂著，王大淳点校：《遵生八笺》卷12，浙江古籍出版社，2017年，第613~614页。

上览。奉敕用枣木椒纸，各造十部，四年九月进览。监造臣曹栋校梓，司局臣郭庆验牍。”[①]又载：“椒纸者，谓以椒染纸，取其可以杀虫，永无蠹蚀之患也。其纸若古金粟笺，但较笺更薄而有光，以手揭之，力颇坚固。吾曾藏有陆佃《埤雅》二十卷，旧为汲古阁、季沧苇、陈仲鱼诸家收藏，每卷有诸人印记，相传以为金源刻本，似即以此种椒纸印者也。又县人袁漱六芳瑛卧雪庐散出残书中，有《史记》表传数卷，亦是此纸印成。色有黄斑，无一蠹伤虫蛀之处，是书今并归吾架上，岂椒味数百年而不散欤！”[②]通过此段话可知，宋本书到了清人手中竟无一处虫蛀，足见椒纸在纸张防蠹方面的功效。

3.铅丹纸

明末清初，广东地区出现一种使用鲜艳的橘红色的纸做副叶的装帧工艺，藏书家常以此为粤刊本或粤装本的标志。由于这种纸可历时久远仍不变色，因而俗称“万年红纸”，也叫红丹纸、正丹纸、东丹纸、黄丹纸。这种纸的的主要功能便是防蠹、防潮。

万年红纸具体起源于何时、如何制作，鲜见先人文献记录。20世纪70年代，中国古纸专家刘仁庆先生曾与中国历史博物馆的同行们一起对万年红纸做了初步研究，分析结果显示：一是该纸面橘红色涂料为四氧化三铅（Pb_3O_4）化合物；二是原纸为竹纸（毛边纸）；三是这种纸对毛衣鱼（简称衣鱼）具有毒杀作用。[③]

但是这种纸对于纸张防虫的效果具有一定的局限性。1980年上海档案馆曾自制了一部分万年红防蠹纸，少量适用于永久档案的保管。方法是仿照古籍中添加前后附叶的做法，在档案的“卷内目录”前与“备考表”后各衬一张万年红纸。结果发现毛衣鱼将防蠹纸的背面（未有涂层的一面）蛀蚀了，正面带有涂层的完好无损。这说明万年红纸能够防蠹是由于铅丹

①〔清〕叶德辉撰，漆永祥点校：《书林清话》（外二种），北京联合出版公司，2018年，第210页。

②〔清〕叶德辉撰，漆永祥点校：《书林清话》（外二种），第210～211页。

③ 刘仁庆：《论万年红纸——古纸研究之十八》，《纸和造纸》2012年第3期，第68~71页。

具有一定毒性，但毛衣鱼依旧可以栖身在防蠹纸上，说明其并不具有驱虫效能。[①]因此，万年红纸作为古籍的防蠹手段，只能做到扉页防蠹，并不能使整册书都防蠹。

4.药物辟蠹

藏书辟蠹，古人采用过不少植物药物。

晋郭璞《仓颉解诂》记载："芸蒿似邪蒿，可食，辟纸蠹。"[②]北魏贾思勰《齐民要术》记载："书厨中，欲得安麝香、木瓜，令蠹虫不生。"[③]宋陈师道称："王文献公家以皂荚末置书叶间。"[④]宋沈括《梦溪笔谈》记载："古人藏书辟蠹用芸。芸，香草也，今人谓之'七里香'者是也。叶类豌豆，作小丛生，其叶极芬香，秋后叶间微白如粉污，辟蠹殊验。南人采置席下，能去蚤虱。予判昭文馆时，曾得数株于潞公家，移植秘阁后，今不复有存者。"[⑤]宋张邦基《墨庄漫录》亦载："文潞公为相日，赴秘书省曝书宴。令堂吏视阁下芸草，乃公往守蜀日以此草寄植馆中也。"[⑥]

清孙从添《藏书纪要》："柜顶用皂角炒为末，研细，铺一层，永无鼠耗。恐有白蚁，用炭屑、石灰、锅锈铺地，则无蚁。柜内置春画、辟蠹石可辟蠹鱼。"[⑦]

（二）藏书措施

防火、防盗、防蠹、防潮是让珍贵书籍得以长久留存的基本前提，对

① 吴利明：《万年红防蠹纸》，《档案学通讯》1981年第6期，第55页。

②〔宋〕罗愿撰，石云孙点校：《尔雅翼》，黄山书社，1991年，第29页。

③〔北魏〕贾思勰著，石声汉校释：《齐民要术今释》卷3，第286页。

④〔宋〕陈师道撰，李伟国点校：《后山谈丛》，中华书局，2007年，第45页。

⑤〔宋〕沈括撰：《梦溪笔谈》，中华书局，2015年，第21页。

⑥〔宋〕张邦基撰：《墨庄漫录》，中华书局，2002年，第173页。

⑦〔清〕孙从添撰：《藏书纪要》，见〔明〕祁承㸁等撰：《澹生堂藏书约》（外八种），上海古籍出版社，2005年，第46页。

此古人采取了不少保护措施。大量古籍文献中记录了古人保护书籍的方法与理念，包括藏书环境的选择、开卷及收卷方法、日常维护等等。

1.收置

在前人众多的护书措施中，书籍装具的使用，无疑是最为重要的方式之一。不同时代装具的样式、材料、制作方法等有所不同，其中反映出历史上各个时期书籍所有者对书籍的保护方法与管理理念，对当今古籍保护工作可以起到很好的借鉴作用。

书籍装具从外到内可分为藏书建筑、外装具、内装具几大部分。将珍贵的图书从外到内层层防护，不仅在一定程度上保护了书籍，更体现出藏书机构或个人对于书籍保护所付出的心血。并且，古人置放书籍所用的装具细节中也常体现出爱书之人考究之精、品味之雅。

中国历史上的藏书建筑遗迹较多。据统计，中国历史上有1000多座藏书楼，现存世有百余座。古人的藏书地点多选址在山岩、水溪之际。正如晚清叶德辉所言："藏书之所，宜高楼，宜宽敞之净室，宜高墙别院，与居宅相远，室则宜近池水，引湿就下，潮不入书楼。宜四方开窗通风，兼引朝阳入室，遇东风生虫之候，闭其东窗。"[①]至于建筑本身，中国古代多为木结构建筑，但是书籍收藏之所亦会选用石材，所谓"石室金匮"是也。据汉代学者研究，最迟从西周开始就有了石室金匮。《史记·太史公自序》云："周道废，秦拨去古文，焚灭《诗》《书》，故明堂石室金匮玉版图籍散乱。"[②]又云："紬史记石室金匮之书。"[③]《汉书·高帝纪下》云："（高祖）与功臣刻符作誓，丹书铁券，金匮石室，藏之宗庙。"[④]存留至今最为典型的"石室"建筑即建于明嘉靖十三年（1534）的皇家书库——皇史宬，其全为整石雕砌，用于收藏重要的皇家档案。其内部结构设计与设施布置使其集防火、防潮、防鼠

①〔清〕叶德辉撰：《藏书十约》，见〔明〕祁承㸁等撰：《澹生堂藏书约》（外八种），第52～53页。

②〔汉〕司马迁著：《史记》卷130，中华书局，1982年，第3319页。

③〔汉〕司马迁著：《史记》卷130，第3296页。

④〔汉〕班固著：《汉书》卷1，上海古籍出版社，2003年，第40页。

啮虫蛀等功能于一身，使其成为史书记载的石室金匮建筑的典范。石室中的“金匮”，外包铜皮鎏金，保证不被鼠咬、虫蛀，里面是樟木柜，防止书虫滋生。典型的皇家书库建筑遗存还有位于北京故宫的文渊阁、河北承德避暑山庄的文津阁、沈阳故宫的文溯阁；私人著名藏书楼有浙江宁波的天一阁、湖州南浔嘉业堂等。

外装具主要指放置书籍的箱、柜、橱、架等。以架藏书在文献中见有《北齐书・杨愔传》：“架箧之中，唯有书数千卷。”[①]唐韩愈《送诸葛觉往随州读书诗》：“邺侯家多书，插架三万轴。”[②]清人孙从添《藏书纪要・收藏》：“至于书柜须用江西杉木，或川柏、银杏木为之。紫檀、花梨小木易于泛潮，不可用。一封书式，朴素精雅，兼备为妙。请名手集唐句刻于柜门上，用白铜包角装订，不用花纹，以雅为主，可分可并，趁屋高下，置于楼上……书架宜雅而精，朴素者佳，下隔要高，四柱略粗，不可太狭，亦不可太阔，约放书二百本为率。安置书架，勿于近窗并壁之处。”[③]

内装具主要指直接接触书籍的帙、囊、函、套等。《汉书・东方朔传》记载文帝“集上书囊以为殿帷”[④]，说明汉初已经开始以囊装书了。东汉许慎《说文解字》：“帙，书衣也。”说明至少在东汉时期，帙已经用于包裹书籍。古籍内装具形制变化与古籍装帧的发展演变息息相关，同时具备明显的地域特点。在简策、布帛为主要书写材料的时代，帙、囊、箧笥是与之相关的装具；待书籍装帧发展为册装形式后，装具也随之进一步发展，书匣、函套同步出现。但函套的选择多受地域环境因素的影响。北方浮尘大、湿度小，书套使用较多；南方湿度大，霉变几率高，通风尤其必要，所以不宜使用书套，夹板使用较多。《藏书纪要》中提到：“藏

---

①〔唐〕李百药著：《北齐书》卷34，中华书局，1972年，第457页。

②〔唐〕韩愈著，屈守元、常思春主编：《韩愈全集校注》卷7，四川大学出版社，1996年，第941页。

③〔清〕孙从添撰：《藏书纪要》，见〔明〕祁承㸁等撰：《澹生堂藏书约》（外八种），第43～44页。

④〔汉〕班固著：《汉书》卷65，上海古籍出版社，2003年，第2018页。

书断不可用套，常开看则不蛀。”①《藏书十约》中记录：“北方多用纸糊布匣，南方则易合潮，用夹板夹之最妥。夹板以梓木、楠木为贵，不生虫，不走性，其质坚而轻。花梨、枣木次之，微嫌其重。其他皆不可用。二十年前，余书夹多用樟木，至今生粉虫，无一部不更换，始悔当时考究之未精。”②

图1-2-1* 云套

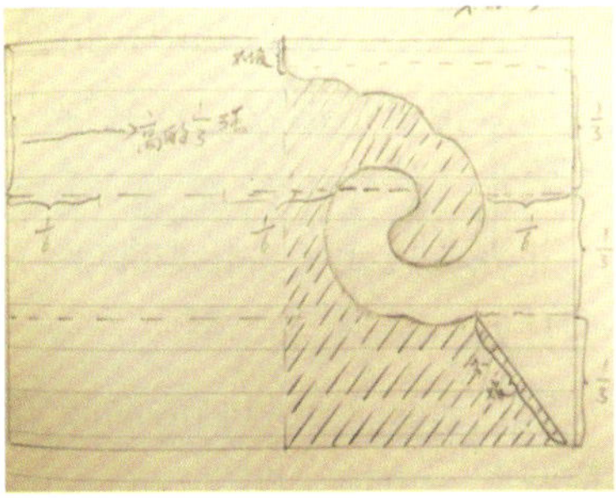

图1-2-2 云套纹样、尺寸

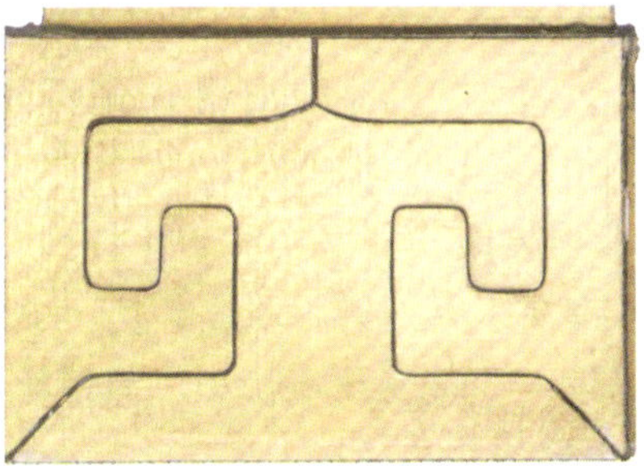

图1-2-3 山字套

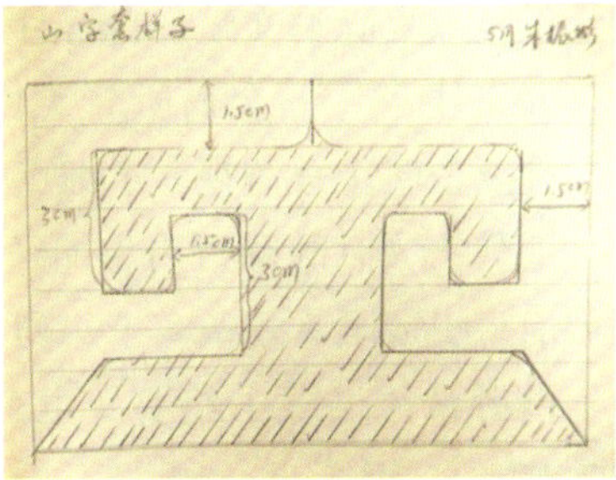

图1-2-4 山字套纹样、尺寸

2.晾晒

翻晒是我国古代保护藏书的常见手段之一。通常视各地气候，选在适宜的时节进行。我国地域辽阔，翻晒时间长短也需视当地气候调整。

---

①〔清〕孙从添撰：《藏书纪要》，见〔明〕祁承㸁等撰：《澹生堂藏书约》（外八种），第43～44页。

②〔清〕孙从添撰：《藏书纪要》，见〔明〕祁承㸁等撰：《澹生堂藏书约》（外八种），第46～47页。

* 本书图号，分为三级。例“图1-2-1”，表示第1章第2节第1幅图。全书以此类推。

文献中常见将此行为称作“曝书”或“暴书”，是古代重要的护书手段。但是“曝书”的概念并非指将书置于阳光下曝晒，究其本意，应为每年在特定的时间将藏书自装具中取出，而后置于通风处“晾晒”，以避免图书因长期存放产生潮湿、蠹虫或其他病害问题，从而延长书籍寿命。

据《晋书》卷31《宣穆张皇后传》记载，司马懿避魏武辟，托以风痹，一日晒书，遭遇暴雨，情急之下自己起身收书。当时只有一婢在侧。张皇后恐怕事情泄露，杀其婢以灭口。说明晾晒书籍是这一时期藏书人的寻常之举。①

北魏贾思勰《齐民要术》一书记录：“须要晴时，于大屋下风凉处，不见日处，曰曝书。”②

宋代公私文献晾晒活动频繁，蔚成风气。《宋史·职官四》记载，宋代集贤院、史馆、昭文馆、秘阁等机构，每年都要在仲夏时节将文献晾晒一次，各级在京官员都要参加，时称“曝书会”。南宋沿袭北宋，秘书省的年例是入夏晾晒文献，自五月一日始，至七月一日止。③

元王士点、商企翁所著《秘书监志》记载：“本监应用书画图籍等物，须要依时正官监视，子细点检曝晒。”④

明代，文献晾晒行为愈加经常化。政府方面“六月六日，本非令节。但内府皇史宬晒曝列圣实录、列圣御制文集诸大函，则每岁故事也”⑤。

清孙从添《藏书纪要》也有相似记载：“曝书须在伏天，照柜数目挨次晒，一柜一日。晒书用板四块，二尺阔，一丈五六尺长，高凳搁起，放日中，将书脑放上面，两面翻晒，不用收起，连板抬风口，凉透

---

①〔南朝宋〕刘义庆撰，〔南朝梁〕刘孝标注：《世说新语》，上海古籍出版社，1982年，第418页。

②〔北魏〕贾思勰著，石声汉校释：《齐民要术今释》卷3，第286页。

③〔宋〕陈骙著，张富祥点校：《南宋馆阁录》，中华书局，1998年，第22页。

④〔元〕王士点、商企翁撰：《秘书监志》卷6，《中华再造善本》，国家图书馆出版社，2012年，第6页。

⑤〔明〕沈德符撰：《万历野获编》，中华书局，1959年，第619页。

方可上楼。”①

综上，古人翻晒书籍虽称为“晒”“曝”，但纸张在紫外线直接照射下会加速老化，反不利于延长寿命，这也是现代科学研究业已证实的。故应采用将藏书放置在通风避雨的阴凉处晾晒的方法。

3.书籍保管

古代读书人的讲究，不仅体现在书籍本身，而且延伸到与书为伴的点滴细节。

北魏贾思勰《齐民要术》载：“凡开卷读书，卷头首纸不宜急卷，急则破折，折则裂。以书带上下络首纸者，无不裂坏。卷一两张后，乃以书带上下络之者，稳而不坏。卷书勿用鬲带而引之，非直带湿损卷，又损首纸令穴；当御竹引之。书带勿太急，急则令书腰折；骑蓦书上过者，亦令书腰折。”又记书籍标注法：“足点书记事，多用绯缝。缯体硬强，费人齿力；俞污染书，又多零落。若用红纸者，非直明净无染，又纸性相亲，久而不落。”②

北齐颜之推《颜氏家训》：“借人典籍，皆须爱护，先有缺坏，就为补治。”③体现了古人爱护书籍和及时修补的理念。

宋费衮《梁溪漫志》卷3记载司马光护书法：“司马温公独乐园之读书堂，文史万余卷，而公晨夕所常阅者，虽累数十年，皆新若手未触者。尝谓其子公休曰：‘贾竖藏货贝，儒家惟此耳。然当知宝惜。吾每岁以上伏及重阳间，视天气晴明日，即设几案于当日所，侧群书其上以曝其脑，所以年月虽深，终不损动。至于启卷，必先视几案洁净，藉以茵褥，然后端坐看之。或欲行看，即承以方版，未尝敢空手捧之，非惟手汗渍及，亦虑触动其脑。每至看竟一版，即侧右手大指面，衬其沿而覆，以次指面捻而挟过，故得不至揉熟其纸。每见汝辈多以指爪撮起，甚非吾意。今浮

①〔清〕孙从添撰：《藏书纪要》，见〔明〕祁承㸁等撰：《澹生堂藏书约》（外八种），第43～44页。

②〔北魏〕贾思勰著，石声汉校释：《齐民要术今释》卷3，第284~285页。

③〔北齐〕颜之推撰，王利器集解：《颜氏家训集解》，中华书局，1993年，第55页。

屠、老氏犹知尊敬其书，岂以吾儒反不如乎？当宜志之。’”①

元代文人赵孟頫总结读书、护书原则：“聚书、藏书良非易事，善观书者，澄神端虑，净几焚香，勿卷脑，勿折角，勿以爪侵字，勿以唾揭幅，勿以作枕，勿以夹刺，随损随修，随开随掩。”②

明代藏书家祁承㸁所著《澹生堂藏书约》，被认为是目前中国最早记录图书保管规则之书，其中提到：“子孙能读者，则以一人尽居之。不能读者，则以众人递守之。入架者不复出，蠹啮者必速补。子孙取读者，就堂检阁；阅竟，即入架，不得入私室。亲友借观者，有副本则以应，无副本则以辞，正本不得出密园外。书目视所益多寡，大较近以五年、远以十年一编次。勿分析，勿覆瓿，勿归商贾手。如此而已。”③

图1-2-5　国图藏《芥子园画传》原套里衬留有前人爱书警句

以上论著仅为古人留下关于护书藏书理念的冰山一角，但已足见当时藏书者对于书籍无微不至的爱护。

①〔宋〕费衮撰：《梁溪漫志》卷3，三秦出版社，2004年，第94页。

②〔明〕陈继儒撰：《陈眉公集》卷14，《续修四库全书》第1380册，上海古籍出版社，2002年，第209页。

③〔明〕祁承㸁等撰：《澹生堂藏书约》（外八种），第13页。

二、修复方法与理念

古籍修复技艺伴随古籍收藏而产生，因此该项技艺亦具有悠久的发展历史。且随着时代发展、社会进步，修复技艺与修复理念也逐步发展、成熟、壮大，给后人留下了不少记述有关古籍乃至古书画修复的文献。如《齐民要术》《历代名画记》《齐东野语》《南村辍耕录》《装潢志》《藏书纪要》等等。

（一）装订与修复

北魏贾思勰《齐民要术》中记录了一种常被装裱修复人员引用的修补方法："书有毁裂，鄜方纸而补者，率皆挛拳，瘢疮硬厚，瘢痕于书有损。裂薄纸如薤叶，以补织，微相入，殆无际会。自非向明，举而看之，略不觉补。裂若屈曲者，还须于正纸上，逐屈曲形势，裂取而补之。若不先正元理，随宜裂斜纸者，则令书拳缩。"①这应是目前所知记录古籍修补最早的文字。其中指出了修补用纸的要求，也对修补后的效果有了明确说明，为后人从事此项工作起到了规范作用。

宋代文人周密《齐东野语》记载："应古厚纸，不许揭薄。若纸去其半，则损字精神，一如摹本矣。应古画装褫，不许重洗，恐失人物精神，花木秾艳。亦不许裁剪过多，既失古意，又恐将来不可再背。"②这里强调了在书画修补中不可过多干预，避免损失原意，不利于日后的再次重装。

明代知名的白鹿洞书院，设置有系统的图书管理制度，其中图书整修制度颇具特色："修整书籍，每五年一大修，三年一小修。南康府呈委主洞教官，慎选博识谨笃洞生四名，查理损坏书籍若干本，动支洞租，召募

---

①〔北魏〕贾思勰著，石声汉校释：《齐民要术今释》卷3，第284页。

②〔宋〕周密撰，黄益元校点：《齐东野语》卷6，上海古籍出版社，2012年，第56页。

书匠逐一修整。”[1]这种整修图书的制度，既不见于宋代书院，清代书院中也未见此规章，因而明代白鹿洞书院的此项规定特色鲜明，对于当时及后世的图书收藏、管理也有着重要贡献。

明代《装潢志》开篇阐明了书画修复的基本原则：“前代书画，传历至今，未有不残脱者。苟欲改装，如病笃延医。医善，则随手而起，医不善，则随剂而毙。所谓不药，当中医不遇良工，宁存故物。”后又提到，保藏书画需“优礼良工”，且“良工须具补天之手，贯虱之睛，灵惠虚和，心细如发。充此任者，乃不负托。又须年力甫壮，过此则神用不给矣”[2]。从周嘉胄的这些观点中可知，那个时代的书画修复技艺已经相当成熟，且不乏技艺精良者。

清代《藏书纪要》记载了书籍装订、修补方法与验收标准等：“装订书籍，不在华美饰观，而要护帙有道，款式古雅，厚薄得宜，精致端正，方为第一。古时有宋本、蝴蝶本、册本各种订式，书面用古色纸，细绢包角，裱书面用小粉糊，入椒矾细末于内，太史连三层裱好，贴于板上，挺足候干，揭下压平用。须夏天做、秋天用。折书页要折得直，压得久，捉得齐，乃为高手。订书眼要细，打得正而小，草订眼亦然。又须少，多则伤书脑，日后再订，即眼多易破，接脑烦难。天地头要空，得上下相趁。副页用太史连，前后一样两张，截要快刀，截方平而光，再用细砂石打磨，用力须轻而匀，则书根光而平，否则不妥。订线用清水白绢线，双根订结。要订得牢，嵌得深，方能不脱而紧。如此订书，乃为善也。见宋刻本衬书纸，古人有用澄心堂纸，书面用宋笺者，亦有用墨笺洒金书面者，书笺用宋笺藏经纸古色纸为上。至明人收藏书籍，讲究装订者少。总用棉料古色纸，书面衬用川连者多。钱遵王述古堂装订书面，用自造五色笺纸，或用洋笺书面。虽装订华美，却未尽善。不若毛斧季汲古阁装订书面，用宋笺、藏经纸、宣德纸，染雅色，自制古色纸更佳。至于松江黄绿

①〔明〕郑廷鹄撰：《白鹿洞志》卷16，见〔明〕李梦阳等编：《白鹿洞书院古志五种》，中华书局，1995年，第427~428页。

②〔明〕周嘉胄著，田君注译：《装潢志图说》，山东画报出版社，2003年，第11、14页。

笺纸，书面再加常锦套，金笺贴笺，最俗，收藏家间用一二。锦套须真宋锦或旧锦、旧刻丝，不得已，细花雅色上好宫锦则可。然终不雅，仅可饰观而已矣。至于修补旧书，衬纸平伏，接脑与天地头，并补破贴欠口，用最薄绵纸熨平，俱照补旧画法，摸去一平，不见痕迹，弗觉松厚，真妙手也。而宋、元板有模糊之处，或字脚欠缺不清，俱用高手摹描如新。看去似刻，最为精妙。书套不用为佳，用套必蛀。虽放于紫檀香楠匣内藏之，亦终难免。惟毛氏汲古阁用伏天糊裱，厚衬料，压平伏，裱面用洒金墨笺，或石青、石绿、棕色、紫笺，俱妙。内用科举连裱里，糊用小粉，川椒、白矾、百部草细末，庶可免蛀。然而偶不检点，稍犯潮湿，亦即生虫，终非佳事。糊裱宜夏，折订宜春。若夏天折订，汗手并头汗滴于书上，日后泛潮，必致霉烂生虫，不可不防。凡书页少者宜衬，书页多者不必。若旧书宋、元抄刻本，恐纸旧易破，必须衬之，外用护页，方妙。书笺用深古色纸裱一层，签要款贴，要正齐，不可长短阔狭上下歪斜，斯为上耳。虞山装订书籍，讲究如此。聊为之记，收藏家亦不可不知也。”③从此长篇可看出，古籍装订与修复技艺发展到清代，文人们已经将其不仅仅看作技术，更是看作珍贵的艺术品去对待，在保护书籍的过程中也赋予其更多的文化内涵。

古人的修复方法及理念也体现在藏书家的著作及跋文中。举两位著名藏书家的例子。

一位是黄丕烈先生。黄丕烈是乾嘉时期有名的藏书家、校勘学和版本目录学家。他的书多得自毛氏汲古阁、钱氏绛云楼、王氏孝慈堂等著名藏家所藏之书，藏书以富且精著称。他曾辟“百宋一廛”专室贮藏所得宋版书100余种。他不仅好藏书，且勤于读、校书，并且把藏书、聚书等心得以题跋形式记叙下来。后人将其题跋编辑成书，大致有潘祖荫辑《士礼居藏书题跋记》，缪荃孙辑《荛圃藏书题识》及几种《叙录》《续记》等，凡千余篇。

看黄丕烈先生的题跋，其内容所反映的大都以所藏古籍的版本概述、校勘情况、书籍源流等为主。其中亦有相当一部分讲到古籍的装潢、护

③〔清〕孙从添撰：《藏书纪要》，见〔明〕祁承㸁等撰：《澹生堂藏书约》（外八种），第45页。

持之技。在黄跋中，黄丕烈讲了很多修书的例子，而且为了修书，往往不计工本，“费且倍于得价”亦不足惜。他在为宋刊本《温国文正司马公文集》（80卷）所作题跋中感慨道：“然其书若有待于余之装潢而始完善者，是书之幸，实余之幸也……苟非精加装潢，全者缺之，有者无之，不几使此书多憾耶！用著原委，以见古书难得，即装潢亦当煞费苦心也。”[①]黄丕烈在题识中更提到了为其修复古籍的装潢工人钱半岩，对钱的描述，亦极为生动。在宋刻钞补本《事类赋》（30卷）题跋中有“余家古书装潢，皆出工人钱瑞正手，性甚迂缓，如取旧装成，动辄半年，故戏以钱半岩呼之”[②]之有趣描写。

第二位是周叔弢先生。与黄丕烈一样，弢翁也是一位既懂藏书，又深谙古籍修复与保护之道的藏书大家。

周叔弢先生在藏书过程中，注重古籍的装帧。他积数十年藏书之经验，提出古籍善本“五好标准”，生动具体地阐述了善本古籍鉴定艺术标准。“五好标准”中第五条就是装潢好，并强调装潢的好坏就像一个人的衣冠是否整齐一样重要。遇有破损之古籍，必请良工进行修复并重装。重装过程中，注重保存原有装帧形式，如黄氏原函、毛氏原装等。重装后用樟木夹板，楠木书匣装起，再摆进樟木或楠木书箱里保存。凡达到自己制定的“五好标准”的藏书，均视为珍贵善本，单独收藏，并钤盖“周暹”白文印章，以示珍贵。这些被先生定为“五好标准”的藏书，最后大都无偿捐献给了国家图书馆。

周叔弢先生重视对古籍的装潢和修复，这在其藏书题记中也多有体现。今就《自庄严堪善本书目》所附之《弢翁藏书题识》检阅所得，摘录如下：

> 此元至正好古斋本，字画精雅，宋讳阙笔，盖从宋本翻雕。……因以重价收之。惜纸经染色，触手即破，乃命工重装，围以素纸，居然面目一新，可便观览，书之寿命亦得延长，因无慊于损旧装矣。

---

①〔清〕黄丕烈著，潘祖荫辑，周少川点校：《士礼居藏书题跋记》，书目文献出版社，1989年，第229~230页。

②〔清〕黄丕烈著，屠友祥校注：《荛圃藏书题识》，上海远东出版社，1999年，第403页。

（元至正六年吴志淳好古斋刻本《复古编》题记）

此本惜经俗子改装，已非士礼居之旧，殊不耐观，乃命工易书衣及前后副叶，书中衬纸则未换，恐折订伤书也。余所见古书能多存旧装者，当推海源阁，若今人知重此者益鲜矣。（明嘉靖二十一年唐诗钞本《纬略》题记云）

近年颇见杨氏藏书，皆善保旧装，不轻改易，此书则因辗转流传，遂横遭割裂，而装池更污损，非复旧观。既命工略加补缀，爰记数语以寄慨云。（元刻本《注心赋》题记）

余初见此书时，尚是旧装一册，与《结一庐书目》合，旋为书估改装四册，古意遂漓矣。余尝谓书之精神在纸光墨采中，非极渝敝，不可轻付装潢，况世之能手如钱半岩者又不可多得也。（清初钱氏述古堂抄本《李文公集》题记）

由上述题识，不难看出黄丕烈、周叔弢都认为修复时要尽量保持原貌，以防伤及古籍；修复、装潢的首要目的是延长书的寿命，而非为满足耳目之观。这些原则无不与当前古籍恢复策略相吻合，这一方面反映了二位先生识见之高，同时也是他们爱书、护书的具体体现。

中国古籍装订与修复发展到如今，留下了文人们宝贵的各项语论。因为彼时社会形态、科技水平、保护理念与今日有所不同，所以理论上固然不能一概而论。但是我们应当在研读过程中悉心钻研，从中检选可用之语，用以指导我们如今的古籍修复与保护工作。正如周嘉胄言：“古人凡事期必永传。”①今人理应亦如是。

【附录】

2013年是恩师张士达先生逝世20周年祭。清明前夕，赴赣祭拜，于哲嗣处见师修书札记两叶，分类辑录黄丕烈跋中修书、装书相关跋记，并加评语（即各则小标题），整理如下：

①〔明〕周嘉胄著，田君注译：《装潢志图说》，第42页。

1.装书最要紧的是不损伤字

《士礼居藏书题跋续编》集部，卷四第九页，《昌黎先生集》跋云有："卷中多旧校语，朱墨璨然，惜遭俗手装潢，上下方各有损伤字处，是可叹也。"

2.装书配纸要认真纸色纸质

《士礼居藏书题跋续编》卷三第二十九页《鉴诫录》（宋椠本）跋有云："此书向为天籁阁旧装，所补纸皆白色不纯者，故项氏图章及阮亭先生校改朱笔，皆在白纸上。余今为之重装，悉以宋纸补之，取其色纯也。于图章及校改朱笔，仍留其白纸痕，所以传信于后。四围并前后副叶，皆宋纸。面叶亦宋金粟藏经笺。装潢古雅，与书相称。虽损旧装为之，恐或更有益于是书。装毕复志数语于后。荛翁。"

说明：原件"面叶亦宋金粟藏经"后无"笺"字，现据《荛圃藏书题识》卷六第四百二十一页补之。

3.黄丕烈装书亦有衬装

《士礼居藏书题跋续编》卷三第三十页《鉴诫录》（钞校本）跋有云："千里曾有手校本贻余，余亦甚珍之，然非旧钞。客冬，书友携此册来，易余五番钱，拟传录顾校于上。今春从程氏购得宋刻此册，又弁髦视之矣。既而思之天壤间安能尽遇宋刻，且此阙文空字实照宋对写，视顾所抄犹为近古，遂命工重为装池，原本草订卷一，标题下已为俗子损坏，因补缀而衬装之。"

《士礼居藏书题跋续编》卷三第一页《荀子》题跋中有云："非特板刻之精，且装潢绝妙，从污坏破损之后，而精加补缀，几不知其曾经遭劫者。是书出任蒋桥顾氏，相传其家装潢匠为孙有年，每日工银二星，或一日补一蛀痕，亦不加促迫，故能心细手和如是。"

说明：（1）原件所录"又并髦视之矣"当为"又弁髦视之矣"。据《荛圃藏书题识》卷六第四百二十二页正之。

（2）原件所录"非特板刻之精，且装潢绝抄"当为"非特板刻之精，且装潢绝妙"。据《荛圃藏书题识》附录一第九百六十六页正之。

4.黄氏谓金镶玉为衬纸副其四围

《士礼居藏书题跋续编》卷一第六页《宋五服图解》题跋略云："因墨敝纸渝，损而重装，复以衬纸副其四围，不能睹旧时面目矣。装成并记。"

《士礼居藏书题跋》卷二第廿六页《华阳国志》题跋略云："纸本霉烂破损，系义门返吴时覆舟黄流所厄，恐不耐展读，命工重加裱托改装，倒折向外，庶免敝渝之患。"

《士礼居藏书题跋》卷二第四十一页《咸淳临安志》题跋略云："此书收藏已阅五载矣，原装三十册，墨敝纸渝，几不可触手。今夏六月始命工重装，细加补缀，以白纸副其四围，直至冬十一月中竣事。装潢之费，复用去数十千文，可云好事之至矣。分装四十八册，以原存部面挨次装入，俾日后得见旧时面目。"

说明：（1）原件所录"纸本霉烂破损，系何义门返吴时覆舟黄流所厄"当为"纸本霉烂破损，系义门返吴时覆舟黄流所厄"。据《荛圃藏书题识》卷三第一百三十三页正之。

（2）义门为清何焯（1661—1722），焯初字润千，后字屺瞻，晚字茶仙，号义门，江苏苏州人。何焯博览群书，长于考订，校勘古碑版本最精，与笪重光、姜宸英、汪士鋐并称康熙年间"帖学四大家"。著有《何义门集》《义门读书记》《语古斋识小录》等。

（3）原件所录"命工重加裱托改装，倒折向外，庶免敝渝之患"之中"倒折向外"为金镶玉装帧之折叶方法。具体为无字一面相向而折，折后，有字一面向外。

5.黄丕烈装书惜书不惜钱

《士礼居藏书题跋》卷三第二十二页《史载之方》题跋略云："上下卷通计一百单七翻，合装潢费核之几几乎白金三星一叶矣。余之惜书而不惜钱，其真佞宋耶，诚不失为书魔云尔。"

6.黄丕烈谓"倒折向内，览之益为醒目云"，我认为即蝴蝶装

《士礼居藏书题跋》卷四第四十三页《湘山野录》题跋略云："爰重装之，使倒折向内，览之益为醒目云。"

说明：原件所录：“爰重装之，使倒折向内，览之益为醒目云。”其中“倒折向内”为蝴蝶装装帧之折叶方法。具体为有字一面相向而折，折后，有字一面向内。

7.黄丕烈亦用也是翁所用旋风装潢法

《士礼居藏书题跋》卷六第十八页《丁鹤年集》题跋略云：“昨涧蕡自家至书塾，袖出一诗，谓向所为难者，今反见巧矣。所押丁字，果称巧绝，遂偕方米次和，时命工用也是翁所用旋风叶装潢法装之。”

《士礼居藏书题跋》卷六第二十五页《张来仪文集》跋略云：“书籍甚恶硬褙。今人令小儿入塾读四子书，无有不硬褙者，取其难于磨灭，不致方册成员也。然遇极旧之书，又必须覆背护持，方可展视。盖纸质久必腐毁，覆背庶有所藉托耳。此事却非劣工所能为，手段不高，动辄见窒。即如此书，几与硬褙之四子书无异矣，而覆背护持之法具也。良工见之，亦诧为好手段，故戏举及之。”

说明：（1）原件所录“时命工用也是翁所用旋风叶装潢法装之”之中“也是翁”为清代藏书家、版本学家钱曾。钱曾（1629—1701）字遵王，号也是翁，又号贯花道人、述古主人。江苏常熟人。著有《述古堂书目》《也是园书目》《读书敏求记》三部藏书目录。

（2）原件所提旋风装为一种古籍装帧形式。此种古籍装帧形式是由卷轴装发展到册叶装过程中产生的一种过渡形式，现已不多见。

（3）原件所录：“此事却非劣工所能为，手假不高，动辄见窒。”其中“假”应为“段”。据“荛圃藏书题识”卷九第七百五十八页正之。

8.黄丕烈修补宋版书喜用宋纸

《荛圃藏书题识》卷六第十二页之《鉴诫录》题跋：“此书向为天籁阁旧装，所补纸皆白色不纯者，故项氏图章及阮亭先生校改朱笔，皆在白纸上。余今为之重装，悉以宋纸补之，取其色纯也。于图章及校改朱笔，仍留其白纸痕，所以传信于后。四围并前后副叶，皆宋纸。面叶亦宋金粟藏经笺。装潢古雅，与书相称。”

说明：此条内容与第2条大部分文字同。

9.黄丕烈藏书颇厌覆背

《荛圃藏书题识》卷六第十五页《渑水燕谈录》题跋：“原装三册，俱以素纸覆背，盖书贾于钞本书往往为此，取其多而可获价也。余则颇厌之，兹因补钞第十卷，命工重装而辍其覆纸，仍为三册云。”

说明：原件所录“原装三册，俱以素纸覆背”之中所提“覆背”，为书画装潢之术语。即在字画或书叶背面裱上一层或数层纸，以求原件牢固。但用此方法托裱书叶后，改变了书叶原有厚度和形态。与古籍修复“整旧如旧”和“最少干预原则”相背驰。故古籍修复中有能不托裱就不托裱之说。

10.黄丕烈谓装潢古雅，补缀浑纯

《荛圃藏书题识》卷六第四十六页。

说明：原件在此处未录具体文字。

11.黄丕烈谓古书难得即装潢亦煞费苦心

《荛圃藏书题识》卷八第九页《温国文正司马公文集》题跋云：“嘉庆己未冬十一月既望，装此书成。夫然而快然，大慊于心也。盖余自丁巳八月至今，即付装潢，几阅二载余，费且倍于得价，然其书若有待于余之装潢而始完善者，是书之幸实余之幸也。初，书装十四册，破烂特甚，买得后驱蠹鱼至数百计，且缺叶及无字处每册俱有，乃命工补缀。其缺叶，皆误重于他叶之腹。其落字者，皆浆黏于前后叶之背。始悟当时俗工所为，以致不可卒读。苟非精加装潢，全者缺之，有者无之，不几使此书多憾耶。用着原委，以见古书难得，即装潢亦当煞费苦心也。”

12.黄丕烈读书如书脑狭小即接脑

《荛圃藏书题识》卷十第三十六叶《陶杜诗选》题跋云：“装成展读，因脑头狭小，殊不耐观。复命工易纸覆衬接脑，始可开展。”

说明：（1）原件所录：“复命工易纸覆衬接脑，始可展读。”其中“展读”应为“开展”。据《荛圃藏书题识》卷十第八百二十七页正之。

（2）原件所录中有“接脑”一词，为古籍修复之术语，也称接书背。接背后，使古籍易于翻阅。

第三节　中国古代书籍装帧形式演变

讲此题目之前，先讲一下我对“装帧”一词的看法。我们当今通常所指的书籍“装帧”一词，始于晚清的现代书籍设计术语，是西方印刷技术进入中国后出现的名词，是对图书的开本、版式、封面、字体、扉页、插图、装订形式等所进行的技术与艺术处理，而中国古人对书籍外在形式的称谓则为“装潢”一词。“装潢”一词含有两个意思，即为“装”和“潢”。所谓“潢”源于对纸质书籍的保护保存方法，即“染纸入潢”。“染纸入潢”简称“入潢”，东汉人刘熙在《释名》中解释“潢”字时，即称此字为“染纸”也。它的发明者为东晋著名的医药学家葛洪。染纸所用染料为黄檗汁，染后而成的纸称为“黄纸”。用此类纸写好内容后，再制成卷轴装，既是“装”。“装潢”一词由此演变而成。“装潢”一词始见于南北朝时期，后为历代习用。前些年，我们对敦煌遗书进行修复时，发现了有些卷子在卷尾写有“装潢手×××”字样。

提到讲装潢的书，最有名的当推明周嘉胄所著《装潢志》，而宣古愚的作品《广装潢志》，则是目前所见最为详尽的装潢史撰述。2018年11月，我去南方讲学之前，社科院好友马忠文博士跟我说：“你如有时间去上图看书展，一定要看一下《广装潢志》这部书。”是书共分3册，从未刊印流布。辑历代载记及自身经眼之古籍、字画装潢资料为一编。综上所述，此讲冠以“装潢形式演变”更为妥当。但考虑如改，似乎给人以标新立异之嫌，故仍用原题开讲。

我们讲中国古代书籍装帧，主要是讲正规书籍的装帧。在正规书籍出来之前，还有一部分，如刻在青铜器上的所谓“青铜的书”，刻在甲骨上的所谓“甲骨的书”，刻在石头上的所谓“石头上的书”。这些所谓的“书”，从严格意义上讲，尚不能纳入书籍的范围，也可叫作非正规书籍。所谓正规书籍是从简策开始，那么我们讲书籍的装帧也始自简策。

一、简策（简册）

中国古代书籍的装帧始自简策，简策的意思就是编简成册。从商周到东晋近两千年间，中国古代书籍的主要载体是竹木。古人云："单执一札谓之简，连编诸简乃名为策。"①意思是一根竹片曰"简"，若干简扎编连，缀合在一起才叫"策"。由上可知，以竹编连在一起叫简策。另外，还有一种书写材料为木质，用木做的材料书写的文献称为"版牍"。没写字的木板叫"版"，写了字的叫"牍"。版是长方形的，所以也叫作"方"。长度大约为汉代一尺，故又称"尺牍"。版牍版面宽阔，可完整记录一件事情，多以文书形式出现。《仪礼·聘礼》曰："百名以上书于策，不及百名书于方。"②这里的"名"就是字，故此话意为，超过100字的文章写在简策上，不够100字的文章写在版牍上。版牍的正背面都可以写，一般单独存在，不做编连。但也有些较窄的或较特殊的文书，也有编连的情况。

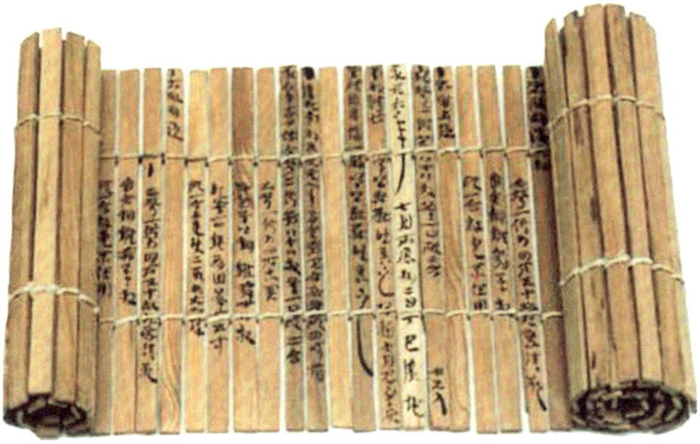

图1-3-1　简策（复制品）

---

① 郭锡良等编著：《古代汉语》（上），商务印书馆，1999年，第363页。

②〔清〕孙诒让著，汪少华整理：《周礼正义》，中华书局，2015年，第2563～2564页。

图1-3-2　尹湾汉简牍《博局占》[1]

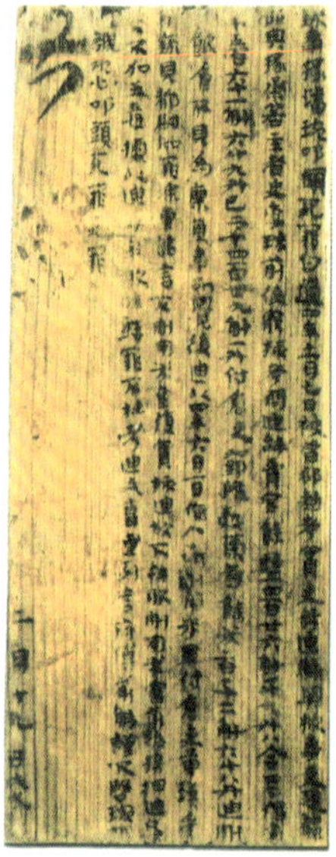

图1-3-3　长沙走马楼文书牍[2]

竹木简及牍在加工、整理后，方可作为书写材料。首先，片解竹成筒，木成椠，然后竹筒片解成宽窄一致的札条。接下来修平竹简，不但要修平竹节，还要刮去竹外的青皮层。竹简写字的一面一般在竹里（即竹黄），不写字的一面叫竹青。但也有在正背都写字的竹简。接下来是烘干，汉刘向在所著的《别录》中云："新竹有汁，善朽蠹。凡作简者，皆于火上炙干之。"[3]叶德辉在《书林清话》中曰："古书止有竹简，曰汗简，曰杀青。汗者去其竹汁，杀青者去其青皮。"[4]由上可知，竹简在书写之前，要经过"杀青"这道工序。目的是防止简札受潮变形和腐朽生

① 采自李明君著：《历代书籍装帧艺术》，文物出版社，2009年，第81页。

② 采自李明君著：《历代书籍装帧艺术》，第86页。

③〔汉〕班固编撰，顾实讲疏：《汉书艺文志讲疏》，上海古籍出版社，1987年，第9页。见〔南朝宋〕范晔著：《后汉书》卷64，"以火炙简令汗，去其青，易书，复不蠹，谓之杀青，亦曰汗简。义见刘向《别录》也。"中华书局，1965年，第2099页。

④〔清〕叶德辉撰，漆永祥点校：《书林清话》（外二种），第20页。

虫。杀青有益于竹简的长久保护，从这个意义上说，也可以认为其开了古籍保护的先河。

杀青、汗青和汗简都是竹简烘干过程的不同称呼。后世人们将“杀青”一词泛称为某件事情的完结。而“汗青”一词，更引申为“史册”的含义。著名的有文天祥《正气歌》中的诗句：“留取丹心照汗青。”

竹简经过杀青后，就要进行编连装帧，古人编简成策，编的道数多以竹木简的长短而定，用上、下两道麻绳或丝绳（也有3道或4道）像编竹帘子一样编连，既有先写后编，也有先编后写的情况。另有少量的在竹简的一端钻孔，用绳子穿联在一起的方式。

古人为了保护正文少受磨损，开头（最右）两根常为空白简，称作“赘简”，赘简背面上端竖写篇名，下端题书名，便于检索和归类。简册一般卷起来存放，以最末一简（也就是最左一简）为轴，从左向右卷成一轴，这样篇名、书名就露在外面，类似于今天的封面，把卷起的简册捆扎之后，放于囊中保存（布袋或筐箧中）。

简策是中国最早的书籍装帧形式，其装帧形式对后世影响很大，如赘简，演变为护叶、封面等。而其后产生的帛书卷子装、纸书卷装，则完全是对简策卷收形式的模仿。

二、帛书

帛是指丝织品，在帛上写文章，古人称之为“帛书”。帛书的承载物是缣帛，缣是一种精细的绢料，帛是丝织品的总称。也有绢、素等名称，所以古人也称帛书为缣书、素书。总之，缣、帛、缯、素都是古代丝织品的名称，质量有别，实为一类，现代通称为帛书。

用丝织品制作书籍，至少在春秋时期就已存在，出现稍晚于简策，与简策并行于春秋战国，以迄秦汉、魏晋时期，因此与简策合称为“简帛”“竹帛”或“竹素”。1973年，湖南省长沙市马王堆三号汉墓出土

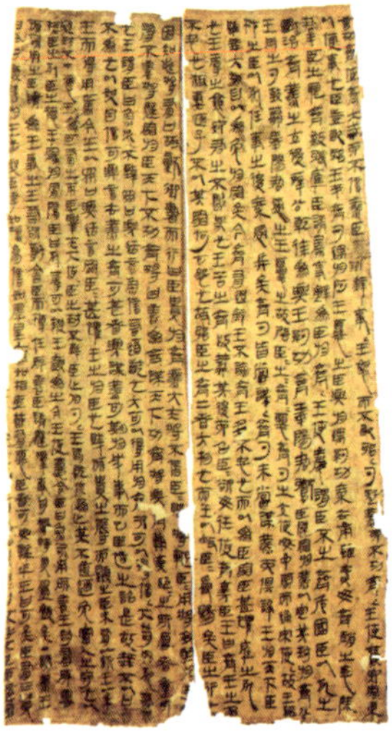
图1-3-4　帛书

了大批帛书，马王堆汉墓曾被称为“地下图书馆”。此批帛书的年代属西汉初年，于此发现的这批帛书为我们探讨古代缣帛书籍的装帧艺术提供了极为珍贵的资料。

前面提到，简策与帛书是并存于世的，二者质地决然不同。不过从马王堆出土的帛书来看，帛书的装帧受简策的影响却是显而易见的。

一是书写形式也是从上至下，由右至左；二是为使文字整齐，用界尺比照竹简的宽度，画（用墨笔或朱笔）或织出界行，称作乌丝栏或朱丝栏。版面上的上、下边栏可看作是对简策编绳的模仿；三是卷首仿照简策中的赘简，留下一段空白，保护正文不被磨损。

缣帛作为书籍的载体，优点是质地柔软、分量轻，可以随意折叠，马王堆汉墓出土的帛书，都是以折叠的方式存放的。这些帛书大多是将整幅帛对折为双幅，再对折为四幅的方法，折叠成竖约24厘米、宽约10厘米的一沓沓的长方形状，然后平放在漆箱内。目前发现最早的帛书，为战国中晚期的长沙子弹库楚墓出土的楚帛书，它的存放方式也是折叠为八折，整齐地放在竹笈中。

虽然从马王堆汉墓以及长沙子弹库楚墓出土的帛书看，其存放方式都是折叠存放，但也不能断定帛书的存放方式只此一种，因为折叠存放固然简便，但是较多的书放在一起，则有辨别、检索的不方便，而它完全可以从并存于世的简策存放方式中得到启示——把帛书卷起来。因此有人认为，马王堆帛书的折叠存放，大约是一种适应随葬的放置方法。在长沙马王堆汉墓出土的帛书中，有一件为《春秋事语》，绢宽约23厘米，长约74厘米，前部残损较重，不知原件有多长，出土时卷在一块约3厘米宽的木条上，有十二三周，此木条起着此幅帛书的轴杆作用。此件帛书的出土，也让大家了解到帛书卷轴装的存在。

三、纸质卷装

卷装是卷子装与卷轴装的统称，没有装轴的叫卷子装，装轴的叫卷轴装，通称卷装。

纸作为书籍的载体始于西汉末年，与简帛并行使用数百年，由于纸张价廉物美，携带方便，逐渐取代了简帛的地位。东晋末年废简帛，以纸代之，简帛才退出了历史舞台。东晋豪族桓玄于403年废晋安帝，自称为帝，国号楚。《太平御览·桓玄伪事》记载，桓玄即帝位后，即下令宫中文书停用简牍，而改用黄纸，其曰："古无纸，故用简，非主于敬也。今诸用简者，皆以黄纸代之。"①纸质卷轴装是晋唐、五代宋初最为流行的装帧形式。存世的敦煌遗书绝大部分都是卷轴装。

关于卷轴之名的出现，文献记载，唐玄奘从印度取经回国之后，在西安大慈恩寺翻译佛经，曾上书皇帝曰"所获经论奉敕翻译，见成卷轴，未有铨序，伏为陛下睿恩"②。意思就是说经卷都已装帧成卷轴，请求皇上写一道序文。

卷轴装每纸的高度仿照竹简的高度，即26—30厘米左右，每纸的长度为40—50厘米左右，通常划有边栏，抄写完毕后，依次粘贴成长卷。为方便卷舒，防止折损。在卷尾（拖尾）处加装木轴或竹轴，（左端）轴头处系一书签，题写书名和卷次，称为签或牙签。为保护正文，在正文前粘一空白纸，叫"包首"，也叫"褾"。在包首前面（也就是最右端）粘一根细竹条或木条或苇杆，称为"天杆"或"竹界"。竹木条中间系一丝带，以便捆扎卷子，此为"带"。为便于保存，一般用"帙"包裹，帙一般用丝绸、麻布、皮纸等制成。至此，由卷、轴、签、褾、带、帙共同形成了卷轴装的主要内容。

---

①〔宋〕李昉编：《太平御览》卷605，中华书局，1960年，第2724页。

② 光中法师编著：《唐玄奘三藏传史汇编》，东大图书股份有限公司，1989年，第387页。

图1-3-5　敦煌遗书卷轴装

图1-3-6　敦煌遗书卷轴装卷首竹界及带

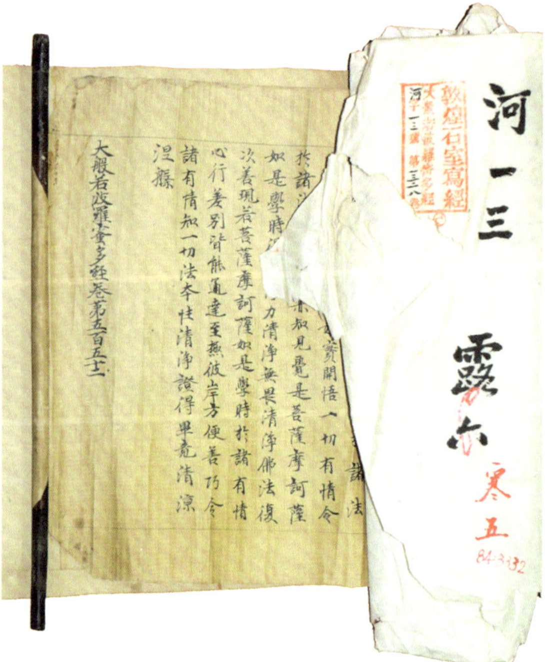

图1-3-7　敦煌遗书卷轴装卷尾及轴

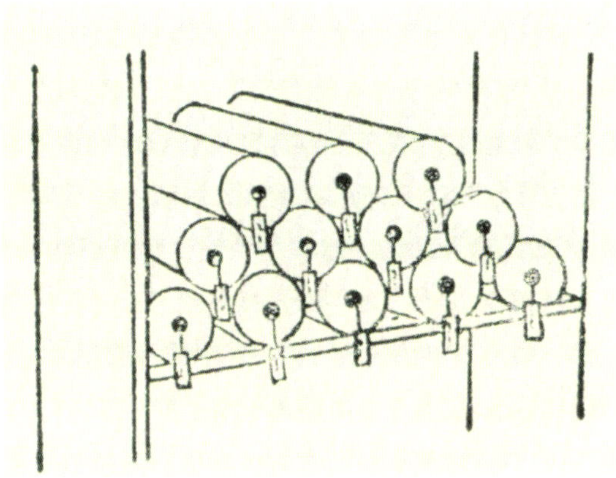

图1-3-8　卷轴书籍的插架与牙签

四、梵夹装

梵夹装是随着佛教一起从印度传入中国的一种装帧形式，也是19世纪中国引入西方书籍装帧技术之前唯一引入的一种外国的装帧技术。

梵夹装，就是古代印度人首先把佛教经典用梵文书写在贝多罗树叶上，故又称贝叶经，将写好贝叶经的树叶按顺序排好，用木板上下夹住，连板带经打一个或两个洞，然后穿绳绕捆，梵夹装就算装帧好了。

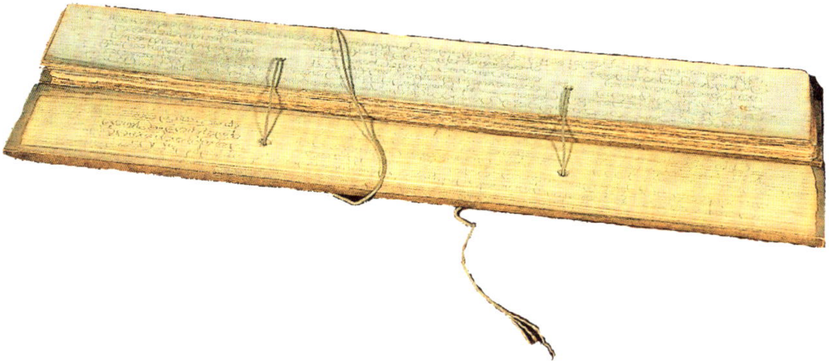

图1-3-9　傣文梵夹装（材质为贝多罗树叶）

在印度梵夹装的影响下，中国僧侣尝试用汉译佛经制成纸制梵夹装形式。这主要反映在敦煌遗书中。例如国图所藏敦煌遗书《思益梵天所问经》是目前所知敦煌文献中最典型的中国纸质梵夹装，也是打有一眼并穿绳。另外，《敦煌遗书总目索引》所录S5532号，是《禅门经》，粗厚麻纸书写，双面书字。共19叶，38面。每面书写6行，每行字数不等。有边栏界行。每叶为长条状，每叶第3行的界行线上，距上边栏三分之一距离处、距下边栏三分之一距离处，各有一圆孔。这两个圆孔是干什么的？无疑是某种装帧的遗迹。是什么装帧的遗迹？从印度贝叶经的装式及梵夹装的特点来考察，这种遗迹显然是中国纸写佛经模仿梵夹装的遗迹。可惜穿绳及上下夹板早已散佚，无复见其完貌。但从其叶取长条、条中有孔的情况看，显然是模拟贝叶经和贝叶经的梵夹装式。

图1-3-10 纸质梵夹装

《敦煌遗书总目索引》所录S5533号，是《佛经疏释》。亦是麻纸书写，双面书字。每面6行，每行字数不等。经叶为长条纸，似仿贝多罗树叶。无上下边栏，却有界行。每叶第3行的行线上，距上边三分之一距离的位置上，亦都有一圆孔，且圆孔边缘有绳磨损的痕迹，显然这也是中国纸写佛经模拟梵夹装的遗迹。

但是，纸张的坚硬程度使其并不适宜制作梵夹装，而且穿洞时也会毁坏纸张的内容。故中国的佛僧们又创造了一种改良的梵夹装，也都是长条纸叶，上下有厚重的夹板，但没有打孔。国图藏有大量的蒙文、藏文《大藏经》，以及清宫中用泥金写的佛经，都是这种改良的梵夹装。汉译佛经梵夹装的出现，意义非凡，促进了书籍由卷轴装向册叶装的过渡。

图1-3-11　蒙文《大藏经》纸质梵夹装（改良版）

五、经折装

经折装，也称折子装，是中国古代僧侣借鉴印度传统装帧方式的优点对卷轴装的一种改进。大约出现于唐中叶以后。西晋文学家傅咸在其所著《纸赋》一书中曾说卷轴装的特点是“揽之则舒，舍之则卷”[①]，于佛教信徒诵经不便，故受印度梵夹装的启发，将原卷轴装的佛经，按一定行数或宽度均匀地左右连续折叠，前后加书皮或木板。这种装帧由于大量用于佛经中，故称“经折装”。

现存最早经折装出自敦煌藏经洞，证明自唐就有之，流传至今。斯坦因在《敦煌取书记》中记录道：“又有一册佛经，印刷简陋，然颇足见自旧型转移以至新式书籍之迹。书非卷子本，而为折叠而成，盖此种形式之第一部也。”[②]经折装吸取了梵装容易翻阅的优点，而且在保护图书上又有发展，如不需穿绳，对纸张没有损害，能延长书籍寿命。

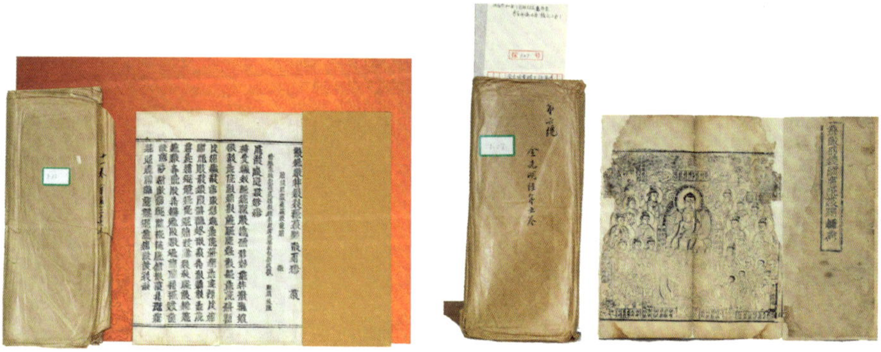

图1-3-12　西夏文经折装

①〔清〕严可均校辑：《全上古三代秦汉三国六朝文》第4册，河北教育出版社，1997年，第531页。

② 转自宋原放、王有朋辑注：《中国出版史料》，湖北教育出版社，2004年，第174页。

图1-3-13　待修经折装

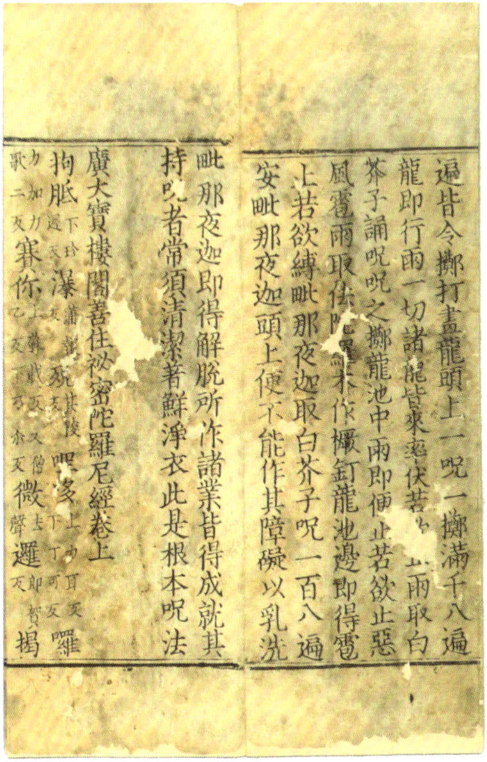
遍皆令擲打盡龍頭上一呪一擲滿千八遍
龍即行雨一切諸龍皆來降伏若[illegible]止雨取白
芥子誦呪呪之擲龍池中雨即便止若欲止惡
風雹雨取佉陀羅木作橛釘龍池邊即得雹
止若欲縛毗那夜迦取白芥子呪一百八遍
安毗那夜迦頭上便不能作其障礙以乳洗
毗那夜迦即得解脫所作諸業皆得成就其
持呪者常須清潔著鮮淨衣此是根本呪法
廣大寶樓閣善住祕密陀羅尼經卷上

图1-3-14　修复后经折装（元官藏）

六、旋风装

旋风装是中国古籍一种特殊的装帧形式，由于存世实物罕见，加之历史文献记述欠详，其具体形制究为何状，至今仍然众说纷纭，莫衷一是。关于旋风装有以下几种观点：

（一）旋风装即蝴蝶装

1918年出版的孙毓修《中国雕版源流考》书中“装订”一节论述旋风装时加有按语：“按旋风叶即蝴蝶装。”[①]明确表达了这一观点。

（二）旋风装即龙鳞装

其实物即现藏故宫博物院的唐写本王仁煦《刊谬补缺切韵》。1981年，李致忠先生在《文物》杂志上发表《古风“旋风装”考辨》[②]一文，根据故宫博物院所藏唐写本王仁煦《刊谬补缺切韵》实物，指出“龙鳞装”就是旋风装，旋风装是对卷轴装的一种改良。

（三）旋风装即“类龙鳞装”

1997年杜伟生先生在《文献》杂志上发表《从敦煌遗书的装帧谈“旋风装”》一文，原文云：“将书叶一侧码齐，在左边（或右边）涂上糨糊。逐叶粘牢，再粘上木棍或用一根破开的细竹管夹住书叶粘连处，打眼穿线装订。展阅时书叶虽参差不齐但排列有序，收藏时以集齐的一侧为轴心卷起，这种装帧就是‘旋风叶’，也就是中国古书旋风装。”[③]但版本目录专家程永庆先生认为这不是“旋风装”。由于此种形式的装帧打开时，形似“龙鳞装”，故程永庆先生把这种装帧形式称为

---

① 转自宋原放、王有朋辑注：《中国出版史料》，第143页。

② 李致忠：《古书“旋风装”考辨》，《文物》1981年第2期，第75~78页。

③ 杜伟生：《从敦煌遗书的装帧谈“旋风装”》，《文献》1997年第3期，第181~190页。

“类龙鳞装”。

（四）旋风装即“包背式经折装”

以上几种观点基本反映了当今旋风装研究的状况，需要说明的是，关于第一种的“旋风装即蝴蝶装”，现今已少有人再持有这种观点了。原因很简单，现存旋风装的有关文献的记述与规范的蝴蝶装形制相距甚远，实在有些联系不上。

再说第四种观点，讲这种观点之前，我们先看前人是怎么描述旋风装的。

宋欧阳修在《归田录》中写道：“唐人藏书，皆作卷轴。其后有叶子，其制似今策子。凡文字有备检用者，卷轴难数舒卷，故以叶子写之。如吴彩鸾《唐韵》、李郃《彩选》是也。”①

宋侯延庆《退斋笔录》记载：“蔡确之子懋，宣和末，为同知枢密院事，因奏事，言确南迁时事，云：‘苏轼有章救先臣确，臣家尝传录。’因袖出章进。上皇云：‘苏轼无此章。轼在哲宗朝所上章，哲宗以一旋风册子手自录次。今宫中无此章也。’懋怅然而退。”②

《退斋笔录》属于笔记小说，它讲述了这样一个故事：北宋奸臣蔡确之子蔡懋，在宣和末年做官时，想替自己的父亲翻案，便伪造了苏轼的文章，上奏宋徽宗说，苏轼曾写过救助蔡确的奏章。不料宋哲宗把苏轼所上奏章的名字都亲手抄录在了一本便于翻阅的旋风装册子上，很快就查清苏轼没有这个奏章。蔡懋因此被宋徽宗驳回，只得悻悻而退。这段文字的重要性，在于它明确记录了宋哲宗曾使用旋风册子记录苏轼进呈的奏章。古代臣子上呈皇帝的奏章，又称折子，均为经折装形式，此形制作为惯例，历久不变，一直沿用至清末。由此可证，宋人所谓旋风装，显然是折叠的册子装，也就是我们今天所说的经折装，而绝不是卷轴形式。

以上，从前人的两段记载中我们发现，欧阳修在《归田录》中的记

①〔宋〕欧阳修等撰：《归田录》（外五种）卷2，上海古籍出版社，2012年，第26页。

②〔元〕陶宗仪编：《说郛》卷48，上海古籍出版社，1988年，第13页。

述，虽然没有直接说出旋风装，但是明确了唐后出现的装帧制式，即唐人藏书皆作卷轴，其后有叶子，其制似今策子。所以叫叶子，当是它不再是长长的卷子，而只是比较小的长方形，有点像树叶。也就明确了外观绝不是卷起来的形式，而是写在叶子上以策子形式出现。而宋侯延庆《退斋笔录》则直接提到了旋风装，明确记录了宋哲宗曾使用旋风册子记录苏轼进呈的奏章。

著名版本目录学家、《中国丛书经眼录》的作者施廷镛先生在《中国古籍版本概要》一书中，谈到旋风装，认为其源于经折装，并认为："由于这种装式（经折装）易于散开，又把它首尾连结起来，反复翻阅，形如旋风，故称之旋风叶。"[①]黄永年先生认为，旋风装就是"把卷子一正一反地折叠成长方形的折子，前后连起来包一张书皮，把原先的一卷书改成了一册书"[②]，是从卷子到册叶的过渡形式。

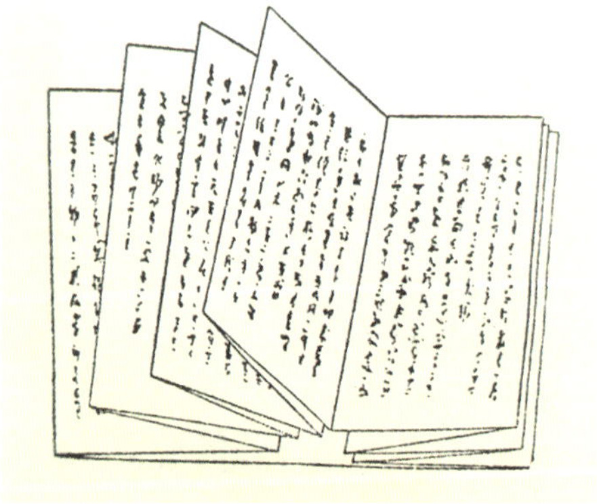
图1-3-15　旋风装

再谈"旋风装即龙鳞装"的观点。前面谈到几种旋风装的观点时，介绍了有一种是根据故宫博物院所藏唐写本《王仁煦刊谬补缺切韵》实物，指出"龙鳞装"就是旋风装，旋风装是对卷轴装的一种改良。故宫所藏古写本《王仁煦刊谬补缺切韵》，向被视为古书龙鳞装或旋风装最为典型的重要实物。曾任故宫博物院院长的马衡先生早年目睹过此书。试看他《中国书籍制度变迁之研究》中的记述："一九四七年秋，故宫博物院收得唐王仁煦《刊谬补缺切韵》一卷，为海内佚书。其装潢虽为卷子，而内涵散叶二十四叶。盖以两纸裱成一叶，故两面有字。其装为卷子也，则以第一纸裱于内。自第二叶起，仅以叶

① 施廷镛著：《中国古籍版本概要》，天津古籍出版社，1987年，第125页。

② 黄永年著：《古籍版本学》，第51页。

之一端粘着卷上，以次错叠，如鱼鳞然。卷之则成卷轴，不见散叶之迹。宋濂跋称其‘装潢之精，出自宣和内匠’，是犹北宋原装也。其后虽有‘洪武叁拾壹年肆月初玖日重装’字样，意必修整原装，未更形式也。”[①]

把故宫所藏古写本《刊谬补缺切韵》的龙鳞装帧形式确定为旋风装的依据主要来源于南宋张邦基《墨庄漫录》和元王恽《玉堂嘉话》中的记载。《墨庄漫录》卷3：“成都古仙人吴彩鸾善书小字，尝书《唐韵》鬻之。今属中导江迎详书院经藏中《佛本行经》六十卷，乃彩鸾所书，亦异物也。今世所传《唐韵》犹有，皆旋风叶，字画清劲，人家往往有之。”[②]《玉堂嘉话》卷2：“吴彩鸾龙鳞楷韵，柳诚悬题云：‘吴彩鸾，世称谪仙也。一夕书《唐韵》一部，即鬻于市，人不测其意。稔闻此说，罕见其书，数载勤求，方获斯本。观其神全气古，笔力遒劲，出于自然，非古今学人所可及也。时大（太）和九年九月十五日。’其册共五十四叶，鳞次相积，皆留纸缝。天宝八年制。”[③]于是他们认为所谓女仙吴彩鸾书写的旋风叶《唐韵》就是龙鳞楷韵，“韵”者即《唐韵》，“楷”指吴用小楷书写，“龙鳞”就是旋风叶的形状。并且认为上段文字所记述的龙鳞装吴彩鸾楷书《唐韵》，即今存故宫博物院的唐写本王仁煦《刊谬补缺切韵》。

但认为龙鳞装与旋风装有别的黄永年先生不同意此看法，因为这里有两个问题：一是《墨庄漫录》中虽然提到旋风装，但并未对旋风装的形状加以具体描述。如果仅凭此段文字来证明现存唐写本王仁煦《刊谬补缺切韵》即是旋风装，显然还缺少足够的说服力。黄永年先生认为：“吴彩鸾所书写的《唐韵》并不止这一部，完全可以既装成旋风叶，也装成龙鳞装，怎样能够判断旋风叶就是像故宫博物院收藏的王仁煦《刊谬补缺切韵》那样的龙鳞式呢？”[④]故反对者认为故宫这件《刊谬补缺切韵》绝对

① 马衡著：《凡将斋金石丛稿》，中华书局，1977年，第274页。

②〔宋〕张邦基撰：《墨庄漫录》卷3，第98页。

③〔元〕王恽撰：《玉堂嘉话》卷2，中华书局，2006年，第68页。

④ 黄永年著：《古籍版本学》，第50页。

不是旋风装，而是龙鳞装。我认为，王仁煦《刊谬补缺切韵》这件的装帧形式更接近“手卷”的装帧，而手卷这种装帧形式具有其技艺上的复杂特性，如若没有一定的装裱字画的技术，难以实现此装帧形式。而张邦基所述“人家往往有之”，意味着旋风装形式在民间亦十分常见，装帧技术，不会太过复杂。另外，故宫所藏的这件写本，是否与早期描述的龙鳞装相同，现在看也不确定，因为在《玉堂嘉话》中，对“龙鳞”的描述并没有出现“托裱”用词，而故宫这件藏品是托裱过的。它是否受装裱形式影响后衍生出来的“龙鳞装”，这些都值得研究。

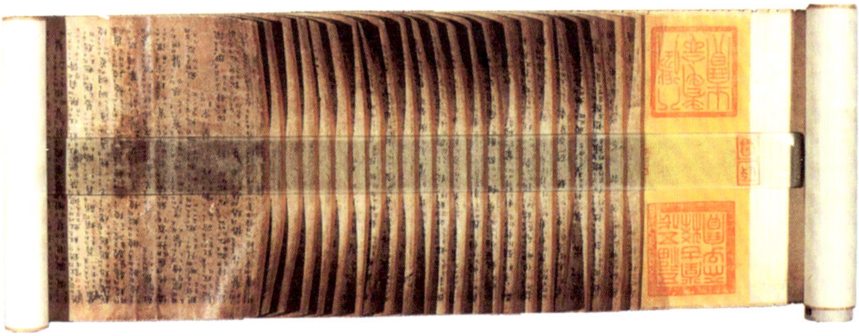

图1-3-16　王仁煦《刊谬补缺切韵》（龙鳞装）

再说第三种观点，即程永庆先生称为“类龙鳞装”的所谓“旋风装”。持此种观点者认为，旋风装是在卷轴装盛行的唐代，为实现书籍的翻检方便，利于携带，将原有卷轴装断成数纸，按顺序排好，放在一张长纸做成的底纸上，在每张书叶的左边涂上糨糊，粘在底纸上，并用竹棍夹住，在竹棍上打三五个眼再用麻线缝住加固。也有一种是全粘在细木棍上，卷起来还是一个卷轴，打开是长短不一的若干小卷子。旋风装的装帧方式是试图突破卷轴装的形式，尝试创立一种新的装帧方法。此种装帧方法是从敦煌遗书中发现的，类似此种装帧一共两件半，英国一件，另一件半在法国。国图收藏的一些少数民族彝文书也有少量此种装帧方法，所不同的是底部卷起来的材质为麻布。观察实物发现，它只是一种比较随意的装帧形式，而且它仍然无法摆脱卷轴装的特点和影响，故只是中国书籍装帧形式过渡中的一个例子。

图1-3-17 类龙鳞装（外观）

图1-3-18 类龙鳞装（展开）

七、蝴蝶装

蝴蝶装简称蝶装，始于唐末或五代，盛行于宋元。其装帧形式是将印好的书叶，以有字的一面相向而折，背面向外，折口处向右集齐做书背，书背用糨糊粘连，再用一张书皮包裹书背。翻阅时书叶像蝴蝶展翅飞翔，故称蝴蝶装。《明史·艺文志序》称："秘阁书籍皆宋元所遗，无不精美。装用倒折，四周外向，虫鼠不能损。"[①]"装用倒折，四周外向"的装帧，指的就是蝴蝶装。

前面介绍了，我国最早的书是竹木简书和帛书。竹木简书的书册制度是"简策"（简册），帛书以及雕版印刷发明之前用纸书写的书册制度是"卷轴"（卷子）。尔后的中式梵夹装、经折装、旋风装等是从卷装到"册叶"装的过渡形式。而书籍装帧的册叶制度就从蝴蝶装开始了。因为从这之后的书籍都是单叶刻印或抄写，然后装订成册，为适应印刷书籍一版一叶的特点，蝴蝶装便出现了。单页、一页书的"页"，本应写作"叶"，因为书是长方形的，有点像树叶，又因早期梵夹装材质确为树叶，而"页"字在《说文解字》中的解释为"头也"，本是人头的象形字，和书籍完全不相干。所以，我们讲古代的书册制度，习惯写成"册叶"制度，而不能写成"册页"。

关于蝴蝶装的装帧形式，其法不用线或纸捻穿孔订成，而只用糨糊粘连，故日本称此种装帧为"粘页"。以糨糊将书叶粘连在一起，除蝴蝶装外，还出现在敦煌遗书中。在敦煌遗书中有几件归义军时期的写本，就是典型的粘叶形式，称为"粘叶装"。此种装帧形式视书叶纸张薄厚分为两种粘法。薄的为单面书写，背面满涂糨糊，并与下一张书叶背面相粘连。厚纸在正、反面书写，然后在每张书叶背面折缝处涂上4—5毫米的糨糊，依次粘接。而蝴蝶装的具体装帧手法为，书叶印刷好后，有字一面相对而折，折好

---

①〔清〕张廷玉等撰：《明史》，中华书局，1974年，第2344页。

一叠后，在每一叶书叶的中缝背面（也就是书口背面），按版心的宽度从书头至书脚抹糨糊相粘连。粘好后，外用硬书衣包裹装背，亦称裹背。书籍装好后，每翻一叶，左右对称，若蝴蝶展翅飞翔，故名蝴蝶装。由于书衣多为硬壳，故可直立插架，故早期的蝴蝶装不看时都是立在书架上，像现在精、平装书那样。不过精、平装书的存放方法是书背向外、书头向上，书根压在书架的平板上。蝴蝶装则是书背在上、书根向外，书口压在书架上。国图收藏的宋刻《欧阳文集》及《册府元龟》等残册，书根上都写有书名、卷次，但不是横写，而是从书脊到书口竖写，且书口处有摩擦痕迹。这些都是因蝴蝶装的上架方式而形成的。另外，卷子本时，一卷书就是一个卷子，改为蝴蝶装后，一册书可能由几卷组成。为翻检方便，有时用纸条或帛条粘贴在每卷首叶的书口处，作为标识。国图所藏《文苑英华》宋刻残本，每卷首叶就都贴有黄帛条。这种标识在后来的包背、线装中就没有了，因为包背、线装的版心为书口，书口已经有书名和卷次了。河北丰润博物馆藏有一部辽刻本《大藏经》，装帧形式为蝴蝶装。观察发现，在每册前后书衣书口边缘，都嵌有一根极细的竹条。此部辽刻本《大藏经》的出现，使我们了解到，早期蝴蝶装书衣在书口的边缘有嵌一根极细的竹条，这应是卷轴装竹界的遗风。此部辽刻佛经中有几册没有粘接，而是用线缝缀的。这也印证了黄永年先生“蝴蝶装在宋代也有不用粘贴而用线缝”[1]之说法。

图1-3-19　早期蝴蝶装放置方式

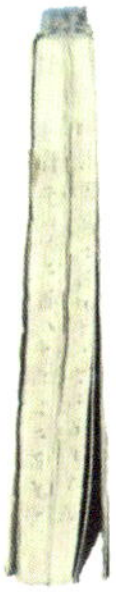

图1-3-20　国图藏宋刻《册府元龟》

① 黄永年著：《古籍版本学》，第57页。

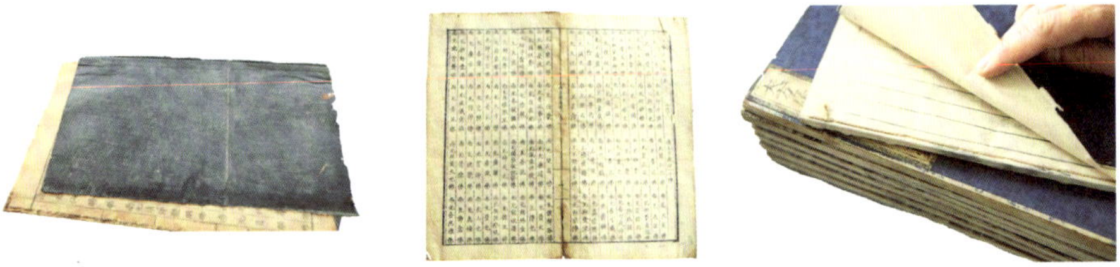

图1-3-21　辽刻本《藏经》（蝴蝶装）

随着时间的推移，蝴蝶装的装帧方法又有一些变化。一是硬书衣变为了软书衣。此种变化就带来了上架方式的变化，由直立式变成了平放式；二是粘接方法的变化，由粘叶改为糨背，减少了糨糊的使用量；三是清初藏书家黄丕烈对蝴蝶装的改进型。前面介绍了，传统的蝴蝶装的固定联结方式是用糨糊粘连，但随着翻阅次数的增加，中缝粘连处极易破损和断裂。为避免这些状况的出现，黄丕烈对蝴蝶装进行了改进。取消在中缝处的糨口，改在书口处点糨连接，此种办法的好处是所有的有字处都没有糨糊，起到了保护书叶的效果，此种蝴蝶装的改进型称“黄装”。

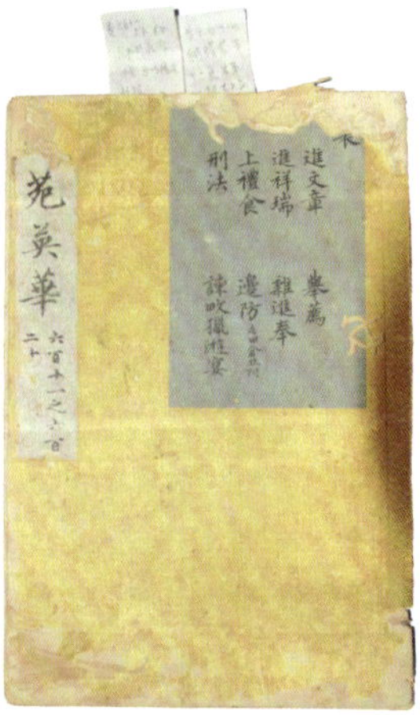

图1-3-22　蝴蝶装《文苑英华》（外观）

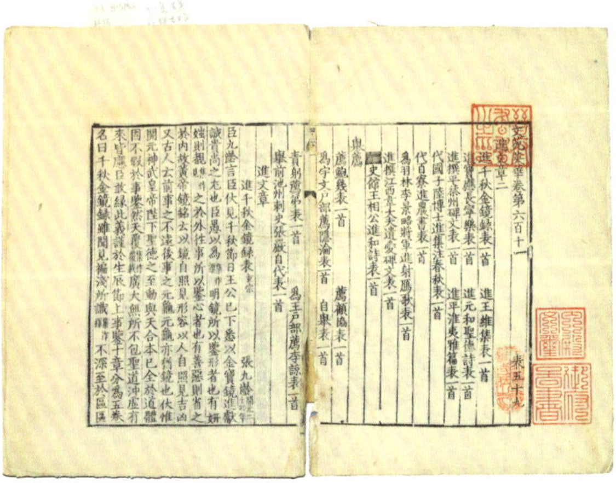

图1-3-23　蝴蝶装《文苑英华》（展开）

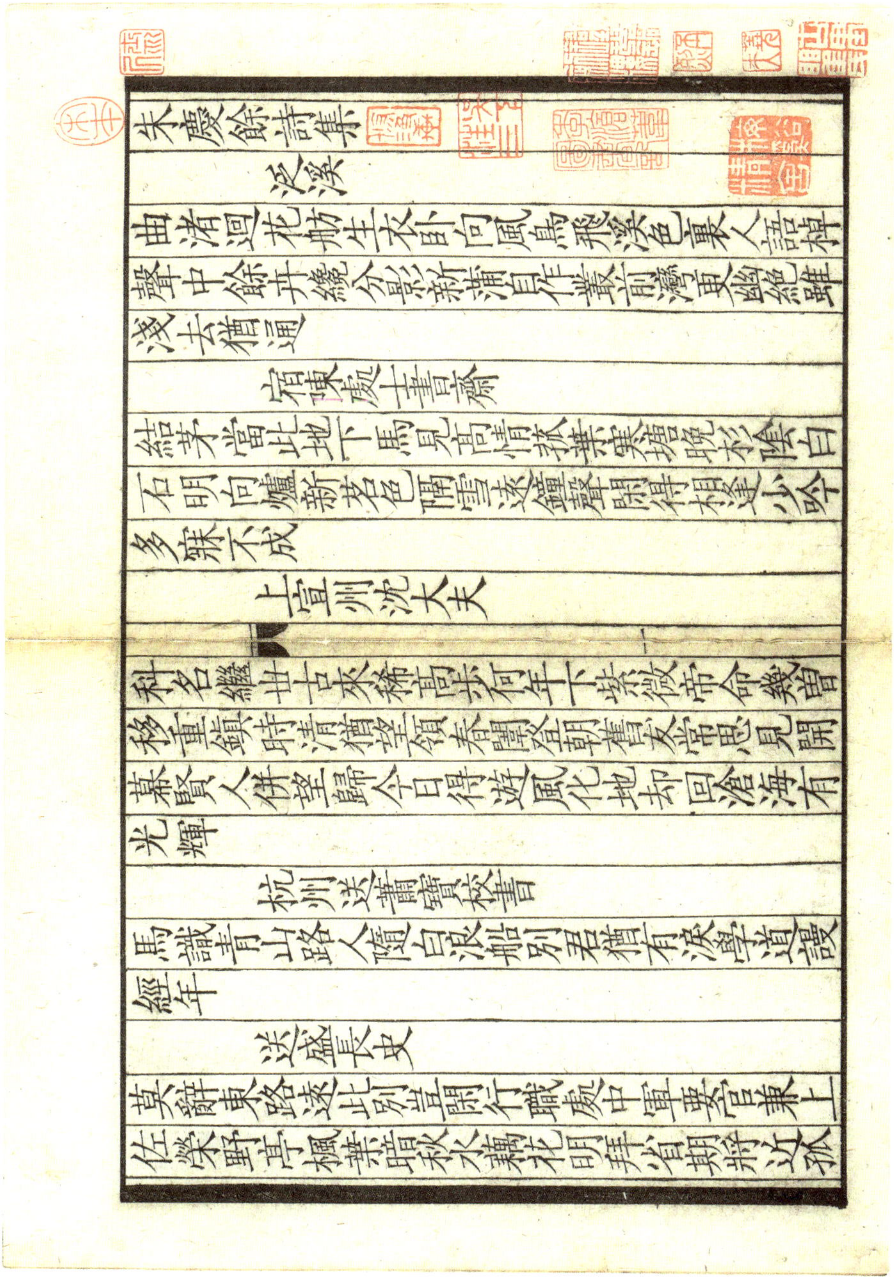

图1-3-24　宋刻《朱庆余诗集》（黄装）

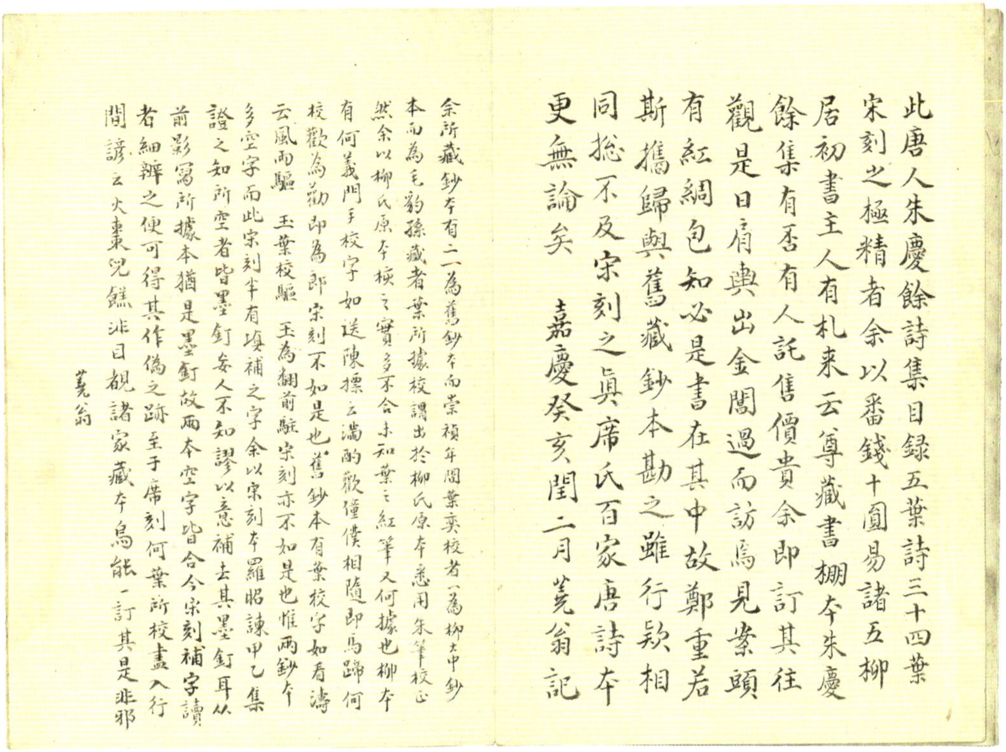

此唐人朱慶餘詩集目録五葉詩三十四葉
宋刻之極精者余以番錢十圓易諸五柳
居初書主人有札來云尊藏書棚本朱慶
餘集有否有人託售價貴余即訂其往
觀是日肩輿出金閶過而訪焉見案頭
有紅綢包知必是書在其中故鄭重若
斯攜歸與舊藏鈔本勘之雖行款相
同捴不及宋刻之眞席氏百家唐詩本
更無論矣　嘉慶癸亥閏二月蕘翁記

余所藏鈔本有二一為舊鈔本而崇禎年間葉奕校者一為柳大中鈔
本而為毛豹孫藏者葉所據校謂出於柳氏原本悉用朱筆校正
然余以柳氏原本核之實多不合未知葉之紅筆又何據也柳本
有何義門手校字如送陳摽之滿酌歡僮僕相隨即馬蹄何
校歡為勸即為郎宋刻不如是也舊鈔本有葉校字如看濤
云風雨驅　玉葉校驅　玉為翻前駐宋刻亦不如是也惟兩鈔本
多空字而此宋刻半有填補之字余以宋刻本羅昭諫甲乙集
證之知所空者皆墨釘妄人不知謬以意補去其墨釘耳从
前影寫所據本猶是墨釘故兩本空字皆合今宋刻補字讀
者細辨之便可得其作偽之跡至于席刻何葉所校盡入行
間譏之火棗兒饑非目覩諸家藏本烏能一訂其是非邪
蕘翁

图1-3-25　宋刻《朱庆余诗集》黄跋（所用纸张为红筋罗纹）

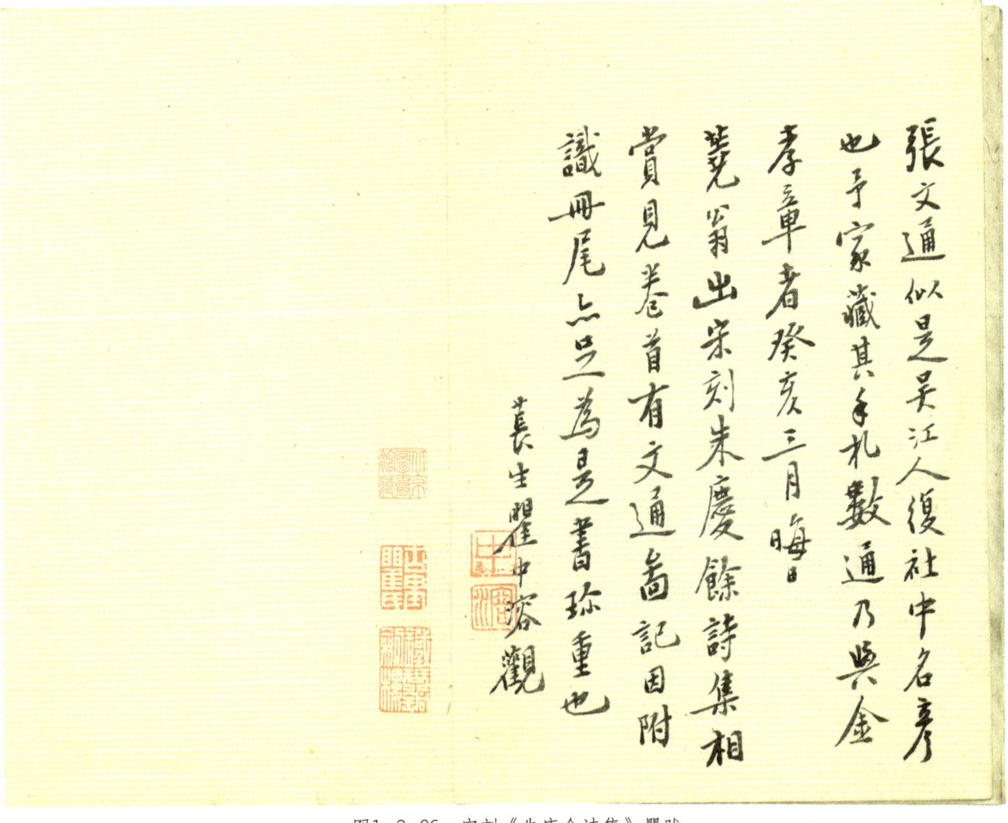

張文通似是吳江人復社中名彥
也予家藏其手札數通乃與金
孝章者癸亥三月晦日
蕘翁出宋刻朱慶餘詩集相
賞見卷首有文通齒記因附
識冊尾亦足為是書珍重也
萇生瞿中溶觀

图1-3-26　宋刻《朱庆余诗集》瞿跋

图1-3-27　元刻《唐律疏议》（黄装）

总之，蝴蝶装的出现适应了雕版印刷的需要，它的优点是版心朝里，上、下、左三边朝外，且都是栏外余幅，有利保护框内文字，凡整幅图画同在一个版面上，一目了然。正因为它有这样的优点，故广泛流行于宋、辽、西夏、金、元各代。

八、包背装

包背装大约出现于蝴蝶装盛行的南宋时期，经元历明，直至清末。特别是明清时期，官书几乎都是包背装。

蝴蝶装流传的同时，它的弱点渐渐显露出来。首先，由于版心相向而折，人们在翻阅时，会遇到两叶空白，同时蝶装书脊只用糨糊粘连，易致脱落，造成书叶散乱。针对蝴蝶装的这些缺点，一种新的装帧形式——包背装产生了。其方法是一反蝴蝶装倒折书叶的方法，而将印好的书叶正折，字面向外，折口处向左集齐作书口，在书脑靠近书背处打眼、订捻，书皮的装法同蝴蝶装。由于采用了正折的办法，故包背装的书口正是书叶的中缝，如果仍按照蝴蝶装的老办法直立在书架上，书口势必磨损，故包背装及之后的线装存放方式就是平放了，书根上的字也不能竖写而改为从右到左横写了。

图1-3-28　《四库全书》（包背装）

包背装分硬面包背装和

软面包背装两种。关于硬面包背装，丁瑜先生认为："用硬纸书面包背，是包背装早期的作法，形同现代的精装。"[①]国图馆藏的《永乐大典》就是硬面包背装的代表，而《四库全书》则是软面包背装的代表。

九、线装

线装从明代中叶以后流行，和包背装相比，折法一样。区别只是前后书皮各用一纸，经过下捻、订书眼，最后穿线装订。

从装帧方法来看，线装是最牢固的。从装帧形式及外观来看，线装是最和谐和美观的。在古人的眼里，书是有生命的。这不光体现在书籍的内容中，也体现在书籍的装帧过程中。古人在对书籍进行装帧时，将书拟人化，也就是将装帧时出现的名称用拟人的形式加以冠名。这样，一部书就有了头、脚、口、心、脑、脊、眼、耳等名称。随着一部书的装帧完成，一个生命就诞生了。由此可见古人对书籍的珍爱程度。

线装始于何时，难以考证。一般认为始于明代中叶，但这值得研究。现藏于英国国家图书馆的中国敦煌遗书中，有几件唐末五代时的遗籍，是把几张书叶叠放在一起对折，形成一叠，几叠放在一起用线串联。中国国家图书馆藏有一册莫高窟藏经洞所出的唐末五代时的写本《八阳神咒经》，也是用线缝缀。这是否说明中国线装在唐、五代时期就出现了。有些人不认可，说这不能叫线装，只能叫缝缋装。但我觉得，至少在那个时期，出现了用线订成的书籍了。另外，前面讲到蝴蝶装时，也介绍了蝴蝶装在宋代也有不用粘贴而用线缝的例子。故我以为，不论是缝缋装，还是宋辽时期存于蝴蝶装中的缝缀方法，都应是线装的早期雏形。后人在确立线装时，应该是借鉴和学习了前人的缝缀方法的。这一点应该是确定的。

① 肖振棠、丁瑜编著：《中国古籍装订修补技术》，书目文献出版社，1980年，第90页。

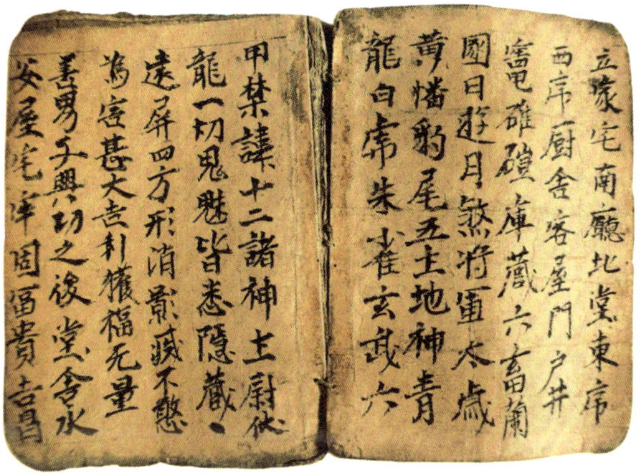

图1-3-29　唐末五代时的写本《八阳神咒经》

线装是明代中叶之后，我国装帧书籍的主要方式，不但样式美观，方便阅读，通过书皮、书签、书角、丝线的对比变化和搭配组合，使书籍外观和谐悦目，而且装订牢固，不易损坏。线装的装帧是极讲究的，以四眼线装为例，四个书眼的位置完全按书品大小而定，通常情况下，中间两书眼间距比较小。厚一点的书或者书脑较宽的书可在上、下角各再多打一书眼，订成六眼线装。书衣以扣皮、单皮（上皮）、筒子皮为主。装订用线一般较细，故用双股线，也不染色。此外，较常见的还有五眼线装，在高丽本的线装中也常见五眼线装。和刻本线装书大都为四眼线装（也有五眼线装），但与中国线装古籍相比，四眼间大致等距离分布。和刻本和高丽本装订线一般较粗，故而用单股线，并染色。和刻本及高丽本的书衣通常较厚，高丽本主要以高丽纸当书衣，而和刻本通常使用一种瓷青色带暗底花纹的书衣专用纸。书衣是以扣皮形式与护叶相粘接，但与中国线装古籍齐边扣不同，和刻本、高丽本很多扣皮是出边的，四边比书叶大。修复时，要注意这些特点，保持原样。

图1-3-30　线装《班马字类》
（“天禄琳琅”藏书）

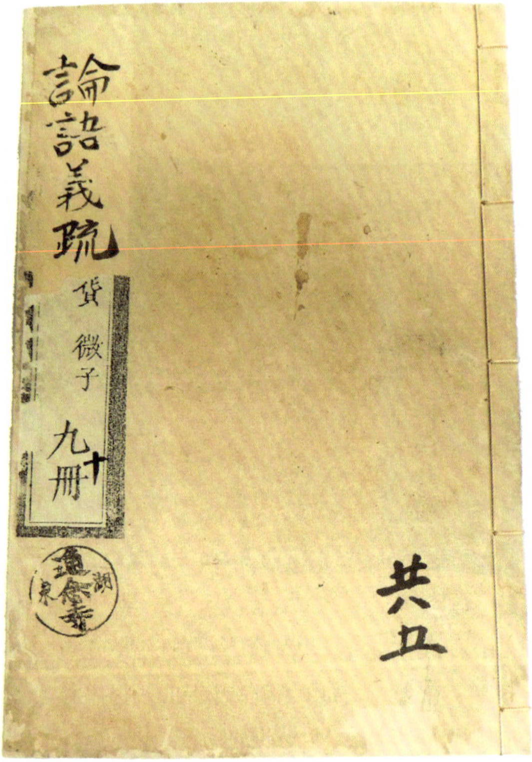

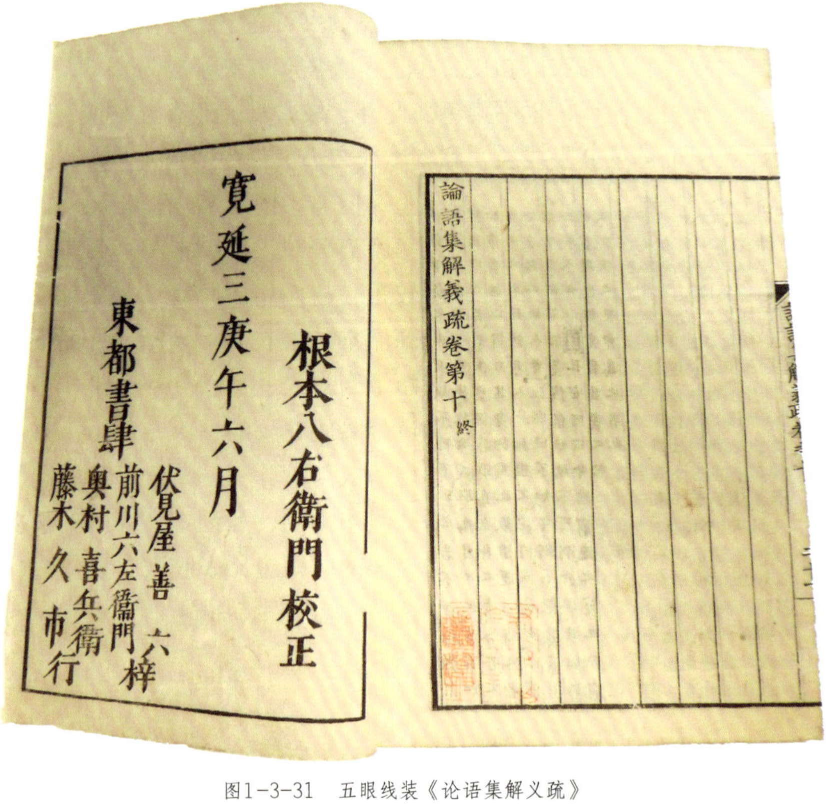

图1-3-31　五眼线装《论语集解义疏》

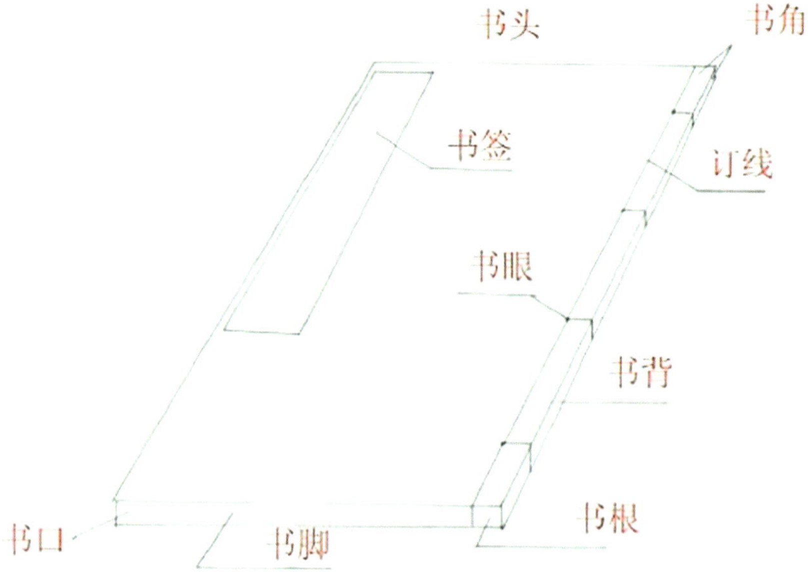

图1-3-32　线装书各部位名称

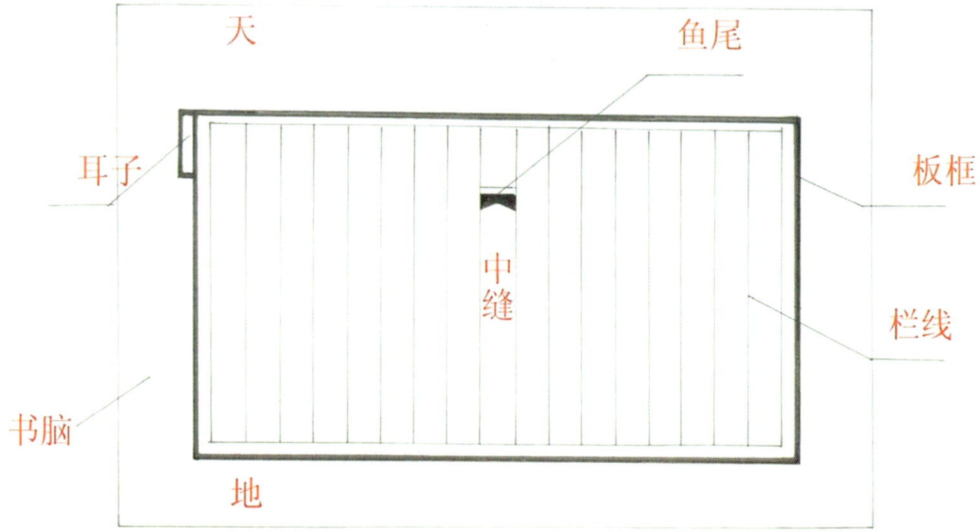

图1-3-33　书叶各部位名称

十、毛装

毛装起源何时，不详。毛装在折叶方法上与线装、包背装一样，不同的地方是天头、地脚和脊背处不裁齐，任毛茬存在，只齐书口。然后在书的上、下配书皮或不配书皮，只在书脑处打两组共四眼，用纸捻固定即成。现知毛装书通常在两种情况下出现：一是清代内府武英殿刻的书，通常要赠送给满族人的发祥地——沈阳故宫及各王府、有功之臣或封疆大吏；还有一种为手稿或草稿，在清代至民国的文人中常有出现，如章太炎、罗振玉、王国维、鲁迅、陈垣等人的稿本。

图1-3-34　毛装

以上讲的是中国书籍装帧形式发展的情况。从中不难发现，古代的简帛书籍、卷轴书籍、册叶书籍的发展是随着古籍的制作材料及制作方法的进步而逐步演变而来的。在我国几千年的文明发展史上，书籍起着重要的作用，承载着国家和民族的集体记忆。而在古籍传承中华民族文明记忆的过程中，书籍的装帧以其独具中国特色的形式呵护着古籍。作为中华文化遗产的一部分，古籍装帧形式仍然在我国文化发展史上起着重要的作用，并值得我们永远传承、保护下去。

第二章

古籍修复所用设备、工具与材料

工欲善其事，必先利其器。要做好古籍修复工作，必须具备一些必要的设备与工具。只有设备齐全、工具合适，再加上丰富的材料、高超的技艺，才能在修复古籍时得心应手。

第一节　古籍修复所用主要设备

一、古籍修复工作室

《古籍修复技术规范与质量要求》附录中对古籍修复工作室的基本要求中提到：每工作岗位使用面积不应小于10平方米，房间的最小面积不应小于30平方米。就面积而言，2006年制定的这一要求显然已不适应当前古籍修复事业的发展。自2007年“古籍保护计划”实施以来，国家和各级政府加大了对古籍保护事业的投入，古籍修复工作室的内涵较以前更丰富了。

以国家图书馆文献修复中心为例，其修复室面积近1000平方米（白石桥馆区面积640平方米，文津街馆区面积300平方米），比2012年前扩大了400平方米。修复室划分出修复区、理化实验室、设备间、库房、照相室等几大功能区。只有面积扩大，人员和设备才能够不断充实，才能够为古籍修复创造更好的条件。在光源利用方面，修复古籍要避免阳光直射，以避免紫外线辐射造成文献老化、褪色等。使用照明设备时，要本着一个原则——被选用的光源既能够满足特定利用的目的，又要把对藏品的危害降到最小。为减少灯光中的紫外辐射，建议使用LED灯。因为在众多灯具中，LED灯的紫外线强度、热效应反应、显色性能以及频闪、节能环保等方面的表现最优。若修复室没有条件进行照明改造，在使用荧光灯时，也要尽可能选用无紫外线的荧光灯或有过滤紫外线功能的灯具。在温湿度控制方面，要求门窗要具备良好的密闭性，室内通风条件良好，温度控制在22℃左右，湿度在55%左右最佳。在设施方面，要有较完备的防火（包括烟感、喷淋、消火栓、总电闸）、防盗（视频监控、红外报警、门禁系统、破窗报警、防盗护栏、防盗门）、通风和空调控温设施，室内也要具备排水设施及加热用的电源。

图2-1-1　文津馆工作室

图2-1-2　白石桥工作室

二、工作台

工作台是古籍修复人员修复古籍的操作台。古籍修复所用工作台一般比较宽大。以国家图书馆所配备的工作台为例，其长为180厘米，宽90厘米，高80厘米。工作台系左右两端承重的写字台式，一侧装有抽屉，一侧装有保险柜。工作台一般为木质材料，同时要求表面平整、光滑、无裂痕或疤痕、无掉色、无暴漆、耐水浸。此工作台在2012年申请了国家实用新型专利（专利号：ZL201220142245·4）。

图2-1-3　工作台

三、裱案

又称画案，俗称案子。通常用于托裱书叶、字画。材质分纯木和复合木两种。纯木案面的制作工艺有大漆罩面和油漆罩面两种。

大漆罩面案子：选用结实木材拼制成一定尺寸的面板，然后披麻挂灰，经桐油浸透后上漆制成平整光滑的案面。大漆罩面案子表面平滑，耐水浸、耐酸碱。但制作周期长，费用高。普通油漆画案，制作周期短，但不耐高温和酸、碱。

复合木罩面案子：面板为复合木，底座为金属支架。其制作周期短，不易变形。

尺寸：400×200、300×200（国图尺寸）、180×90（单位：厘米）

图2-1-4　裱案

四、大墙

大墙又称壁，有木板墙和纸墙两种。用途：纸质、丝质材料的绷平与晾干。

纸墙：选方木拼钉成木框，并依靠膨胀螺丝与金属三角支架固定在墙上。木板框与墙面留40—50厘米距离以利于通风。如果条件允许，也可在板框两面裱糊。根据纸墙大小，将木框内分割成20—30厘米见方的方格。框架建好后，用坚固的皮纸裁出大于方格5—6厘米的大小，并在纸四周刷稠糨，从框架正面每隔一格堵糊蒙上，并把大于木格的纸边包在格子的背后绷紧。这个过程称为“扒磴”。待干后再补糊其他空格。这一层完成后，用整纸满刷稠糨，依次糊在纸墙上，直到糊完15层左右。纸墙的优点：透气性能好，但只适用于气候比较干燥的北方使用。

图2-1-5　扒磴

图2-1-6　纸墙与墙面距离

木墙：多以实木板或五合板钉在木框上制成，外涂清漆或不涂漆直接使用。木墙的优点：制作简单，不易发霉，且容易清理。尤其适应于南方使用。缺点是容易变形。

可移动板墙：也叫活壁子。是一种不固定在墙上并可以移动的壁子。做法与纸墙相同。活壁子优点：两面糊纸，两面可用且方便移动，适用于工作室面积小、裱件幅面小或工作环境不固定的情况。

图2-1-7　可移动板墙

五、压力机

用于压平书页的一种专用机械，有手动、电动两种。压平旧书使用手动压力机，压平新书可使用电动压力机。

图2-1-8　手动压力机

图2-1-9　电动压力机

六、切纸机

用于裁切纸张、纸板、册页、新书的专用机器。

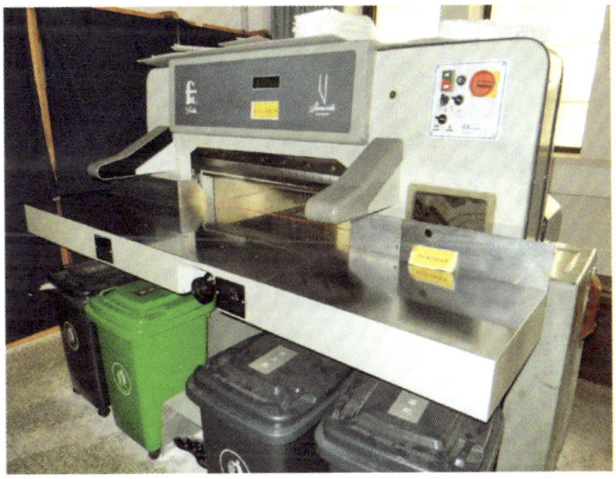

图2-1-10　电动切纸机

图2-1-11　手动切纸机

七、显微镜

用于观察古籍纸张内部状况的光学仪器，测定、分析纸张纤维，从而判断纸张种类及成分含量。这样，使配纸更趋准确及科学。同时，将含木浆、化纤等成分的纸张及时发现并剔除，保证修复用纸的安全。

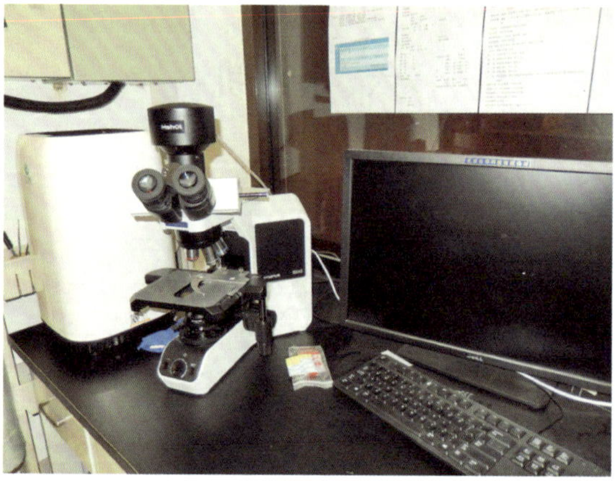

图2-1-12　显微镜

八、色差仪

用于检测文献纸张色度和纸张色差。解决了靠目测配纸出现的误差，使配纸更精确。

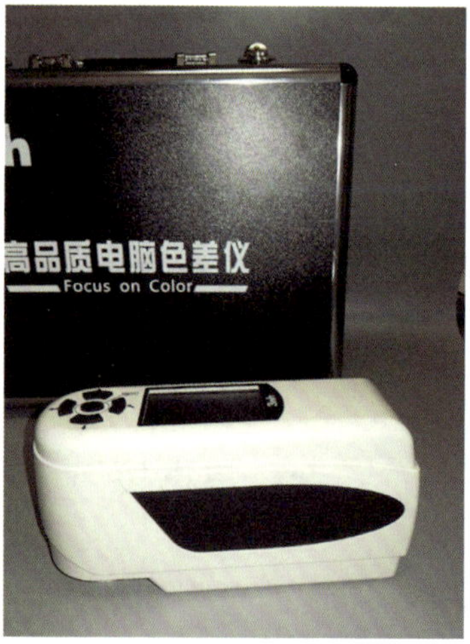

图2-1-13　色差仪

九、测厚仪

测定书叶与补纸的厚度，使所配纸张与书叶厚度相匹配，确保修复后的古籍平整，并保持修复前的厚度。

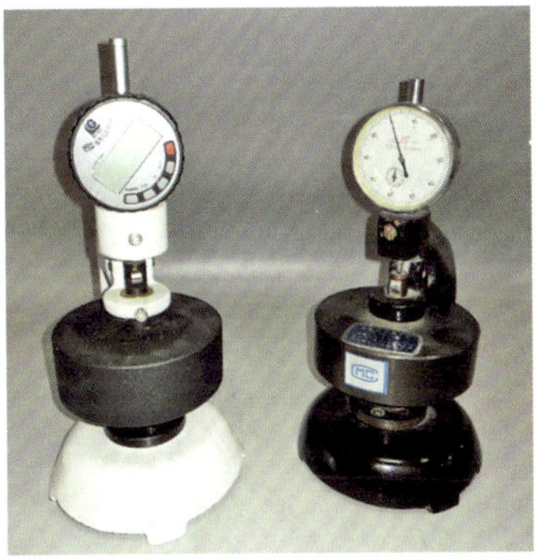

图2-1-14　测厚仪

十、照相设备

用作对古籍拍照的设备。

图2-1-15　照相设备

十一、测酸仪

测试待修古籍书叶酸碱度。同时，测定被选补纸酸碱度。

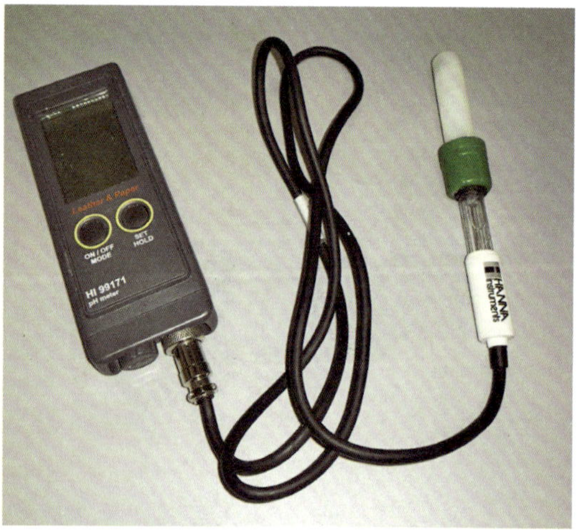

图2-1-16 测酸仪

第二节　古籍修复工具

一、毛笔

古籍补破的主要工具，一般选传统中、大白云笔，即羊毫毛笔。

图2-2-1　毛笔

二、排笔

托裱书叶的主要工具。由若干支竹管羊毫笔并接而成。常见有6管、8管、18管等规格。

质量要求：笔管大小一致，连接紧密，色白质净，柔软且弹性佳，不掉毛。

图2-2-2　排笔

三、棕刷

也叫排刷。用棕树皮加工的棕丝编制而成。用来将托裱后书叶、书衣进一步排实。

质量要求：棕刷应选用细、匀的棕丝编制，整体扎结紧密而不松散，软硬适中，富有弹性。

图2-2-3　棕刷

四、板刷

即油漆刷，刷稠糨时使用。柄为木质材料，刷头多为猪鬃。木柄下方以金属材料连接和固定鬃毛。

图2-2-4　板刷

五、糨糊碗

放置修补古籍所用糨糊的器皿。要求：最好为不锈钢材质，平底。

图2-2-5　糨糊碗

六、糨糊盆

制作糨糊、盛装糨糊的器皿。要求：具有一定重量、不易滑动，高度适中（以排笔放进去不躺倒为标准），材质以不锈钢、陶瓷盆为佳。

图2-2-6　糨糊盆

七、箩筛

过滤糨糊专用。材质为铜或不锈钢。

图2-2-7　箩筛

八、水槽

清洗书叶、染纸的设备。规格要求：长100厘米、宽80厘米、高10厘米左右。材质可用不锈钢、搪瓷、塑料。

图2-2-8　水槽

九、锥子

古籍打书眼、钉纸捻时使用的工具。材质为硬钢。规格要求：尖头、平顶。尺寸为14—18厘米。硬度保证在打眼时不弯折。

图2-2-9　锥子

十、剪子

剪齐书叶所用的工具。要求开合顺畅、刃口锋利。

图2-2-10　剪子

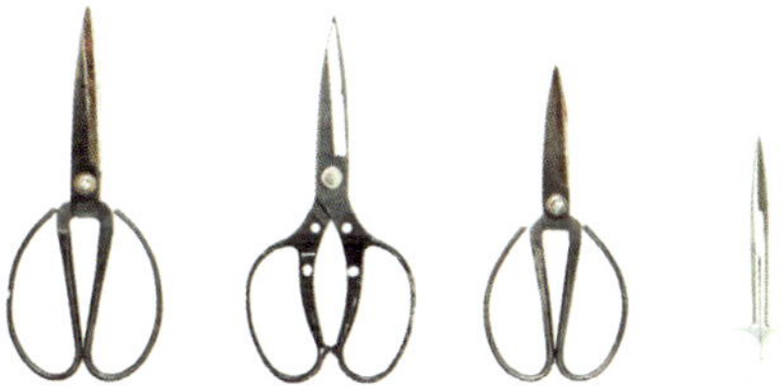

十一、镊子

揭启、拼对书叶、夹挑纸片的工具。要求：头部勿要太尖利，以平头最佳，闭合紧密。

图2-2-11　镊子

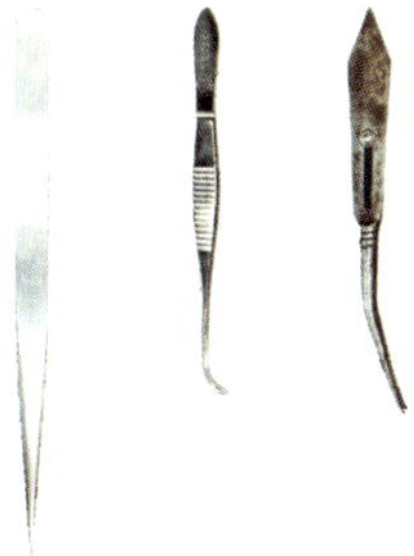

十二、针锥

扎眼裁方、揭裱书叶等的辅助工具。一种方法是用大号缝衣针，将靠近针鼻的部分钉进小木块或细藤棍内；另一种方法是用纸条将缝衣针后半段层层卷紧。为防潮，外裹锦、绢或绫条。

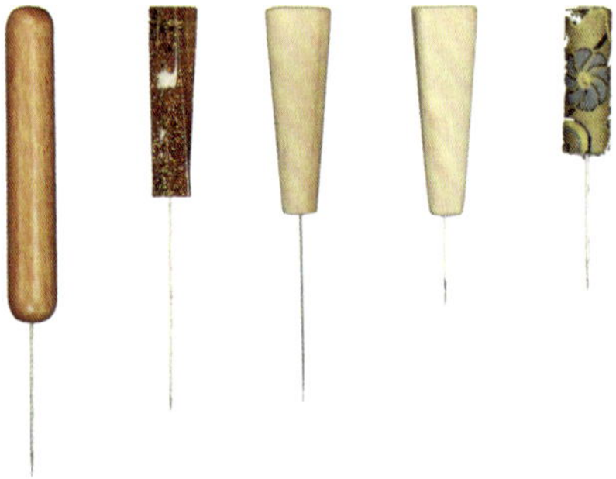

图2-2-12　针锥

十三、启子

图2-2-13　启子

用来揭启书叶、裱件贴墙绷平后启下的辅助工具，故称启子。启子一般以竹片削制，长约30厘米，宽1—1.5厘米。

要求将竹节处设计在启子顶端以增强牢度，避免使用过程中劈裂。启子顶端呈半圆形，前半部分薄而光滑，后半部逐渐粗厚。

十四、尺子

图2-2-14　尺子

裁切书叶、丈量书叶尺寸的工具。一般传统尺子材质多为楠木、杉木做芯，左右两边镶竹条。宽窄、薄厚、长短可根据需要订制。现代尺子形式多样，有钢尺、铝尺、有机玻璃尺和玻璃钢尺等等。

要求：无论什么材料的尺子，都应保证平、直，木质材料的尺子使用后最好垂直悬挂以免受压、受潮后变形弯曲。

十五、刀具

裁、割纸张，裁齐补、托书叶废边的工具。分竖刀、横刀和多用途刀。竖刀如传统马蹄刀；横刀主要用来割断纸张；多用途刀既能裁又能割，如现代美工刀。

图2-2-15　刀具

十六、喷壶

古籍修复时用来喷水、展平书叶的工具。

图2-2-16　喷壶

十七、补书板

补书时垫在书叶下面的重要工具，是直接接触藏品的操作台，起隔潮、吸水作用。传统补书板以数层草纸板合成，四周用布包边，上下糊白纸。现代修复工作人员在动漫拷贝台的基础上发明了透光补书板，借助LED光源，将书叶破损情况清晰呈现，一目了然，修复质量得到了极大提高。

规格：60×40（单位：厘米）

图2-2-17　传统补书板

图2-2-18　透光补书板

十八、裁板

用于裁切的辅助工具。传统用硬杂木制作，现代多采用五合板或塑胶板。

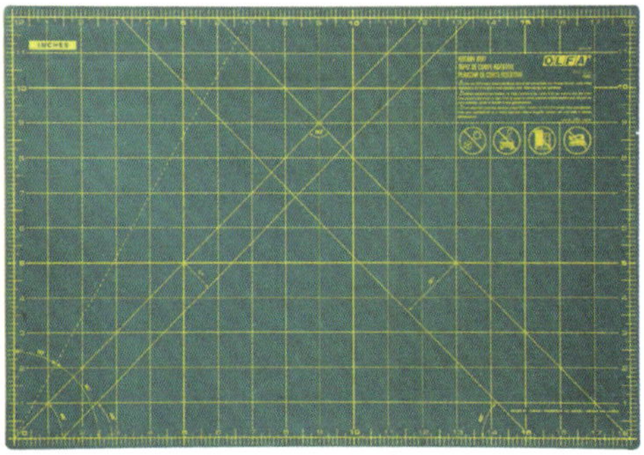

图2-2-19　裁板

十九、捶书板

古籍修复中捶书环节专用的工具。以汉白玉石材为最佳，大理石次之。要求表面光滑平整。

规格：40×30×5（单位：厘米）

图2-2-20　捶书板

二十、敲锤

古籍装订时下锥打眼用的工具。材质为枣木、榆木等硬杂木。形制为四棱长方体，手握处稍窄。

规格：35×7×3（单位：厘米）

图2-2-21　敲锤

二十一、平底铁锤

古籍修复捶书环节的工具。有铁锤头和木柄两个组成部分。锤头为长方平底。

规格：锤头高8厘米，顶部及底部面积为3.5厘米×3.5厘米，木柄长25厘米。

图2-2-22　平底铁锤

第三节 古籍修复材料

一、糨糊

糨糊是古籍修复时补、托、镶、装等操作的必备黏结材料，在修复工作中有着关键用途。糨糊的好坏以及是否恰当使用直接影响古籍寿命和修复质量。

古籍修复所用糨糊，主要是从小麦面粉中提取淀粉，俗称粉子。此种提取方法古已有之。古人一向重视古籍、书画托裱所用糨糊的制作，留下了很多“治糊”“法糊”“药糊”的记载。唐代张彦远在《历代名画记》中就有提及：“凡煮糊必去筋，稀缓得所，搅之不停，自然调熟。余往往入少细研薰陆香末，出自拙意，永去蠹而牢固，古人未之思也。”[①]这一记录，强调出糨糊的两大重要作用：加固与防蠹。

元王士点、商企翁所著《秘书监志》中，对书籍裱背所使用的糨糊有详细的记录：“打麦糊物料以每册计，黄蜡一钱、白矾一钱、明胶一钱、白芨一钱、黎蒌一钱、皂角一钱、茅香一钱，藿香半钱，白面五钱，硬柴半斤，木炭二两。”[②]余嘉锡对此评价道：“此方配合尤精，盖本之张彦远用薰陆香末、黄蜡之意而推衍之，必是宋秘阁相传之旧。”[③]并且，此配方使糨糊同时具有黏合、防腐和驱虫的作用，说明在当时的条件下，人们对糨糊的探索研究已经十分深入了。

元陶宗仪《南村辍耕录》则讲：“古法用楮树叶、飞面、白芨末三物

① 〔唐〕张彦远撰：《历代名画记》卷3，京华出版社，2000年，第30页。

② 〔元〕王士点、商企翁撰：《秘书监志》卷6，第2页。

③ 余嘉锡著：《余嘉锡论学杂著》，中华书局，1963年，第558～559页。

调合如糊，以之粘接纸缝，永不脱解，过如胶漆之坚。”[①]

到了明朝，关于糨糊配方的文献记载较之前代大大增多，明代《装潢志》中专有一章“治糊”，详细介绍了糨糊的制作方法，即：“先以花椒熬汤，滤去椒，盛净瓦盆内，放冷。将白面逐旋轻轻糁上，令其慢沉，不可搅动。过一夜，明早搅匀。如浸数日，每早必搅一次，俟令过性，淋去原浸椒汤，另放一处。却入白矾末、乳香少许，用新水调和，稀稠得中，入冷锅内，用长大擂槌不住手擂转，不令结成块子，方用慢火烧。候熟，就锅切作块子，用元浸椒汤煮之。搅匀再煮，搅不停手，多搅则糊性有力。候熟，取起，面上用冷水浸之。常换水，可留数月，用之平贴不瓦。”[②]明代《遵生八笺》中有“法糊”（按照规定调成之糊，谓之法糊）一节对制糊原料及方法也有详细记载：“白面一斤，浸三五日，候酸臭作过，入白芨面五钱，黄蜡三钱，白芸香三钱，石灰末一钱，官粉一钱，明石二钱。用花椒一二两煎汤，去椒。投蜡、矾、芸香、石灰、官粉熬化，入面作糊，黏褙不脱。”[③]

清周二学《赏延素心录》第5则中说：“用陈天水一缸，以洁白飞面入水。水气作酸，再易前水，酸尽为度。既曝干，入白矾少许，和秋下陈天水，打成团，入锅煮熟，倾置一缸。候冷，浸以前水，日须一易。临用入瓷瓿，干杵烂熟，以前水匀薄，大忌浓厚。夏裱治糊十日之前，春秋治糊一月之前。过宿便失糊性。”[④]

现在看来，前人在制作糨糊时加入的一些材料，从保护古籍的角度来看，未必正确，如在糨糊制作中加入白芨。白芨是兰科草本植物，有脂状分节肥厚的块茎，取其茎根煮过之后，其汁黏性若胶水。由于白芨的黏性非常强，故用白芨水制作的糨糊修复的古籍黏合程度非常高，古籍使用白芨修复后，必对其再修复造成困难。《装潢志》一书在谈到有关“揭”的

---

①〔元〕陶宗仪撰：《南村辍耕录》，辽宁教育出版社，1998年，第344页。

②〔明〕周嘉胄著，田君注译：《装潢志图说》，第52页。

③〔明〕高濂著，王大淳点校：《遵生八笺》，第626页。

④〔明〕周嘉胄著，田君注译：《装潢志图说》，第101页。

问题时说道："书画性命，全关于揭。……纸有易揭者，有纸质薄，糊厚难揭者，糊有白芨者尤难……"[①]古人的经验与今天的实践证明，用白芨水制作的糨糊修复古籍虽然粘得结实，但从再修复的角度来看，与古籍修复所坚持的"可逆性"原则相背。"可逆性"原则的核心是古籍修复时所使用的材料必须具有易于清除的特性，也就是恢复到修复前的状态，而这个过程不能对古籍本身造成损伤。古籍修复后，由于内外的原因，若干年后又有破损，需要进行二次或多次修复，再修复时，大多要去除前人修复痕迹后再开展修复，这时，如遇到用加了白芨水的糨糊修复过的古籍，复原其修复前状态将十分困难，而且极易伤到书藉本体。故用加入了白芨水的糨糊修复古籍是有违古籍修复原则的，是不可取的方法。

关于是否使用明矾的问题，一直以来为修复界讨论的焦点。往黏合剂里加胶矾是防止纸张遇水伸缩，加入后有固定作用。同时，亦有固色作用，并有防霉效果。但现代研究表明，矾的主要成分是硫酸铝，硫酸铝遇水可产生水解反应，呈酸性。酸是促使纸张老化变质的主要原因。故用了加胶矾的黏合剂后，时间一长纸张变脆，韧性变差，必然影响书的寿命，产生不可逆的后果。故往糨糊中加入胶矾是不可取的。前人在糨糊中加入的其他一些物质，如花椒、芸香等虽然大多具有防虫等作用，但或其本身或其挥发气体易造成书籍本身变色。所以对这些材料也应慎用。我们现在所使用的糨糊是纯小麦淀粉，也就是说在对小麦进行淀粉提取的过程中，不加任何添加物。具体提取方法是：面粉加水和成面团，醒一小时左右，将面团放入较薄的白布中扎紧，浸入冷水盆揉洗，洗出白浆，将揉出的白浆倒入另一盆内沉淀，原盆加清水继续揉洗，至布包中不出白浆为止。面筋剔除后，洗出白浆隔天换水，直至表面水质澄清。最后将水倒掉，将白色膏体沉淀自然晾干，成为淀粉。

提取淀粉后即可制作糨糊。有冲制法和熬制法两种。

冲制法：淀粉与水比例为1：4。即淀粉与水1：1调成糊状，再加3份

---

①〔明〕周嘉胄著，田君注译：《装潢志图说》，第18页。

沸水冲成。

熬制法：淀粉与水比例1∶3，将淀粉与水按1∶3比例调成糊状，直接上锅隔水熬成。

图2-3-1　晾干小麦淀粉

图2-3-2　小麦淀粉研磨后的成品及冲制的糨糊

二、染色材料

古籍大都历史悠久，千百年来受风尘、烟熏、阳光等外界因素影响，其纸张大都呈现古旧之色。为求修补材料与原件和谐匹配，往往要求对修复用纸进行配色。也可选用旧纸，合适的旧纸外观及纸性与原件一致，相得益彰，但相对新纸，旧纸韧性自然较差，并且随着文献保护与修复理念不断完善，目前可使用的旧纸数量越来越少。在这种情况下，选用恰当的新纸作为修补材料，以仿古染色技术将其染成与原件近似的颜色，既达到“整旧如旧”的修复要求，又能保证补纸的牢固与韧性，从而最终确保修复质量。

为纸张染色古已有之。风行于晋唐时期的“潢纸”是我国现存最早的染色纸，是将手工麻纸经由黄檗药汁浸泡后而成的染色纸，此过程称为“入潢”。“装潢”一词即由此演变而成。此种染色技法在历史上多有记载：东晋著名的医药学家葛洪在其著作《肘后备急方》中，就有黄檗染纸的记述；北魏贾思勰在《齐民要术·杂说第三十》中亦有专门一节详细介绍了染潢过程，文曰：“染潢及治书法：凡打纸欲生，生则坚厚，特宜入潢。凡潢纸灭白便是，不宜太深；深则年久色暗也。”[①]

对古籍修复所用纸张进行染色时，所用染料大体分为3种：植物染料、矿物染料及其他染料。下面介绍几种常用的染色材料：

（一）橡碗子

为橡树的果实，也称橡斗，其外形如一小碗，故俗称橡碗子。以橡碗子染色，在明代即有记载。明高濂《遵生八笺》：“黄柏一斤，捶碎，用水四斤，浸一伏时，煎熬至二升止，听用。橡斗子一升，如上法煎水听用。胭脂五钱，深者方妙，用汤四碗，浸榨出红。三味各成浓汁，用大盆盛汁。每用观音帘坚厚纸，先用黄柏汁拖过一次，复以橡斗汁拖一次，再以胭脂汁拖一次。更看深浅加减，逐张晾干，可用。”[②]清《武英殿刻书作定例》中也记录了“刻书作”所用染色材料，其中一份采购清单中记录了十几种染色所需物料，包括石碌、朱砂、广胶、树棕、橡碗子、栀子、定粉、白粉、胭脂、白芨、黄花水、黄丹、贴金油、银朱、广花末、雄黄、藤黄等。[③]橡碗子包含在内。用橡碗子染出的纸张，古朴典雅，根据染汁浓度，可染出米黄、土黄、褐色等。

图2-3-3　橡碗子

①〔北魏〕贾思勰著，石声汉校释：《齐民要术今释》卷3，第283页。

②〔明〕高濂著，王大淳点校：《遵生八笺》卷12，第613~614页。

③ 陶湘编，窦水勇校点：《书目丛刊》，辽宁教育出版社，2000年，第226页。

（二）栀子

图2-3-4 栀子

茜草科，栀子属，常绿小乔木或灌木。栀子是被广泛使用的黄色植物染料。所谓植物染料是从植物的根、茎、叶、花、果实中提取得到的。《唐六典》中记载："凡染，大抵以草木而成，有以花叶，有以茎实，有以根皮，出有方土，采以时月。"① 使用栀子作为染色剂，准确说是用栀子果染色。栀子的果实中含有栀子黄素，不仅可染纤维，也可作为饮料和水的添加剂。栀子黄色素属于直接性染料，不用媒染剂即可染色，但若使用媒染剂可提高色牢度。如在碱性溶液中，耐光和耐热性会得到提高。直接染色时，可把栀子果实切碎，用水浸泡、搓洗，最后煮沸制成溶液并过滤用于染色。用栀子溶液染成的纸张，颜色呈黄色，可用于修补书皮等。

（三）姜黄

姜黄为姜科植物。姜黄的根茎，是较早被利用的药材。姜黄也是一种传统的天然染料，其主要成分是姜黄素。用姜黄溶液染出的纸张呈亮黄色。

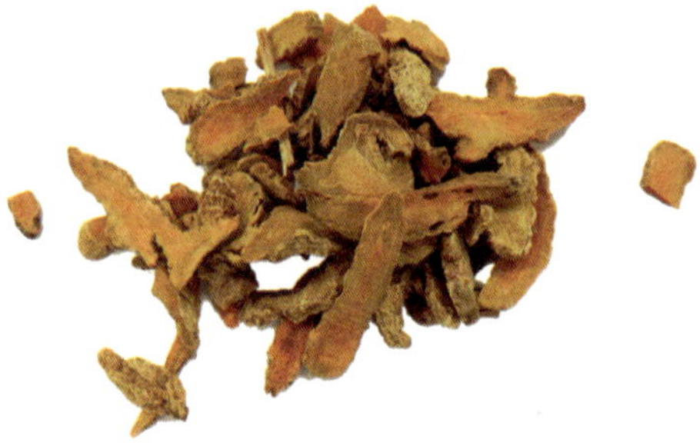

图2-3-5 姜黄

①〔唐〕李林甫等撰，陈仲夫点校：《唐六典》卷22，中华书局，1992年，第576页。

（四）茶

用茶染纸，宜选用全发酵的红茶或普洱茶，染后可得褐色纸张。

图2-3-6　茶

（五）墨

单独使用墨或以墨与藤黄、墨与赭石、墨与花青等相调，可染成灰色系列修复纸。

图2-3-7　墨

（六）红花

红花为菊科，红花属。红花色素存在与红花的花瓣中，有红花红素及红花黄素两种色素，因此可以染出红色与黄色两种色相。《天工开物》一书中记载了红花这种特性，其云："若入染家用者，必以法成饼然后用，则黄汁净尽，而真红乃现也。"①红花红素溶于碱而不溶于酸和冷水中，红花黄素溶于酸和水而不溶于碱。红花色素染液提取时，先将一定量的红

①〔明〕宋应星著，潘吉星译注：《天工开物译注》，上海古籍出版社，2012年，第124页。

图2-3-8　红花

花洗净加入水中，可以加少量醋酸，浸泡过滤后即可得到红花黄色素。如此反复进行2—3次，让黄色素完全溢出。再将分离出黄色素的红花挤干，加到一定量的40—50℃的温水中，再加入10g/L浓度的苏打溶液，反复揉搓红花，待水液成茶色时，表示提出红色素，30分钟后过滤。如此反复进行2—3次，染色时，在红色素染液中加醋酸至弱酸性，即可染红色。

（七）板栗壳

中国是栗子的故乡，栽培栗子的历史悠久，用板栗壳染色，也常有记载。《天工开物》中就有染包头青色是“用栗壳或莲子壳煎煮一日，漉起，然后入铁砂、皂矾锅内，再煮一宵即成深黑色”①的记述。由此可知，此黑色并非出于蓝靛，而是板栗壳。用不锈钢锅煮板栗壳，可得黄棕色。

图2-3-9　板栗壳

三、修复用纸

（一）纸的起源

众所周知，纸是中国古代四大发明之一。中国手工纸历史悠久，源

①〔明〕宋应星著，潘吉星译注：《天工开物译注》，第120页。

远流长。关于中国造纸术起源的时间，过去有不同意见，概括起来说有以下3种：一是以三国时期张揖和南北朝时期范晔为代表，认为纸是东汉蔡伦于公元105年发明，纸的材料为缣帛；二是以唐代张怀瓘和宋人史绳祖为代表，认为公元前2世纪，也就是西汉初即已有纸，蔡伦不是纸的最早发明者，而是改良者。但第二种看法所说之西汉纸，仍为丝质纤维，而植物纤维造纸始自蔡伦；三是以考古资料为依据，认为西汉时即有植物纤维纸，这就把中国植物纤维造纸技术起源提前了200年，这一论据似乎也在不断得到实物佐证。如1957年，西安灞桥出土的所谓“西汉麻纸”，1986年甘肃考古学家在天水市郊放马滩西汉墓中发现的所谓“麻纸”。但经有关专家考证，这些所谓的“纸”，或并不是纸，或不是两汉时期的纸。如果要佐证第三种观点，看来还要有新的证据来支撑。

（二）手工纸与机制纸的区别

所用原材料不同：手工纸的制造原料是麻纤维、植物的韧皮纤维、竹纤维、草纤维等。机制纸是以木材的木质部分为制作原料。由于原材料不同，两种纸纤维中所含成分亦不同。手工纸的内部主要由纤维素、半纤维素组成。而机制纸的内部主要为木质素。从内部稳定性看，手工纸明显优于机制纸。

制作工艺不同：手工纸的制造是将麻、韧皮、竹、草等植物纤维原料通过堆沤发酵（把原料中的非纤维素和可溶性杂质清除）、煮料（用石灰、草木灰等和水蒸煮原料，进一步把原料中的木质素及果胶去除）、洗料（把煮好的浆料放入布袋中，在河水或流水中冲洗，去除石灰和残渣）、晒白（即晒料，就是变原色纸浆为白色纸浆。传统的晒白法就是把洗净的浆料运到向阳的山坡上摊开，日晒雨淋2—3月，直到纸浆颜色变白为止）、打料（即把浆料用脚踏碓进行捶打、碾碎）、捞纸（又称抄纸入帘，就是把竹帘投放入纸槽内，让纸浆纤维均匀地平摊在纸帘上，多余的水从帘缝漏出，形成一层薄薄的湿纸页）、榨干（又称压水）、焙纸（也称晒纸、烘纸，是将湿纸刷在土焙或铁焙的平面，使之在适当的温度下迅速干燥成型。所谓焙，乃温火烘烤之意）制成的。而机制纸则是将木材原料经机器磨成木浆，再经化学蒸煮，加入漂白粉、双氧水或漂精漂白。这种方法虽然比自然漂白快得多，但对纤维损伤极大。同时，纸浆中还要加入硫酸铝作为助留、过滤剂，最后上造纸机快速干燥，制成纸张。

通常情况下，决定纸张寿命的主要因素是酸碱度和纤维性能，而这恰恰是手工纸和机制纸的不同之处。采用中国传统造纸工艺造出的纸，其pH值显示为中性或弱碱性。又由于处理方式温和，纤维完整，纸质柔软，这些确保了手工纸的耐久性和抗老化，而机制纸由于制作工艺不同，纤维柔韧性差，纸面挺、硬、脆，吸水性弱。在抄造过程中加入了硫酸铝等原料，大都呈酸性。这也是民国文献大量酸化的主因（采用现代碱法制浆和中碱性施胶方法可以制得碱性机制纸）。

（三）古籍修复常用纸

传统手工纸的原料以木本植物韧皮纤维和竹草类植物的茎杆为主，常分为麻、皮、竹、草4大类，涉及的植物种类有三四十种，常见有十多种。

1.麻纸

我国最早出现的植物纤维纸，是古人以麻纤维为原料抄造的纸。从汉代起一直到唐代的千余年中，麻纸是我国用量最多的一个纸种。前文中提到纸的起源时，概括了3种意见，其中第三种看法认为西汉时即已有植物纤维纸。又有南北朝范晔《后汉书》载："自古书契多编以竹简，其用缣帛者谓之为纸。缣贵而简重，并不便于人。伦乃造意，用树肤、麻头及敝布、鱼网以为纸。元兴元年奏上之，帝善其能，自是莫不从用焉，故天下咸称蔡侯纸。"[①]说明蔡伦不是纸的最早发明者，而是纸的改良者，他的贡献在于扩充了造纸原料。

现存最早的麻纸文献，可在敦煌遗书中找到。如国家图书馆收藏的敦煌遗书中有确切纪年最早的一件藏品《律藏初分》（417），距今已有1600余年。造纸术发展到宋代以后，由于皮纸和竹纸工艺的不断进步，产量不断提

---

①〔南朝宋〕范晔著：《后汉书》卷78，第2513页。

高，麻纸的生产规模开始逐渐缩小，到清末时全国仅有陕西、山西等部分地区有麻纸生产。麻纸逐渐没落。近几年，随着传统文化被大力弘扬，一些麻纸作坊又重拾旧业，开槽抄纸。濒临消失的麻纸又逐渐恢复。

2.皮纸

使用韧皮植物纤维抄造，其原料种类繁多，主要有楮（构）皮、桑皮、檀皮等，占皮纸产量的绝大部分。

（1）楮（构）皮纸

以楮树皮为造纸原料，最早始于东汉，历史亦有记载。东汉三国时期董巴《大汉舆服志》中提到蔡伦造纸原料时称："用故麻名麻纸，木皮名榖纸。"[①]《新华字典》中关于"榖"字的解释为："榖，也叫'构'或'楮'。"由此可见，"楮""构""榖"为一物也。通常北方人称为"楮树"，南方人称为"榖树"，中原人称为"构树"。严格讲，构皮与楮皮是两种植物，但形貌、性质相似，造纸常视为一物。在传统手工纸的发展过程中，往往是楮、构通用，构皮即是楮皮，楮皮亦是构皮，现代人常将楮、构两种皮料纸统称为"构皮"。总的来说，楮皮比构皮的纤维更细致。

构皮与麻纸相比，后者表面较粗涩，纸质手感较硬；前者较绵软，纤维细且较后者短，容易抄得均匀而紧密的薄纸。因此，构皮纸更宜于书写、绘画及印刷。构皮纸的这些特性，深受文人墨客喜爱，唐代文人称其为"楮先生"，甚至以"楮"字代替"纸"字，所谓"楮墨"即"纸墨"。流传下来文献纸质为构皮者，当以敦煌遗书年代最早。1900年，敦煌石室发现的唐咸通九年（868）雕版印刷的《金刚经》的纸张就是以楮皮为原料抄造的。明永乐年间，建于江西南昌府西山的西山官局所造高级楮皮纸，用以抄写《永乐大典》，而抄写《永乐大典》的楮皮纸（也有人认为其中含有少量的桑及竹）亦是明代"白绵纸"的代表。"白绵纸"中的"绵"字不过是形容皮纸如丝绸般绵软柔韧、洁白光亮，故所谓"白绵纸"实为皮纸。

---

① 〔唐〕欧阳询编：《艺文类聚》，上海古籍出版社，1995年，第1611页。

图2-3-10　构皮纸（老）

图2-3-11　构皮纸（新）

（2）桑皮纸

我国是世界上种桑养蚕最早的国家。在将桑叶用于养蚕之余，后发现将其枝条嫩皮剥下来，经沤制、蒸煮、舂捣等工序后，亦可制成纸张。

据文献考证，桑皮纸出现的时间略晚于构皮纸，大约在魏晋时期。北宋苏易简《文房四谱·纸谱》称："雷孔璋曾孙穆之，犹有张华与祖雷焕书，所书乃桑根皮也。"[①]此处所谓"桑根皮"一般认为就是桑皮。只是学者们对"根"字有不同看法。有些学者认为其指树枝、树干，也有人认为是桑树的根皮。但不论是哪种看法，其属桑皮纸是没有太大问题的。

尽管有关桑皮纸文献记载始于魏晋，但这一时期的古纸样品中桑皮材料并不多见，因为考古及历史文献证明，魏晋时的造纸原料还是以麻为主，而桑皮纸在隋唐时期才大量出现，以敦煌遗书为典型代表，且敦煌卷子用纸多被加工成"硬黄纸"。此纸是唐代比较常见的一种加工纸，将麻纸、构皮纸、桑皮纸等经黄檗染制、涂蜡、砑光等工序加工而成，多用于抄写佛经。唐代桑皮纸实物还有韩滉《五牛图》，其画心部分即为桑皮纸。著名的清乾隆高丽纸亦为桑皮纸，前些年故宫修缮倦勤斋通景画，发现其褙纸为乾隆高丽纸，但因真正的乾隆高丽纸已十分稀有，且寸纸寸金，于是当时的修复人员在全国范围内寻找纸坊仿制，最终选定安徽潜山桑皮纸。

从纤维特性上来看，桑皮和构皮纤维的尺寸十分接近，只是桑皮纤维略长于构皮。而二者较明显的区别在于纸张的色泽——传统工艺生产的构皮纸一般白中略带灰，而桑皮纸则是白中略显黄，且桑皮纸表面具有比构

①〔宋〕苏易简等著，朱学博整理校点：《文房四谱》（外十七种），第270页。

皮纸明显的丝质光泽。总之，桑皮纸的“颜值”略高于构皮纸，其光亮如丝、洁白柔滑、紧致坚韧的特性，让桑皮纸更显高端大气。

图2-3-12　乾隆高丽纸

图2-3-13　桑皮纸

以上皮纸种类，是按原料种类划分的。除此之外，也可根据韧皮纤维的不同分为桑榆皮类、瑞香皮类和藤皮类。桑榆皮类主要是桑皮纸、构皮纸、楮皮纸、青檀皮纸。瑞香皮类主要是三桠皮纸、雁皮纸、腾冲纸、东巴纸、狼毒纸。藤皮纸主要指“剡溪藤纸甲天下”的剡腾纸，遗憾如今早已绝迹。另外，也有按产地划分的，如河南绵（皮）纸、上海绵（皮）纸、迁安绵（皮）纸、贵州绵（皮）纸、广西绵（皮）纸等。

图2-3-14　河南绵纸

图2-3-15　上海绵纸

图2-3-16　迁安绵纸

图2-3-17　广西绵纸（《赵城金藏》修复用纸）

讲到皮纸时，总是绕不开“和纸”。日本的造纸技术源于中国，目前日本皮纸在生产规模、工艺水平和影响力等方面都不容忽视。更因欧洲的一些博物馆、图书馆在修复中国文献时大都采用日本皮纸，故有必要多加了解。日本制造的手工纸，所用原料有3类，即楮皮、三椏皮和雁皮。其中，楮皮纸因产地不同，又可分为美浓纸和土佐纸。雁皮纸是指用雁皮的树皮为原料制成的。在我国，雁皮又叫“浙雁皮”，别名“地绵皮”。雁皮主要生长在安徽、浙江、江西、湖南等地。在日本，主要产地在美浓、高知一带。雁皮纸有白色及略带红色两种。纤维长、细腻，其表面水滑光亮、薄、轻、韧。在我国，常被用作木版水印之纸，宣纸中亦有雁皮罗纹纸。三椏又叫“莲皮”，枝条均有3个分叉，故得名“三椏”，产于中国、日本等地。在中国南方，由于三椏音近桑叶，也有把桑皮纸称作三椏皮纸。在日本，三椏皮是仅次于楮皮的第二大手工纸原料。三椏皮纸表面洁白匀整、光泽明显、柔软温和。而日本三椏皮纸在平滑度、白度和匀度上都达到了很高水平。我们讲传统手工纸，不光要讲中国的，外国的优良手工纸也要多了解和借鉴，这其中，日本手工纸就值得我们研究和学习。

图2-3-18　宁波三椏皮纸

图2-3-19　楮纸（和纸）

图2-3-20　三椏纸（和纸）

图2-3-21雁皮纸（和纸）

3.竹纸

与麻纸、皮纸不同，抄造竹纸不是取其韧皮纤维，而是利用其茎杆纤维，是将整个竹竿沤浸、捣烂后提制出纤维。

关于竹纸的起源，一种说法是晋代已有生产，另一种说法则认为起源于宋代。从事物发展的客观规律来看，两种说话似乎并不矛盾。因为任何事物的产生都要经历萌芽、认识、普及等发展阶段。故潘吉星先生考证认为唐代末期竹纸已初露头角，但产地不广、产量有限，并没有引起人们的广泛关注。所以竹纸的大规模发展是在北宋以后这一观点是比较科学的。

与皮纸相比，竹纸有很多优点。南宋人施宿在《嘉泰会稽志》中认为竹纸有五大优点：表面光滑、受墨性好、容易运笔、墨色不变、抗蛀性好。①其实，竹纸在当时还有一个更显著的优点，即廉价易得。

竹纸自宋代脱颖而出之后，纸的应用范围再次扩大。竹草和皮纸成为占统治地位的纸种，这种趋势一直持续到19世纪末的清代晚期。同时，作为一类纸的总称，竹纸在发展过程中出现了很多品种，如毛边纸、毛泰纸、元书纸、玉扣纸、连史纸等等。这些品种的纸不但可用于书写，也大量应用于印刷。故宫博物院藏王羲之《雨后帖》、王献之《中秋帖》、米芾《珊瑚帖》等都是竹纸，国家图书馆所藏很多宋元刻本也都是竹纸本。

图2-3-22　玉扣纸

图2-3-23　毛边纸

①〔宋〕施宿等撰：《嘉泰会稽志》卷17《纸》，"竹纸惟工书者独喜之，滑，一也；发墨色，二也；宜笔锋，三也；卷舒虽久，墨终不渝，四也；性不蠹，五也。"见中华局编辑部编：《宋元方志丛刊》第7册，1990年，第7045页。

图2-3-24 元书纸

图2-3-25 毛泰纸

图2-3-26 连史纸

4.混料纸

所谓混料纸，顾名思义是由两种以上原料混合而成。

1901年，维也纳大学植物学家威斯纳在化验斯坦因从新疆发掘的唐大历三年（768）至贞元三年（787）5种有确切年款的文书纸张时，发现其有用破麻布和桑皮、月桂纤维混合制浆的纸张。这批新疆出土纸张，应当是早期混料纸的实证。其将野生树皮纤维掺入破布纤维中，可降低纸张生产成本，又可改善纸张品质，一举两得。

宋元时期还有将竹料与其他原料混合制浆造纸，这又是一个新的创举。如故宫博物院藏米芾的《公议帖》《新思帖》为竹、麻混料纸；米芾《寒光帖》为竹、楮混料纸。由于竹纸原料为野生竹，所以造纸成本低，但竹纤维均长1—2毫米，不及麻纤维和树皮纤维，而后两种的原材料供应则不及竹类充足。因此，将竹纤维与其他植物纤维混合制浆，所造纸张兼具竹纸及皮纸优点，成本适中，得以流传至今。较常见的混料纸有麻、皮混料，麻、竹混料，皮、竹混料，皮、草混料纸。混料纸能够综合各种纤维原料的优点，既能发挥长纤维的韧性，又能利用短纤维的细腻。两者兼顾、相辅相成。

图2-3-27　竹楮混料

图2-3-28　竹楮麻三桠皮混料

图2-3-29　竹桑混料

5.宣纸

宣纸主要原料是榆科多重生木本植物青檀皮，故宣纸为皮纸。但确切地说，宣纸也是一种混料纸。

关于宣纸，现在有两种观点，一种观点认为是以地名来命名的。唐时，因泾县归宣州所辖，故以宣州地区所产高级纸张冠以宣纸名。另一种观点是时间意义上的“宣纸”，即产生于明宣德年间，以青檀皮和沙田稻草为原料的手工纸。其实，不管是以地名命名的宣纸，还是以时间命名的宣纸，讲的应该是两种宣纸，含义是不同的。主要体现为材料的不同。唐宋时，“宣纸”的主要原料为楮、构等植物的韧皮纤维。以现代人的视角看，这一时期的“宣纸”应称为“唐宋时宣纸”。宣纸在明代中叶以前的原料成分又出现了纯青檀皮纤维，但到明代中叶之后，宣纸原料发生变化，开始掺和了沙田稻草。从纸性角度说，如果采用单一原料青檀皮，因其纤维较长，成纸后质地较硬，柔性不足，而稻草纤维较短，所以将青檀皮与稻草结合造纸，一方面增加了成纸的绵柔度，另一方面也缓解了对青檀皮原料的压力。而这一技术出现在宣德年间，以时间冠名，称之为“宣德纸”。所以，讲到古代宣纸，应包括两种纸，即为“唐宋时宣纸”和“宣德纸”。我们现在所抄造、使用的“宣纸”，就是继承了“宣德纸”的制作工艺和制作材料而抄造的。

宣纸品类众多，一般按用料、形制、薄厚进行分类：

（1）按用料不同分类

特种净皮：皮浆和草浆配比为80%皮浆和20%草浆。

净皮：60%皮浆和40%草浆。

绵料：30%皮浆和70%草浆。

（2）按薄厚不同分类

宣纸厚度由薄至厚依次为扎花、棉连、单宣、夹宣、二层宣、三层宣等。

图2-3-30　扎花

图2-3-31　单宣

（3）按加工方法分类

生宣：是直接从纸槽中抄造出来的宣纸，经焙干而成的未经加工处理的原产品，亦称原白纸、原纸。以上介绍的各种宣纸品种均为生宣。生宣吸水性、润墨性好，较适宜传统山水、人物写意画的创作。

熟宣：是在生宣的基础上，经矾水加工后的宣纸，称作熟宣。矾过的纸，水墨不易渗透，绘画时，适合工笔人物的创作用纸。

生宣和熟宣的差别还表现在柔韧性的不同，两者相比，生宣的柔韧性更好。

按纸的纹路不同可分为单丝路、双丝路、罗纹、龟纹、鹿纹等。

图2-3-32　罗纹

按纸的规格不同可分为三尺、四尺、五尺、六尺、八尺、尺四屏、尺六屏、尺八屏、丈二、丈六、丈八、二丈等。

玉版宣：乾隆时期皇家御用纸。玉版宣为两面砑光。其密润似玉，故名“玉版宣”。此纸书写不走墨，最适合作肖像画，故该纸在古代宫廷多用于绘制皇帝、太后、妃子等的肖像画。玉版宣纸颜色白中偏暖、色泽凝润、质地坚厚、结构紧凑、不易洇水，使人过目难忘，属半熟宣的一种。

图2-3-33　玉版宣（古法）

以古法抄造的宣纸与现代宣纸有不同特性。以古代传统技法抄造的宣纸，即是古法宣纸。而对传统工艺及流程、设备等进行改造而生产出来的宣纸，即为现代宣纸。从抄造后的效果看，两种宣纸是有区别的。

从外观上看：古法宣纸呈玉黄色，白度70%左右（也有的白度达到

90%）。

从制作过程看：一是古法宣制作时间较长，大约要一年。工序繁杂，有25道之多。比如古法宣纸的“燎皮”和“燎草”在成浆前，必须经传统木碓反复碓打，纤维颗粒变细起绒，才能符合抄纸要求。所以舂料的时间较长。而现代则是用石碾制成颗粒后成浆，因此舂料过程短。两种舂料方法，由于时间和使用工具的不同，形成了纤维形态的不同。传统的舂料方法，更能保证纤维的完整及柔软。因此，厂家是否具备生产古法宣纸的设备，成浆前的“燎皮”及“燎草”是否用传统木碓碓打后融浆抄纸，这一点是不容忽视的。另外，在传统的造纸过程中，采用土焙方法一直是造纸中重要技艺之一。但到了20世纪90年代，普遍采用铁焙晒纸。铁焙具有建造便捷，表面光滑平整，提高劳动效率的优点。但其传热快、热力大，没有利用土焙烘干的过程缓和。这多少会影响到纸张纤维的交融程度和成纸品质。

从原料上看：古法宣纸与现代宣纸相比，制作古法宣纸的基本原料“燎皮”与现代宣纸半成品原料“白皮”大相径庭。“燎皮”过后，材料本身仍能保持其柔性及弯曲性好的特性。而现代宣的原材料经过“白皮”后，材料本身发硬，有一种硬邦邦的触觉。这是因为“白皮”制作是用烧碱和高温速成，强碱及过度的蒸煮对纸纤维造成损伤，纸张强度降低。而“燎皮”的制作却是自然渐进的。经山上砍伐下来加工成的檀皮，经石灰沤，多次蒸煮，撕成细皮，岩石滩日晒雨露。利用大自然的空气、雨水、紫外线等对原料进行漂白和洗涤。天长日久，才能形成成品。

从手感上看：古法宣纸柔软如绵，触摸上去有细腻的感觉。现代宣纸拎起来在空中抖动会发出哗哗的响声，而古法宣纸在空中抖动后发出的声音就小得多了。又可把古法宣纸揉成团，再摊开，会皱而不破，韧而平滑，好似触摸绸缎。另外，现代宣纸存放久后，会出现发黄变色现象。而古法宣纸存放一段时间后，微黄反而渐变成玉白了。这与传统工艺制成的“燎皮”及“燎草”的本色内质有直接的关系。

从生产地理环境上看：传统及古法宣纸大都坐落在山涧水旁，能充分利用清澈的泉水抄、捞纸。同时，水质为偏碱性，如泾县小岭的水pH值为8.1左右。严格的传统工艺流程及独特的地理环境，是古法宣纸生产的必备条件。

图2-3-34　古法宣纸

6.书画纸

谈到书画纸，很多人都从字面上理解是“书画用纸”。在此理解下，便认为所有能用于书画的手工纸就是书画纸。然而实际情况并非如此。所谓的书画纸，实为以龙须草为主要原料，采用手工或机器等方法抄制而成的书画用纸。所谓书画纸与麻纸、皮纸、竹纸没有关系，与宣纸更是两回事，对书画纸广义上的定义是不正确的。

以草为原料抄造手工纸，种类还是很多的。我们熟悉的竹纸的原料竹子实际上也是草，虽然它与普通草有一些区别，为多年生且茎为木质，但属高大乔木状禾草类植物。我们熟悉的马尼拉麻，学名蕉麻，为多年生草本植物，属芭蕉科芭蕉属的植物。提取叶柄中的纤维，可做造纸原料。台湾的菠萝宣（凤梨宣），虽称宣纸，实为草纸。除此之外，还有熟悉的稻草、麦草、龙须草、芦苇等。以草为原料抄造的纸，其性能与麻类、皮类不在一个档次上，且其内部也有高低之分。像马尼拉麻，在质感和韧性方面极似皮纸，由于韧性好，日常生活中，制作袋泡茶的袋子材质就是马尼拉麻。在古籍修复中，常作为加固书叶的材料被使用。竹纸因本身具备的优点，其性能也是毋庸置疑的。而性能稍次的主要是指龙须草、稻麦草、芦苇等短纤维草类制成的纸。龙须草又名蓑草、蔺草，为灯心草科植物。

以龙须草制成的书画纸虽然外观极似宣纸，但由于制作材料、制作工艺不同，故在物理强度、耐久性、抗老化等方面无法与宣纸相比，用其为修复用纸，很难长期保存。故在选择修复用纸时，判定其是否为宣纸或者书画纸非常重要。在选纸时，可从以下几个方面加以鉴别。

从颜色方面看：通常情况下，宣纸颜色为玉白，而书画纸发纯白色。这主要是宣纸加工过程是自然漂白，而书画纸是强化漂白。

从帘纹疏密程度方面看：宣纸的帘纹密且不清晰，而书画纸的帘纹疏而清晰。这是抄造方式不同造成的。宣纸是手工抄造，而书画纸大都为机器抄造。但如果书画纸采用手工抄造，则两者帘纹大致一样。

从表面纤维状态方面看：宣纸表面有大片的团状绵絮纤维，书画纸则没有。这主要是因宣纸的制作材料主要以檀皮为主。其纤维组织以絮状形态存在宣纸中，而书画纸的制作材料为龙须草，以草纤维为主抄造的书画纸表面则没有絮状纤维的存在。

从纸张内部未分散纤维状态方面看：仔细观察，宣纸内部有丝状未分散纤维束，而书画纸表面没有明显的纤维分布。两种纸内部都有细小的草纤维筋丝，迎光细看，宣纸筋丝边缘清晰，而书画纸则显模糊。

从撕开的过程看：以手撕的形式，观察两种纸的不同。手撕宣纸时，阻力大，声音发脆。手撕书画纸时，阻力小，相对容易撕开且声音发闷。

图2-3-35　书画纸

图2-3-36　棉连

7.太史连及开化纸

谈到开化纸，想起当年刚开始学习古籍修复时，师傅谈起开化纸时认为开化纸就是桃花纸，因为纸上带有黄色斑点，故又叫开花纸。太史连纸为竹纸与皮纸的混合纸，色泽微黄，细腻雅致。开化纸洁白光滑，温润如玉，受墨乌亮，为皮纸的混合纸。

图2-3-37　开化纸

图2-3-38　太史连纸

刘仁庆在《中国古纸谱》中认为，开化纸原产于浙江开化县，系用桑皮和楮皮或三椏皮混合为原料。潘吉星在《中国造纸史》中认为开化纸为薄楮皮纸。[①]两种纸被后人称为“一金一玉”，为中国古代造纸技术的最高水平。遗憾的是两种纸的造纸工艺已经失传了近百年。所幸的是，国家图书馆还存有少量的太史连纸和开化纸。在开展“天禄琳琅”重大修复项目时，为保证藏书的原貌，修旧如旧，两种纸将派上用场。

关于内府刻书用开化纸，诸多专家都有提到。如黄永年曾说过，武英殿本讲究的都用开化纸，有的也用开化榜纸。民国刻书、藏书大家陶湘在《清代殿板书始末记》中写到：“殿板书以开化纸印本尤精美，予平生酷嗜之。”[②]陶氏藏书有一特点，不专重宋元古本，而以明本及清初精刊为收集目标，尤其是武英殿本及开化纸本。凡开化纸所印，不问何类，一概收之。

① 潘吉星著：《中国造纸史》，上海人民出版社，2009年，第322页。

② 陶湘编，窦水勇校点：《书目丛刊》，第68页。

故有“陶开化”之称。讲到内府刻本，故宫翁连溪称：“用纸多为宫廷特制的上等开化纸，其纸细腻，薄而不透、挺括，洁白绵韧，无帘纹，有白玉般润目之感。”[①]周叔弢先生在为其所藏的康熙本《温飞卿诗集笺注》所写的题识中也有记录：“开化纸之名始于明代……，清初内府刻书多用开化纸模印雍正、乾隆两朝尤精美，纸薄而坚，色莹白，细腻腴润，有抚不留手之感。民间精品亦时用之，嘉、道以后质渐差，流通渐稀，至于绝迹。”[②]从以上专家所言可知，开化纸产生于明代，清中期前，被广泛用于内府刻书，自嘉道后流通渐稀，至于绝迹。以上是谈到开化纸时，既已形成的共识。

现在还有一种说法，认为清代内府刻书所用开化纸及开化榜纸实为产自泾县的连四纸，成分为青檀皮。[③]翁连溪在《清代内府刻书研究》中称：“所谓连四纸，即人们常说的开化纸，清宫档案对开化纸基本没有记载，但据大臣奏折、皇帝的谕旨提到的连四纸印刷的图书，如《御选古文渊鉴》等，所用即为开化纸，故连四、开化，其名虽异，其义则一。”[④]持此种观点的还有厦门大学王传龙博士，他在《“开化纸”考辨》[⑤]一文中，将开化纸分为明代开化纸和清代开化纸，他认为，开化纸为明代纸名，清代史料中没有开化纸的说法，内府刻书用开化纸应为连四纸。在此认识下，又有人根据一小片清代的开化纸样（据说是来自宫里的开化纸标准件），通过显微镜观察纤维成分，分析结果为100%青檀皮。其又根据康熙年间江南巡抚韩世琦在其《抚吴疏草》中记载的两份奏折中的内容，内容大概是朝廷要采购大量的包括连四纸在内的纸张，采购地点为江南巡抚下辖的宁国府，宁国府即为今天的宣城、泾县、宁国一带。其认为，这

① 翁连溪著：《清代内府刻书研究》，故宫出版社，2013年，第107页。

② 李国庆编著，周景良校定：《弢翁藏书题跋》，紫禁城出版社，2007年，第328页。

③ 连四纸是从元代开始出现的，明清时，又叫连史纸。关于这种纸名称的由来，过去人们认为是连氏兄弟造的，其中老四的水平最好，故称连四纸。潘吉星在《中国造纸史》中认为此观点较牵强。他认为此纸名来自抄造方法，就是一帘抄四纸，故称连四纸。

④ 翁连溪著：《清代内府刻书研究》，第107页。

⑤ 王传龙：《“开化纸”考辨》，《文献》2015年第1期，第15~23页。

两段奏折所提供的信息就是，康熙初年清宫使用的连四纸来自安徽的宁国府，也就是宣纸的产区，而青檀皮是宣纸的主要成分，故这些来自泾县的连四纸为檀皮纸，这似乎又与清代“开化纸标准件”的纸张纤维相吻合。

如果以上观点成立，那么就有几个问题需要澄清：一是持此种观点的认为开化纸为明代纸名，清代的所谓开化纸并非明代之开化纸，那么明代开化纸又为何物呢？它的成分是什么？产地在哪？真的没有流传到清代吗？二是所谓的清代“开化纸标准件”是否就是开化纸？因为提到标准，一是为大家所公认的，二是得到权威机构认可的才能确切称为标准。三是王传龙博士一方面把开化纸分为明代开化纸和清代开化纸，而清代开化纸就是连四纸，也就是说清代没有开化纸。而另一方面，台北“故宫博物院”曾纪刚先生发现清代一些档案中确有零星的开化纸和连四纸的记载，而且在这些记载中两种纸是并列提起。这说明在当时开化纸跟连四纸是两种纸。在2020年第2期《文献》中，曾纪刚先生发表了《古籍“开化纸”印本新考》[①]一文。在此文中，曾以清代内府遗存档案史料为依据，证明清宫确有办买开化纸的记载。文中说道：“在一档（中国第一历史档案馆）典藏朱批奏折中，有一件档案明确告诉我们，清宫每年固定使用开化纸、呈文纸、台连纸，印造颁发满文、蒙文与汉文《时宪书》。乾隆二十九年（1764），适逢翌年二月遇有闰月，故钦天监在编修、印制乾隆三十年（1765）各种《时宪书》时，须较往年多领取这三种纸张。”《时宪书》是清代官方编制并颁行天下的历书，是帝制时期统治者拥有至高无上权柄与政权合法性的重要象征。清宫每年编印《时宪书》，对文种、用纸、开本、数量、装帧、钤印、颁赐等形式，都有明确规范，绝无混淆僭越的空间。采用开化纸印制的满、蒙、汉文《时宪书》与满、汉文《七政时宪书》，确实是当中数量最少、开本最大、级别最高、装潢最华丽的一种。此份由户部呈报的奏折，给我们提供了开化纸印本古籍的具体对象和宫廷御用开化纸的标准样本。故不管是前朝遗存，还是清朝生产，开化纸确实存在。这显然与王传龙博士所论清代史料中没有开化纸，内府刻书用

① 曾纪刚：《古籍“开化纸”印本新考》,《文献》2020年第2期，第4~44页。

开化纸应为连四纸的说法相矛盾。故开化纸是否就是连四纸值得商榷。

2019年11月8日，中国古籍保护协会专门就开化纸召开了一个专题研讨会。藏书家韦力先生认为，连四纸跟开化纸是两个东西，彼此之间有明显不同。他认为，开化纸是一种混料纸，不是纯青檀皮纸。凭多年购藏经验，韦力认为，开化纸在颜色上发玉白，而连四纸偏惨白。对于韦力先生的见地，我深以为是。

8.加工纸

根据纸张是否经过再加工可将其分为生纸和加工纸，在造纸流程完成之后没有再经过其他处理过程的，称之为生纸，若将生纸进行二次加工而制成的手工纸称为加工纸，亦称熟纸。如熟宣，就是在生宣的基础上施以胶矾而形成的纸。对生纸施以染色（拖色）、洒溅（洒花或洒金）、胶矾等不同工艺，制成素宣、色宣、有各种花纹的色宣、洒金宣等加工宣。如蝉翼宣、玉版、冰雪、冰琅、珊瑚、虎皮宣、云母宣等。

另外还有粉蜡笺。粉蜡笺是指在生宣等手工纸的基础上经过染色、填粉、施胶、施蜡、托裱、绷平、砑光等十几道工序制成的纸。粉蜡笺制成后，若进行手绘描金，则可制成手绘描金粉蜡笺，若洒以金箔，则制成洒金粉蜡笺。此纸取魏晋南北朝时之填粉纸与唐代之加蜡纸合而为一，兼有粉笺与蜡笺之优点，巧妙地融合了吸水的粉和防水的蜡两种材料，具有增进美观、纸质平滑细密、改善质量、抗水不洇、防虫避蛀等特点。自造纸术发明之初，对生纸的加工和处理技术便相伴而生。因为那时的造纸技术比较简单，尤其在宋之前，以麻、皮等粗长纤维制成的新纸表面多较粗松，做出的纸张薄厚不均，须加工变密实后才便于书写使用。必须经过涂布、砑光等处理工序使表面平滑方能适于书写。魏晋时普遍使用的黄纸，亦在此范畴。后世的宋代名纸金粟山藏经纸及元代名纸明仁殿纸都沿袭了这一技术。金粟山藏金纸以硬黄纸为蓝本，两面涂蜡、砑光，其品质超过硬黄纸。明仁殿纸为皇家专属用纸，此纸均以皮纸加染成黄色，纸的两面涂蜡、砑光，最后在正面用泥金描绘如意云纹。清乾隆时，有仿明仁殿纸，称描金（银）如意黄色粉蜡笺，多用于皇宫内苑。我馆从2013年开始启动的“天禄琳琅”清宫专藏修复项目，在修复过程中发现，很多“天

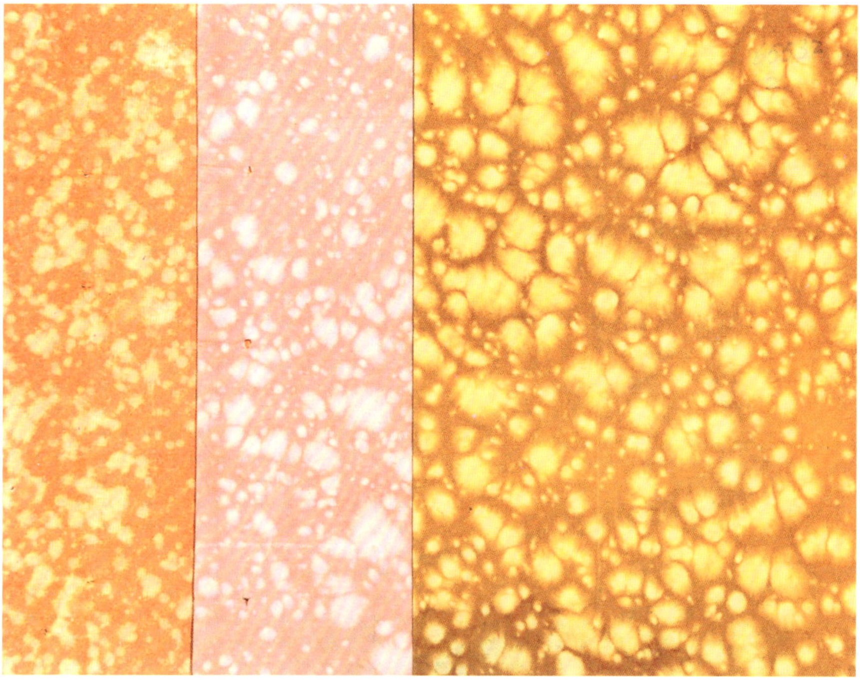

图2-3-39　虎皮宣

图2-3-40　洒金蜡笺纸

图2-3-41　描银云龙蜡笺纸

图2-3-42 “天禄琳琅”藏书书衣用蜡笺

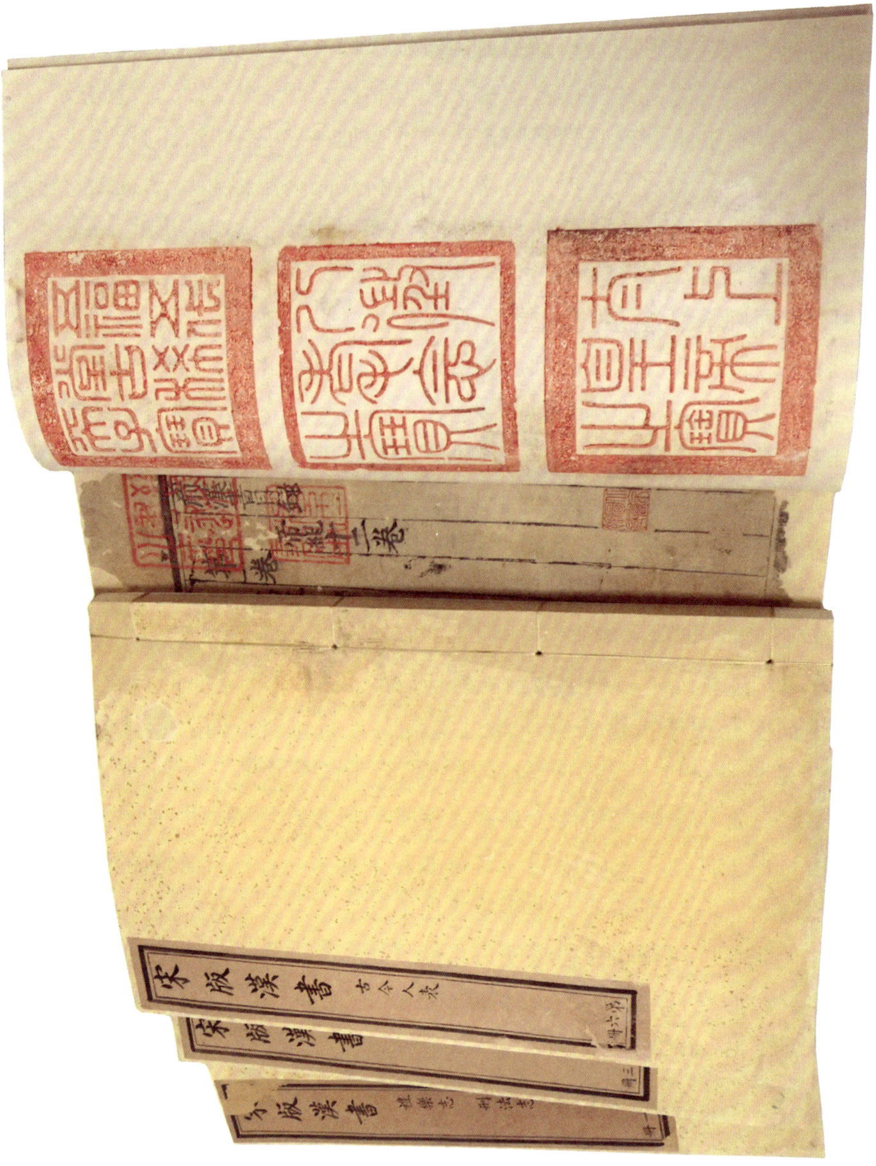

图2-3-43　"天禄琳琅"专藏之元刻本《汉书》、洒金粉蜡笺书衣修复后效果

禄琳琅”藏书的书衣为粉蜡笺。为了修复这些书衣，也尝试制作了一些粉蜡笺纸。制作中选用的是高岭土（也可用土粉子）为填充材料，接下来是配色，色料选的是姜思序堂国画颜料。以沸水按一定比例溶化色料及高岭土。为了使纸张与填充材料结合紧密，在调制过程中，需加入适量明胶。接下来，用单宣加工。首先刷轻胶水，可适当加一点矾，但矾的量要少，矾太多或影响洒金的效果。再接下来，用染料及高岭土涂布填充宣纸。待半干后洒金，并垫水油纸排刷。干后用软毛刷以刷蜡、擦蜡的形式上蜡。

在古籍修复中，修复用纸的选配是一个重要环节。但在以往的修复工作中，修复师主要是凭经验选纸。此种方法，误差较大，且难以操作，普及程度也较低。建立修复用纸选配的规范化、标准化、科学化的研究体系，是助力古籍修复工作从经验主导迈向科学主导的关键一步。在选配纸时，修复用纸必须具备接近原样、不损伤原件，甚至能起到保护原件的作用，抄造出外观、内部结构、颜色相近的修复用纸。现在我们所用的纸张，一般在造纸原产地选择生产厂家，采用传统手工生产工艺，生产适合古籍修复的手工纸。另外，我们也尝试亲自加工手工纸。目的就是抄造出符合待修古籍性能外观等相近要求的修复用纸。同时延续这一思路，我们也考虑之后在修复丝织材料书衣时，采用自己织造的产品，以求更接近原书衣。

以上简要介绍了古籍修复所需设备、工具与材料，对古籍修复者来说，这些是必备条件。从中不难看出，其绝大部分设施、方式都依旧遵从传统。随着近年来国家和社会对古籍保护与修复的重视，特别是2007年“中华古籍保护计划”实施以后，古籍修复事业进入了一个全新的历史时期。为适应新发展、新需求，古籍修复所需设备、工具与材料也在不断改良出新。传统与现代相结合，将使古籍修复工作更加科学、修复手段更加合理与多样。而更科学有效的古籍修复设备、工具与材料，也必将进一步推动文献修复事业的发展。

第三章

古籍修复的原则

1949年中华人民共和国建立后，国图先后启动了《赵城金藏》、敦煌遗书、《永乐大典》、西夏文献四大专藏等国宝级纸质文献的修复工程。随着修复工程的完成，修复理论体系也在逐步地提出与确立。下面就以上内容做点介绍。

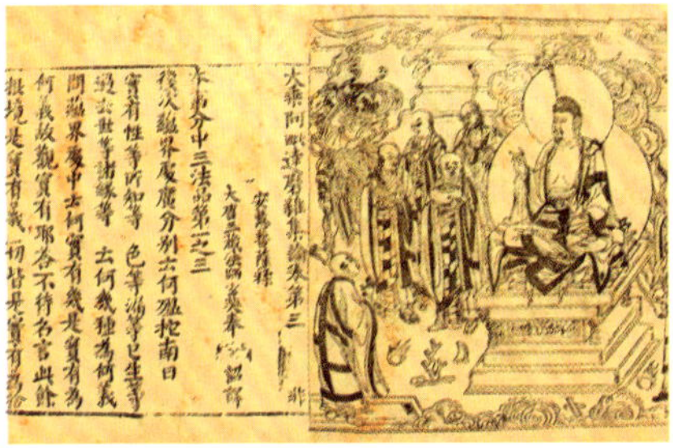

图3-1-1 《赵城金藏》

图3-1-2 敦煌遗书

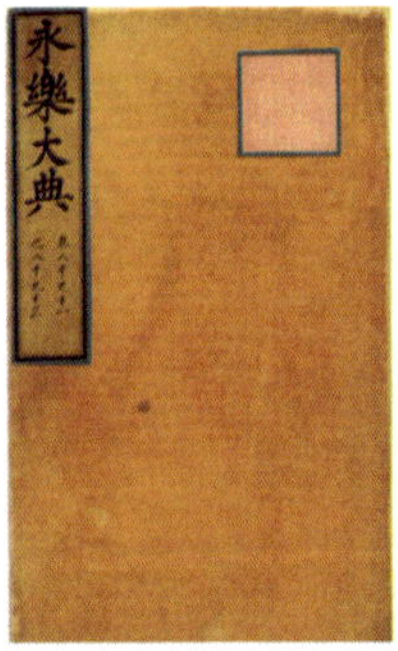

图3-1-3 《永乐大典》

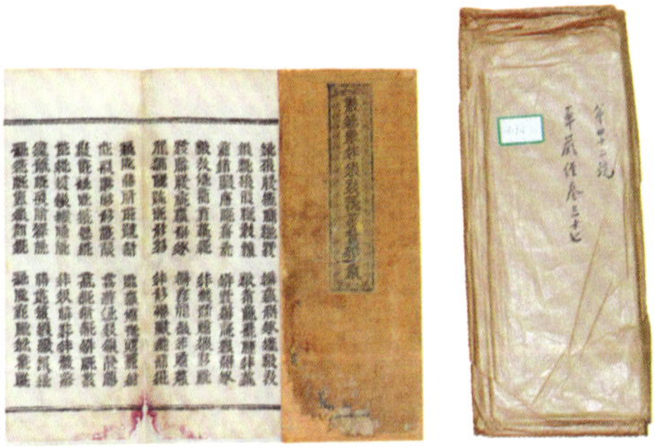

图3-1-4 西夏文献

第一节 “整旧如旧”原则的创立

提到“整旧如旧”原则的创立，就不能不提一部珍贵古籍入藏北京图书馆的过程。

1949年中华人民共和国建立之际，百废待兴。当时的国立北平图书馆已更名为北京图书馆。4月30日，华北人民政府将历经磨难的珍贵典籍《赵城金藏》调拨北京图书馆收藏。

1933年《赵城金藏》在山西省赵城县广胜寺被发现，它是覆刻北宋官版《开宝藏》而成。在《开宝藏》基本散失的今天，《赵城金藏》的发现为我们研究佛教大藏经提供了重要参考。《赵城金藏》刻于金代，后收藏于山西赵城县广胜寺，因而得名。在抗日战争时期，《赵城金藏》曾险遭日寇掠夺，八路军在当地爱国僧侣和民众的帮助下，将其转移，使之得以保存。但因保存环境恶劣，一度还藏于废弃的煤矿坑中，有不少经卷受潮、发霉，并粘连在一起。尚存的4300多卷中，已有十之六七不能打开，从外观上看，有的经卷就像一个木炭棒，亟待抢救性修复。

《赵城金藏》的修复面临两大难题，一是缺乏修复人员，二是缺乏修复纸张。中央政府在当时内战尚未结束、国家财政非常困难的情况下，特拨出修复款项，从琉璃厂请来韩魁占、张万元、徐朝彝、张永清四位揭裱高手，解决了修复人员的问题。为了减轻修复经费紧张的压力，当时的佛教协会副会长巨赞法师表示佛教界愿意募捐纸张。随后，巨赞法师联系到在佛教界有巨大影响力的民主人士李济深先生，李先生又联系到中国近代四大高僧之一的虚云和尚。虚云利用其在佛教界的崇高威望，发动华南一代的佛教徒，募捐购得760刀广西纱纸。至此，修复人员和纸张的问题得以解决。

为配合此次修复，时任善本部主任的我国著名版本目录学家赵万里先生于1950年5月主持召开了《赵城金藏》座谈会。

在这个会上，赵万里先生发言说："过去本馆装修的观点是将每一书完全改为新装。此办法始而觉得很好，其后则发现它不对。一本书有它的时代背景，所以自（民国）廿三年后决定不再

图3-1-5　赵万里先生（1905—1980）

改装，以保存原样。”[①]赵先生此段话的核心就是强调了修书要考虑时代背景，要保持原样。此一论述，后经发展与完善，最终形成一条古籍修复原则，即“整旧如旧”原则。其基本内容为：在古籍修复时，尽可能地保持原貌和原有特点，并保证图书的资料价值、文物价值不因修复而受损。这就是“整旧如旧”原则的产生过程。以“整旧如旧”原则为指导，国图的修复师们历经16年，最终于1965年完成了全部《赵城金藏》的修复。

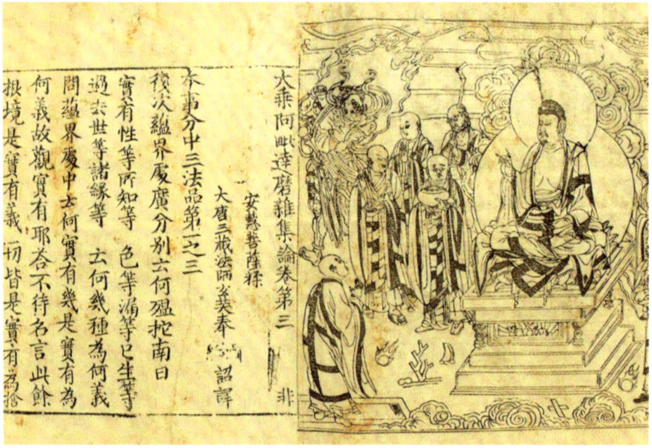

图3-1-6 《赵城金藏》修复后

“整旧如旧”原则是古籍修复中最重要的、贯彻始终的原则。我们在古籍修复中采取的一切手段与措施都应与之相一致。做到这一点，我认为应注意以下几个方面：

（一）正确理解“整旧如旧”中的“旧”

在古籍修复工作实践中，一直强调坚持“整旧如旧”原则。但近年来，业界对此原则有些异议，主要体现在对“整旧如旧”中的“旧”字有不同的理解和认识。众所周知，所谓修复，只是泛指，它对应的是很多种类文物或有价值的旧物的修复，古籍修复只是其中一类。这其中，众多同行都把“整旧如旧”“修旧如旧”作为修复文物时的不二法则。但某些人

① 转自张志清、陈红彦主编：《古籍保护新探索》，浙江古籍出版社，2008年，第117页。

对此原则的理解就是“做旧”。在此认识的驱使下，如在对古建筑的修复中，就有出现过对石料和灰石泥浆进行化学腐蚀以求修复后达到“修旧如旧”效果的事例。在对其他文物进行修复时，此种情况也时有出现。故明清史专家及古建筑保护专家单士元先生在20世纪50年代参加北京市城楼修缮座谈会时指出，所谓“修旧如旧”来自造假古董的“做旧”手法。很多人士也认为“修旧如旧”的效果就是靠做旧处理来实现的。前些年，长城的修复工程完成后，有些人士就提出质疑，他们认为，不是修旧如旧吗，砖怎么是新的？在这些人士眼里，“做旧”是修复工作的必要工序。此种背景下，作为文物修复中的一支，又提倡以“整旧如旧”作为指导原则的古籍修复，“做旧”这口锅就背上了。尽管有人强调，古籍修复提的是“整旧如旧”，而不是“修旧如旧”，意义不一样。比如，梁思成先生就在这次座谈会上说，他在清华大学讲学时，曾经说过“整旧如旧”不是“修旧如旧”。“整旧如旧”的重点是保持古建筑的原结构、原形式。但在很多人眼里，“整旧”和“修旧”没有太大区别，至少在字面上很难区别，“整旧如旧”还应放在“做旧”类。

提到古籍修复“整旧如旧”原则，如前所述，为赵万里先生所创立。但细读赵先生当时的讲话，却可以发现，赵先生并没有提“整旧如旧”一词，而是强调保持原样，也就是保持原貌。《文物保护法》（1982）中规定，对文物修复时，“必须遵守不改变文物原状”的原则。《中国文物古迹保护准则》（2002）、《文物保护工程管理办法》（2003）中都强调以“不改变文物原状”为保护工作原则。这些法律、准则、管理办法都强调的是“保持原状”，并没有出现“修旧如旧”一词，这与赵先生当年所强调的“保存原样”如出一辙。至于赵先生提出的“保存原样”，如何演变成“整旧如旧”，或许是“修旧如旧”在修复界太耳熟能详了，时间久了，人们便用“整旧如旧”代替了赵先生的“保存原样”。当时认为意思差不多，不曾想日后背了锅，更生了困惑。那么当下，我们在开展古籍修复中还要不要以“整旧如旧”作为修复原则？答案当然是要坚持的，但要回归本源，回到赵万里先生所说的“保存原样”的本意上来，这也是

“整旧如旧”原则的核心内容。故我们所提倡的“整旧如旧”原则中的“旧”，决不是“做旧”，而是“原样”或“原貌”。故后来在“天禄琳琅”修复项目中，基于以上的认知，“整旧如旧”仍是最重要的修复原则并指导项目的开展。

（二）关于装帧形式

在古籍装帧历史中，每一种装帧形式都是特定历史阶段的产物，保持原有装帧形式，既是尊重古人的发明创造，也是尊重历史本来面貌的举措。古籍修复“整旧如旧”原则，强调经过修复的古籍在外观上尽量保持原貌，这就要求我们不能因为修复而改变原有的装帧形式。改变装帧形式的方式，在前人的修复中比较常见。装帧形式改变后，古籍的原貌就被破坏，从古籍的版本鉴定方面来说，也增加了难度。谈到改变装帧形式，西方也曾犯过错误。著名汉学家艾思仁先生讲过一个例子，从19世纪到20世纪初，西方的国家图书馆和大学图书馆开始大量收藏中国古籍，收藏后，采用洋装的方式重新装订，其目的并不是保护古籍，而只是为了能把中国古籍与西洋书一起用直立的方式存放。这种装帧方式完全违背了中国线装书千百年来形成的装订方法的本意，即，中国线装书可以拆散重装而不损失书中任何文字或纸张。线装这种独特的可逆的装帧完全被西洋装毁坏了。其中最具灾难性的例子是大英图书馆1877年购入的《钦定古今图书集成》。他们把这部伟大的著作用西洋的方式重装，5000册线装变成了745册，加皮制封面，就是为了让它们能直立存放。前些年，大英图书馆花费巨资把这套书改回了线装，但是结果书脑变得很窄小，非常可笑，可以说损失已无可挽回。故改变装帧形式的行为是不可取的，是有违“整旧如旧”修复原则的。

谈到古籍的装帧，冀淑英先生有过生动的论述，她认为，装帧对于书，好像服装和人的关系一样，人的服装历代不同，书籍的装帧也是历代不同的。现在谈到中国古籍，常常称为线装书，可是线装书还不算最古，从现存实物看，唐代和唐以前的书是卷子本，五代以后到宋代，书籍的装帧形式逐渐演变成册，装帧方式是蝴蝶装，元代仍用蝴蝶装，明代初期以后改为包背装，外形和近代的书相似，如《永乐大典》即包背装。线装也是明代中期以后才出现的，直到现在还在采用。对于流传下来的古籍，如还保持旧有的装帧形式，在维修时，应保持原样，做到“整旧如旧”，不要改变原有的装帧形式，明清的书也是如此。

以上是冀先生的期许，但很遗憾，我们在实际工作中发现，古籍以原装的形式保留下来的很少。很多明代之前的古籍大都经过后人改装，古籍的初始形态已被改变，造成古籍本身的文物价值的削弱。没有原装实物，判定古籍版本年代、研究古籍的装帧形式演变都将变得非常困难。故保留古籍原装，是我们开展古籍修复中应念兹在兹、牢记于心的。在实际的修复工作中，如何对待原装已被改变的旧装，也是一个问题。比如在“天禄琳琅”专藏修复中，我们发现很多元刻、明刻都有修过的痕迹，修复后，装帧形式都被改为线装。对前人改过的这些旧装，要不要改回它的原装形式？我以为是改不回去的。比如说一个被改为线装的元刻本，它被改装之前的原始形状如何，是蝴蝶装还是包背装，我们都不知道，又怎么改？再比如，一些清代著名藏书家的旧装，如黄丕烈的改装书，在今天看来，亦同样具有重要的文物价值及文化价值，其“黄装”更在中国古籍装帧发展史上占有重要位置。这些旧装与宋、元时期的原装相比，同样具有实物价值。故我以为，在保留原装的前提下，保留住这些旧装同样重要。这样做既是尊重历史，也保留住了修复痕迹。我们强调的保持原有的装帧形式，主要是指修复前所见装帧形式。

（三）保持原貌，还应坚持书品不应改变

所谓书品，也可谓之“书籍制度”，何为“制度”？在字典中，“制度”有制作、制作方法、样式、规制形状之意。马衡先生在《中国书籍制度变迁之研究》中说：“吾之所谓制度，是指材质与形式而言，并不包括撰述和流传方面。”[①]而冀淑英先生又将书籍的材制和形式称之为“书

① 马衡等著：《古书的装帧：中国书册制度考》，浙江人民美术出版社，2019年，第31页。

品”。冀淑英先生在《关于古籍善本的范围》[①]一文中认为“书品”是从书的外部形象来看的，主要有四个方面：一是刻印技术，看雕版和印刷水平高低；二是印书所用纸和墨是否品质优良；三是所印书的书版是新刻成的还是旧版经过修补；四是装帧质量。丁瑜先生在《中国古籍装订修补技术》中认为“书品”有广义和狭义两种解释。广义包括是否为初印、后印，纸张、墨色、字体和插图的优劣，印鉴及题跋真伪等。狭义特指边栏外四周余纸大小。余纸的大小影响着书叶的大小，形容一部书书品好时，常常用“书品宽大”一词来形容。由此可见，书品也含有书叶大小的意思。故这里所指的书品不变，主要是指书叶的大小规格不应改变。在古籍修复中，我们发现，破损的部位往往在天头、地脚和书背处。故常有人把破损的天头、地脚等部位截去部分或大部，目的是省掉补书的时间与辛劳。若干年后，发现又破损了，再裁掉部分。故有些书是越流传，书品越小。另外，即使是修补，补后装帧时也是用机器刀裁切四边。如不裁切，也要用砂纸打磨。裁切、打磨后，古籍“焕然一新”，殊不知切掉和磨去的是历史的痕迹，古籍的原来面貌也荡然无存。这样修复的古籍，对其鉴定年代也将造成困难。

大家知道，黄永年先生是鉴定版本的高手。早些年，先生在国图讲授古籍的版本鉴别时曾说：“近年来有一种传说，说我黄永年有这样的本领，线装书在架子上不用取下来，更不需打开看，就知道是什么版本，这岂不是说我有什么特异功能？其实世上哪有什么特异功能，我无非是记住了什么书有哪几种版本，再从书根的新旧颜色来推测判断。”[②]由黄永年先生讲的这段话，我们了解到，古籍的外观是鉴定版本年代的重要依据。国图藏《欧阳文集》《册府元龟》等宋刻残册，书根上都写有书名、卷次，但不是横写，而是竖写。如果修复中磨掉了这些痕迹，那么蝴蝶装早期的这些特征，我们就不会再看到了。故在“天禄琳琅”专藏的修复中，我们坚决杜绝裁书、磨书，而是采取补后一叶叶剪齐的方式。这样做虽然

① 冀淑英著：《冀淑英文集》，北京图书馆出版社，2004年，第28页。

② 齐鲁书社编：《藏书家》（6—10合订本），齐鲁书社，2002年，第8页。

麻烦，但“天禄琳琅”专藏的书品以及原貌得到了最大限度的保护。

（四）坚持“整旧如旧”原则，保持古籍的原始厚度也十分重要

在古籍修复中，我们常常看到，破损的古籍到了一些人的手里，是越补越厚。保证补过后的古籍厚度不发生变化，一是在选择补纸上，力求薄厚与原书一致；二是在修复过程中，应以最少的补纸解决破损问题，也就是控制补纸的用量，从而达到如古人所说的“自非向明，举而看之，略不觉补”[③]的效果；三是能不托裱就不托裱。托裱是加固书叶的终极办法，但结果是修复后厚度变胀，导致原貌改变。故在“天禄琳琅”的修复中，我们很少使用整托，而是用局部加固的办法，保证修复后原貌不变。

（五）在古籍修复中，保证外观不变以及修复材料与原有材质相适应

为保持原样，保证外观不变，是非常重要的。同时，修复材料的使用上，也应与原有材质保持一致。如在修复用纸的选配上，在“天禄琳琅”专藏修复中，我们是尽量选用旧纸，但如果没有合适的旧纸，就只能用新纸了。在新纸选用上力求选与原书制作工艺、帘纹、薄厚、疏密程度、收缩、张力、强度及柔软度尽量相一致的手工纸。这里所说的帘纹、薄厚、疏密程度与补后的外观是有很大联系的。而强度不合适，或者说强度过大，就会对书叶造成损伤。故选择强度与书叶一致或者强度弱一些、柔软性好一些的手工纸作为补纸，确保修复对象的安全，是修复师在修复中应重视和考虑的问题。

讲到配纸，一些文章或者修复师的观点都一致认为，什么材料的书叶，就要配与之相一致的纸。如皮纸配皮纸，竹纸配竹纸，这似乎已成为定式。在我看来，这是不对的。比如，一部糟朽、残破的竹纸古籍，修复时，如果用竹纸补的话，原书叶破损部分已经糟朽，强度已经非常低了。如果一味地再使用竹纸进行补缀，修复后，往往会对书叶造成新的损伤。故在“天禄琳琅”专藏的修复中，我是愿意使用混料纸对竹纸

③〔北魏〕贾思勰著，石声汉校释：《齐民要术今释》卷3，第284页。

书叶进行修复的。皮纸书叶的修复也要选与之一致的皮纸吗？其实也不尽然。因为新皮纸或人为老化过的皮纸，它的强度一般仍大于原书叶。如果选与原书叶薄厚一致的皮纸修复，无论是从外观还是保护书叶角度来看都是不可取的。

举个例子，比如一个学生修一部絮化、残破的书，他选择了与原书薄厚、皮料都相同的纸进行修复，加固、补破全用此纸，并且一次完成。补后观察，加固部分厚度增加，强度增加，僵硬无比，纸的柔韧性荡然无存。补破部分由于只有一层，与相邻的加固部分相比，又显单薄，补后压平后，发现压不到位，都是皱纹。我建议他先选溜口用薄桑皮加固并补破，然后选略薄于书叶的皮纸进行补破。补后，由于加固部分与补破部分强度一致了，柔软度与平整度又恢复如初，看着也舒服。使用新纸之前，还要对其酸碱度、拉力等进行测试。

（六）纸张染料的使用

为了减少色差，要对新纸进行染色。染色的目的决不是“做旧”，而是为了修复后外观的相似与和谐。染色所用的材料为植物和矿物颜料，决不能用对纸张有损的化学颜料。为纸张染色，在中国有千年的历史。20世纪90年代，我们在对馆藏敦煌遗书进行修复时，发现很多都是染色纸，染料成分为黄檗，此技术称为“入潢”。

在染纸的色差处理上，追求“宁浅勿深”的染纸思路。观察古人留传下来的染色纸，我们发现，不管是染后书写或印刷用纸，还是染后修补用纸，都出现了颜色变深的情况。这与颜料本身和纸张的氧化有关。我们还发现，书叶上常有色斑现象。经分析确定，色斑的形成，都与背面的以橡碗子或栗壳染过色的补纸有关。故在对“天禄琳琅”专藏加工染色纸的过程中，我们特意把补纸的颜色染得浅一些，为其留下变深的空间。同时，也是为了防止染纸上的颜色透入书叶，形成斑渍。

在修复中强调补纸颜色与原书的“相似”，而不追求“天衣无缝”。这样做也是为了确保修复对象的真实性，也给后人留下一个比较清晰的、可辨识的修复痕迹。我们修复的古籍，要让后人清晰地看出来，哪些修复是我们这个时代的人做的，要有时代特征。著名古建筑专家杜仙洲先生在1986年修缮卢沟桥时说："如今我们之所以能看到卢沟桥桥栏杆上的石狮子有金代、元代、明代、清代和民国时期狮子的特点，就是因为古代的工匠们没有按照'修旧如旧'之说进行做旧处理。如果历代都按照'修旧如旧'去做，现在就看不到金、元、明、清、民国时期的狮子了，看到的必将是类似金代的假狮子。"①

以上，无论是染纸的处理方式，还是卢沟桥修缮的例子，与古董行的所谓"做旧"手法，从材料到实际效果来看，显然都是不一样的。这与制作假古董时追求的"以假乱真"效果亦是有显著区别的。"乱真"的结果易造成真假难辨，对判定修复对象的原始状态及本身的真实性增添障碍与困难。20世纪60年代颁布的有关遗产保护的国际公约如《威尼斯宪章》中提到："补足缺失的部分，必须保持整体的和谐一致，但又必须使补足的部分跟原来部分明显区别，防止补足部分使原有的艺术和历史见证失去真实性。"②布兰迪在《修复理论》中指出："任何整合，必须总是具有容易的可识别性，但却不应为此干扰我们所希望重建出来的那种一体性。"③我们从这些西方的文物保护修复准则中可以看到，虽然针对的对象不同，但其阐述的修复中应坚持修复对象的"真实性"，强调修复后的"一体性"，同时强调"可识别"等准则，与我们在修复"天禄琳琅"专藏中坚持的"整旧如旧"原则的核心内容，即保持古籍修复前原貌、保持其修复前的原始状态，追求"真实性""和谐性""相似性"，不追求"天衣无缝"和"以假乱真"的修复效果等认知基本上是一致的，说明我们之间文物修复的理念是相通的。

---

① 孔庆普著：《城：我与北京的八十年》，东方出版社，2016年，第130页。

② 国际古迹遗址理事会与国际历史园林委员会于1981年在佛罗伦萨召开会议，决定起草一份历史园林保护宪章即《佛罗伦萨宪章》，并由国际古迹遗址理事会于1982年登记作为涉及有关具体领域的《威尼斯宪章》的附件。中文本译者不详。可见法国华夏建筑研究学会主编：《法中历史园林的保护及利用》，中国林业出版社，2002年。

③［意］切萨莱·布兰迪著，陆地编译：《修复理论》，第90页。

第二节 “抢救为主，治病为辅”原则的建立

“抢救为主，治病为辅”是20世纪90年代初，我馆大规模修复敦煌遗书时提出来的修复原则。敦煌遗书是北宋初年敦煌寺院清点寺院藏书后，将一批过度使用、残破的经卷、过时的文书、无用的废纸、用旧的幡画、多余的佛像等统一集中弃存于莫高窟第十七窟的结果。国家图书馆收藏有16000余号敦煌遗书，约占敦煌遗书世界现存数量的四分之一。

图3-2-1 敦煌遗书“淡五”（修复前）

图3-2-2 敦煌遗书“淡五”（修复后）

图3-2-3　莫高窟外观

图3-2-4　法国人伯希和在敦煌藏经洞（1908）

敦煌遗书内容包罗万象，包括政治、经济、文化、军事、艺术、地理、宗教、医药等各个门类。写刻年代从公元4世纪至公元11世纪。各种不同时期、不同地域、不同原料的纸张为我们研究中国造纸术的产生、发展提供了珍贵的资料。

敦煌遗书中有很多采用不同装帧形式的书籍，为我们展示了中国古代书籍初期装帧形式的演变过程，如粘叶装、缝缋装，而这些装帧形式，是除敦煌遗书之外很难见到的，尤显珍贵。

敦煌遗书由于年代久远，更由于当时过度使用和保存不当，造成的破损大都十分严重。为尽快修复好敦煌遗书，当时在讨论修复方案时，我馆版本目录学专家冀淑英先生提出这一原则。其主要内容就是在修复遗书时，要突出重点，抢救那些影响遗书寿命的、必须修复的地方。对破损不严重的地方，尽量不动或少动。换句话说，就是“先救命，后治病”。此一原则的提出，解决了破损古籍修复的先后问题，也就是按轻、重、缓、急加以合理排序，展开对古籍的修复。比如说古籍的酸化问题，据国家图书馆所做的“关于善本特藏图书纸张酸度的检测报告”显示，古籍纸张的

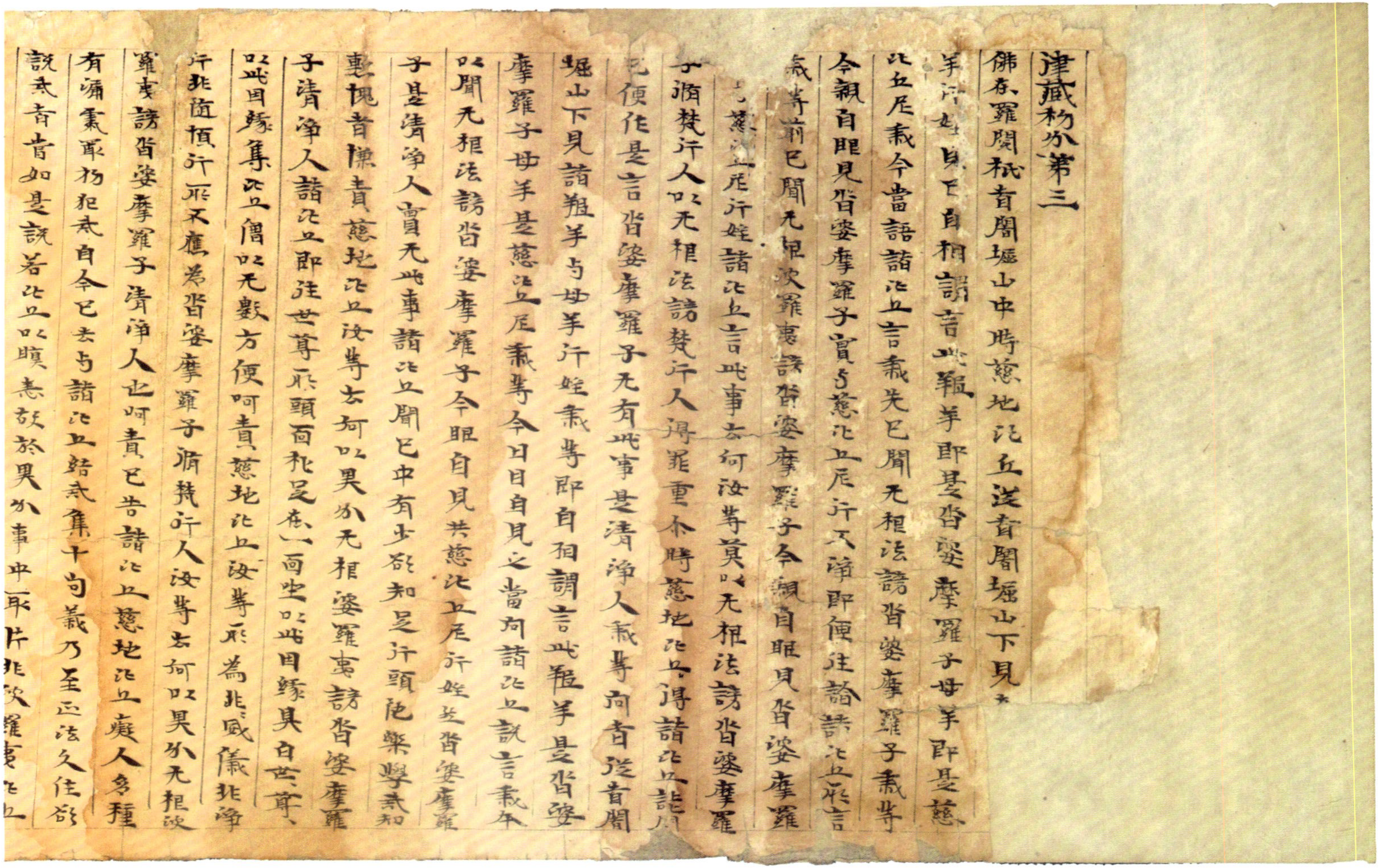

图3-2-5　《律藏初分第三》［西凉建初十二年（417）写本，麻纸］

酸化现象日趋严重。20世纪60年代测试pH值为中性的纸张，在短短40年的时间里平均降低了一个数值。8种主要文献（中文善本、舆图、西文善本、敦煌文献、金石拓片、民族语言文献、新善本文献、名人手稿）中，中文善本pH值6.57（低度酸化），新善本文献pH值4.88（严重酸化），8种文献pH平均值为6.02，介于低、中度酸化之间。究其原因，除了自身的水解和氧化，大气污染也是造成古籍酸化的一个重要原因。纸张酸化后，纸纤维被破坏，失去韧性，纸质变脆，严重影响了古籍的利用与流传。遵循“抢救为主，治病为辅”原则，我馆于2006年受文化部委托制定了“古籍特藏破损定级标准”，由文化部颁布，把古籍的破损状况定为5级。古籍的酸化、絮化、粘连等被定为一级破损，优先成为亟待修复的对象。“抢救为主、治病为辅”原则的提出，“破损定级标准”的制定，就是要求我们集中有限的修复力量抢救那些亟待修复的古籍，使修复工作有的放矢，并由无序变为有序。遵循此原则，我馆在2013年之前，完成了5000余米破损敦煌遗书的修复工作。

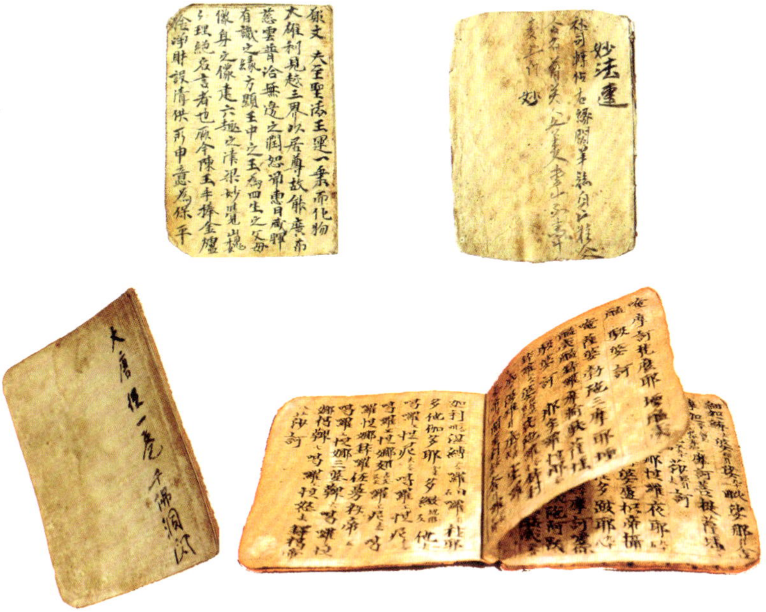

图3-2-6　粘叶装

第三节　以“可逆性原则”“最少干预原则”指导古籍修复

“可逆性原则”“最少干预原则”是意大利人切萨莱·布兰迪（1906—1988）于20世纪60年代提出来的。布兰迪作为20世纪文物修复的意大利派代表人物，其关于文物修复理论的论述对现代文化遗产保护理论的形成起到了重要奠基作用。1963年，他的著作《修复理论》出版，这是他对修复理论研究和教育领域最重要的贡献。1964年5月，第二届历史古迹建筑师及技师国际会议通过的《国际古迹保护与修复宪章》（简称《威尼斯宪章》）和意大利于1972年发布的《修复宪章》等具有国际影响的修复宪章、文件的制定都着重参考了布兰迪的修复理论。可以说，布兰迪的理论直接或间接地影响了世界各国的修复实践。

图3-2-8　切萨莱·布兰迪（Cesare Brandi，1906—1988）

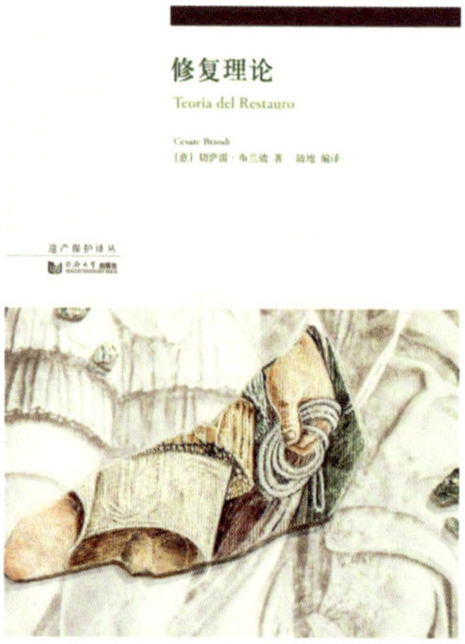

图3-2-9　《修复理论》（Teoria del Restauro）

布兰迪强调保护性修复，并认为："对作品的材料进行加固，并采取各种预防性措施，从而使其能抵御各种劣化因素，优先于人们所说的艺术性修复。"[①]他强调："同极端紧急情况下的修复相比，预防性修复即便不是更必要的，也是更紧要的，因为其目的恰恰是为了避免急救性修复，而到了那个地步，人们就几乎无法完全挽救艺术作品了。"[②]布兰迪还强调最低限度的修复："对艺术作品而言，最严重的问题与其说是缺失了什么，还不如说是在缺失之处不恰当地添加了什么。"[③]他强调材料的可逆性、兼容性和可辨识性，充分认识科学发展的时代局限性，提倡给未来留下可工作的空间。他在修复理论中提出："修复行为，不能单纯以恢复某种物质所具有的功能为目的"，以及"修复时不能损害艺术品的历史性价值（不能消除其时间经历的痕迹）"。[④]

以上为《修复理论》的核心内容，据此，布兰迪还提出了相关的修复原则，即"最少干预""可逆性"和"可辨识"等原则。布兰迪这些理论及原则，虽然针对的是西方的古迹、雕塑、油画等，但对中国古籍的修复同样适用，因为它们有着共同的属性和目的。故20世纪80年代末至90年代初，国图在启动敦煌遗书、《永乐大典》等修复工程时，率先把《修复理论》中的"最少干预""可逆性"原则运用到古籍修复中，作为中国古籍修复的指导性原则。

一、"可逆性"原则

所谓"可逆性"原则，主要内容是现在的修复不应对文献形态造成

① ［意］切萨莱·布兰迪著，陆地编译：《修复理论》，第246页。

② ［意］切萨莱·布兰迪著，陆地编译：《修复理论》，第149页。

③ ［意］切萨莱·布兰迪著，陆地编译：《修复理论》，第94页。

④ 转自詹长法：《意大利现代的文物修复理论与修复史》（上），《中国文物科学研究》2006年第2期，第91页。

任何不可逆转的变化。将来如果有更好的修复技术出现，便可以清除目前的修复状态，恢复原样。布兰迪在《修复理论》中认为："所有的修复干预都不应使未来的任何干预不可能再进行下去，相反，应为它们提供便利。"[①]1972年，布兰迪在《意大利修复宪章》中对"可逆性"又有进一步的阐述："对作品乃至其毗邻部分的任何干预，其干预方式和所用技术与材料应确保未来对其进行新的防护或修复干预的可能性。"[②]常见的不可逆现象有以下几种：

一是修复中使用不具备可逆性的植物胶黏合剂。对植物胶黏合剂的使用，古代就已存在。一开始，人们不懂得使用小麦提取淀粉制作糨糊，采取的办法是从植物中提取胶制作黏合剂。植物胶类黏合剂呈棕黄色，非常黏稠。20世纪90年代，我们在修复敦煌遗书时发现很多卷子的连接处和补纸用的就是此种植物胶。此种黏合剂基本不溶于水，难于去除，给修复工作带来很大困难。

二是使用化学糨糊或胶水作为古籍修复的黏合剂。使用此类黏合剂，后人如果想要恢复原样，清除这些化学糨糊或胶水将十分困难，稍有不慎就会损伤书叶。

三是往黏合剂里加胶矾。加胶矾是防止纸张遇水伸缩和发霉，并有固色作用。但现代研究表明，矾的主要成分是硫酸铝，硫酸铝遇水可产生水解反应，呈酸性。酸是促进纸张老化变质的主要原因，故用了加入胶矾的黏合剂后，时间一长，纸张变脆，纸张韧性变差，必然影响书的寿命，产生不可逆的后果。

四是古籍修复中出现的一些新材料。近年来，出现了一些新研制的文献保护技术，但实践证明，这其中一些技术并不适用于古籍修复，一个重要原因就是不可逆。如纸张履膜加固技术、化学高分子材料的加固剂等。如英国过去在敦煌遗书修复中曾采用丝网加固法，客观上造成了具有酸性的动物丝网和黏合剂对遗书的破坏。如何清除这些丝网痕迹，多年来一直

---

① [意] 切萨莱·布兰迪著，陆地编译：《修复理论》，第90页。

② [意] 切萨莱·布兰迪著，陆地编译：《修复理论》，第90页。

困扰着修复师们。2017年，“国际敦煌项目”刊登了英国修复师采用琼脂糖胶清除黏在遗书背面丝网的文章，并取得了一些成果，但是丝网加固技术已经对遗书造成了一定的损伤。

此修复原则的提出，向我们提出了一个要求，就是在对古籍进行修复时，采取的一切措施都应是可逆性的，对于一些不成熟的技术和化学材料，我们都应慎之又慎，避免对古籍造成不可逆的状况。

二、“最少干预”原则

“最少干预”原则是我馆在修复敦煌遗书、《永乐大典》、西夏文献时倡导的修复原则。此原则是对“整旧如旧”原则内容的完善和补充。具体内容即对古籍的修复始终控制在最小范围内，以达到对古籍原始信息及本来面貌的最大程度的展现。

国家图书馆大规模开始修复敦煌遗书始于1991年，但在这之前的80年代，我们就为开展敦煌遗书的修复做了一些前期准备，包括完善修复原则，试着修复了几个卷子，修复了一些残片，了解有关国家对敦煌遗书的修复情况。当时国内外对敦煌遗书的修复大致有以下几种：一是通卷托裱的方法；二是塑料薄膜加固；三是丝网加固。

敦煌遗书自1900年6月22日发现之后，就不断散佚。由于这批文献在当时就是过度使用，更是残破不堪。故收藏者出于保护的目的，对其进行了各种各样的装潢修整。统计一下，主要有：

一是把塑料薄膜和丝网加固的技术应用到敦煌遗书的修复中。应该说修复师的初衷是好的，这是因为敦煌遗书中很多两面都写有文字，采用塑料薄膜和丝网对敦煌遗书加固后，并不影响对其的阅读和研究。但时间一长，问题就出来了，主要是塑料薄膜密封加固后，敦煌遗书完全在不透气的状态下保存，很多文书内部出现水汽。不管是塑料薄膜还是丝网加固，随着时间的流逝，本身都会出现老化变硬的现象，使得一些卷子很难舒展，极易造成遗书本身损坏。丝网中的生物蛋白老化的速度比植物纤维还快，老化过程中产生的酸更是威胁到敦煌遗书本身的安全。

二是以通卷托裱、按中国字画装裱的方式，对敦煌遗书进行修复。在中华人民共和国建立初期，就有修复实例。如唐开元六年（718）写本《无上秘要》，就是以手卷的方式进行托裱装帧的。按手卷的方式加上天、地头，要加上包首、引首、隔水等，用刀把尺寸削小，托裱的过程中还要刷胶矾水，最后托背纸。完成后，遗书原来的尺寸大小全变了，托裱后，纸张原本的厚度和柔软也起了变化。胶矾水中矾的主要成分为硫酸铝，硫酸铝在水分子的作用下，可产生水解反应，呈酸性。酸是促进纸张老化的主要原因。装裱时，添加胶矾时间一长，必然影响遗书寿命。一张破损的书叶，本可以通过极少的补纸就可修好，却用托裱的方法修复，更在古籍上添加了本不需要的材料，就干扰了古籍的原始状态，改变了纸张的柔韧性，也不利于书籍的典藏和使用。

1991年3月，以“整旧如旧”“最少干预”等原则为指导，国图对敦煌遗书的修复正式开始，采取了摒弃传统的通卷托裱，以局部修补为核心的修复方式。以此修复方式开展对敦煌遗书修复以来，得到了业内的认可，并为英、法等国修复敦煌遗书所效仿。

图3-2-10　修复敦煌遗书工作照（20世纪90年代）

图3-2-11　敦煌遗书“淡四七”修复前后

2018年，英国知名汉学家、大英图书馆前中国馆馆长吴芳思博士在与中国旅英学者、李约瑟研究所研究员赵静一访谈中谈到了英国国家图书馆藏敦煌文献（英国国家图书馆藏有大约7000卷保存完整的卷轴，另还有一些残片），包括对公认为世界现存的最早的印刷类古籍《金刚经》的修复。吴芳思博士回忆道："我刚去图书馆的时候，这部经书已经在大英博物馆的展馆里展出了约20年。这部经书的保存真的不太好，那里的光线还可以，但是经书嵌在很硬的背衬里面，就那样挂在那儿。更气人的是，在离经书10码远的地方，有个展示盒里面展出的是古腾堡发明的印刷术，并标示着'世界上最早的印刷术'，然而事实上古腾堡时期已是印刷术发明之后500年后的事情了，这就导致没有人真正注意到经书的价值和意义。"

经吴芳思博士追忆，我们可以了解到当时这件伟大的作品在英国的保存情况。首先，《金刚经》被托裱了很厚的背纸，共有7层。显然，此件藏品历经多次修复。前人对此件藏品的修复方法是托裱固定，若干年后，《金刚经》又有破损，就又在原背纸的基础上再次托裱加固。经过多次加固后，原书叶的柔韧性消失了。《金刚经》多次托裱修复后，像一幅画被固定在墙上。吴芳思博士认为，这是受到了日本人的影响。但《金刚经》实际上是一本书，而不是一幅画，是要经常用的，而非挂在墙上。由于不恰当的修复和保存方式，《金刚经》已变得异常坚硬，如纸板一样，已经失去了它9世纪问世时的原有风貌了。就如同一个病入膏肓的人皮肤一样，失去了光泽，僵硬无比。基于当时的状况，吴芳思女士决定把此书撤出展览，进行再修复。2013年9月，此件文物的修复者，英国国家图书馆东方文献部的马克·巴纳德先生来到中国国家图书馆，做了题为"敦煌印本《金刚经》的修复"的报告，介绍了对《金刚经》的修复。马克先生在20世纪80年代曾经来中国国家图书馆学习中国古籍的修复技术，回国后，在1987年，马克先生按照现代修复理念对此件文物进行了重新修复。马克先生介绍说，修复过程主要是把背面托纸取掉，改由纸条加固。在揭的过程中，发现有大量折痕，这主要是历次托裱后又经反复开合翻阅造成的。历

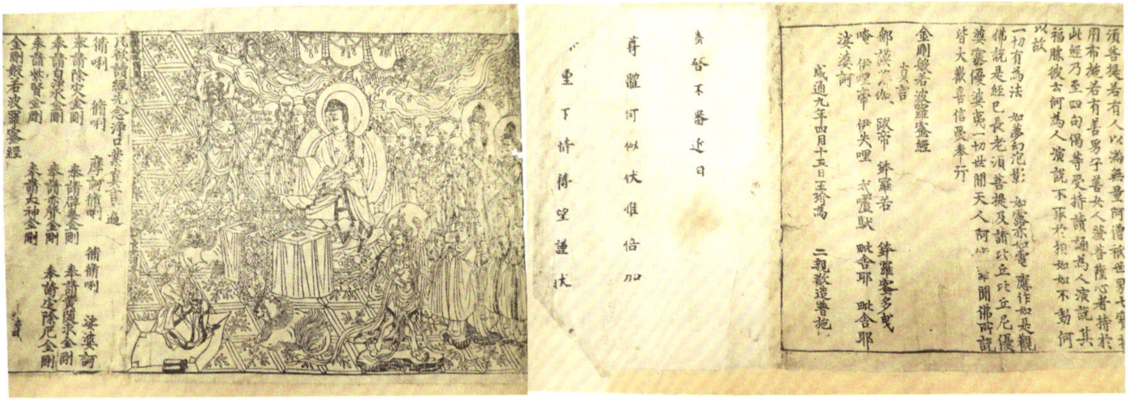

图3-2-12　《金刚般若波罗蜜经》（影印本）
［咸通九年（868）刻本，原件藏于英国国家图书馆］

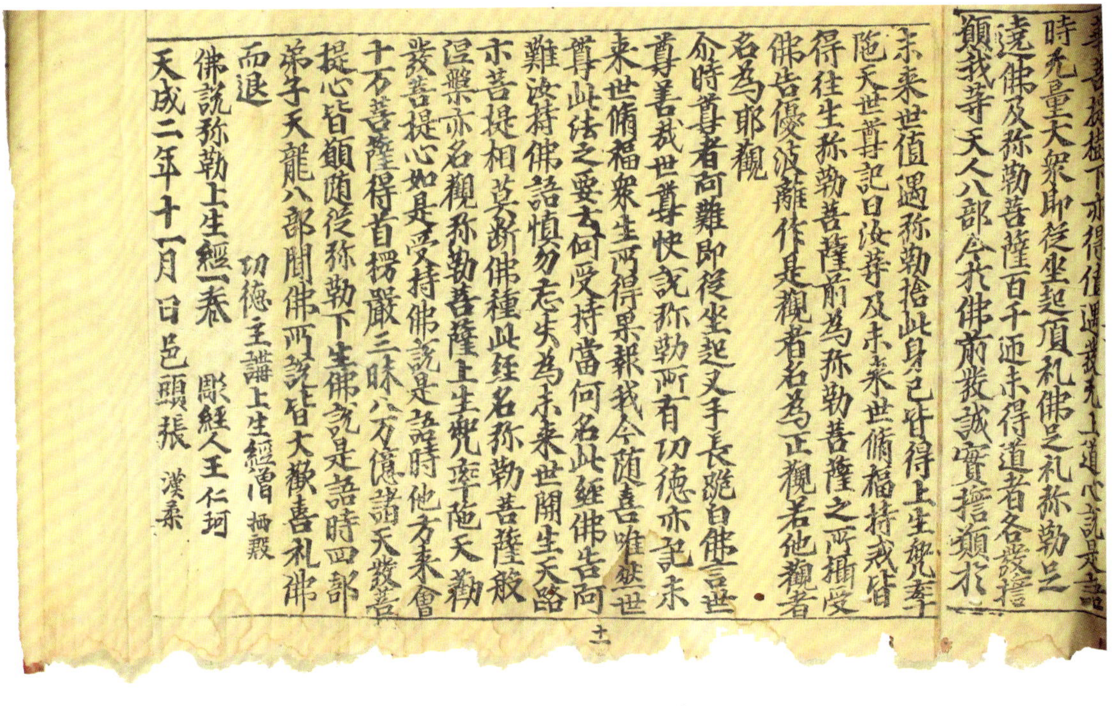

图3-2-13　《弥勒上生经》
［五代后唐天成二年（927）刻本，仅比咸通九年《金刚经》晚59年，藏于国家图书馆］

经几年的努力，当把这7层背衬全部去除后，吴芳思博士形容这就好比脱下了三四十年的紧身衣。这件世界级的文物又恢复了其柔软和卷舒自如的9世纪初始模样了。

遵守此项原则，还应注意以下几个方面：

第一，避免过度修复。在古籍修复中，我们常常遇到这种情况，就是有的古籍虽然破损很严重，但纸张强度还在。对于此种情况，我们应该尽量去补，而不是把整张书叶都托裱起来。因为一经托裱，纸张厚度、柔软情况、韧性都会有变化。很多书叶的背面也有文字信息。

图3-2-14　墨捺佛像（敦煌遗书背面）

总之，就是能不托裱，就不托裱。

第二，对待前人修复的痕迹也要尽量给予保留。在观察敦煌遗书时发现，遗书中有很多前人修复痕迹。对敦煌遗书的修复，始于最早使用这批文献的主人。也就是说，对敦煌遗书的修复，在1000多年前就已经开始。这从实物中可以看到，如麻绳连缀的痕迹。当时采用的补纸有两种，一种是抄写经书剩余的素纸，另一种是被废弃的文书书叶。在众多修复痕迹中，留下了修复记载的，是一个叫道真的和尚。道真是五代宋初敦煌三

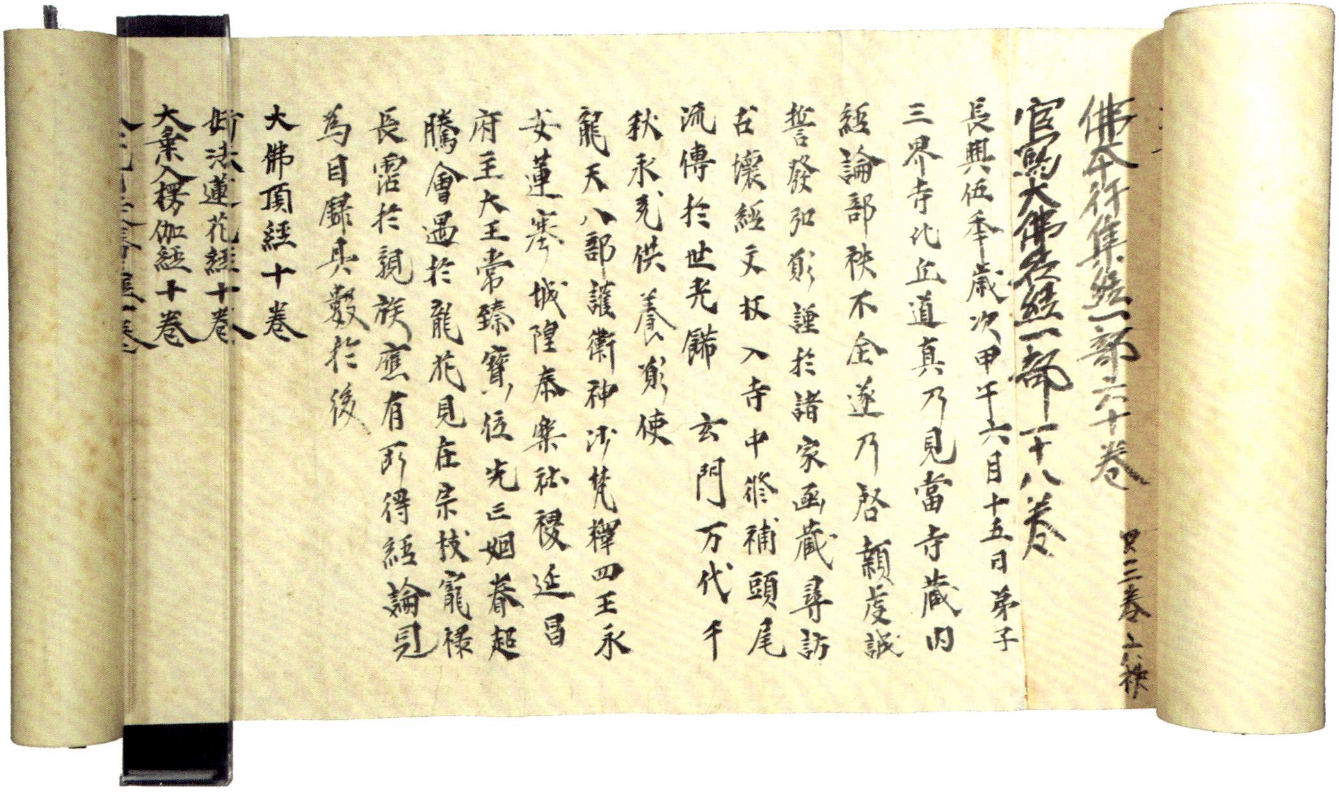

图3-2-15　《见一切入藏经目录》中道真的发愿文

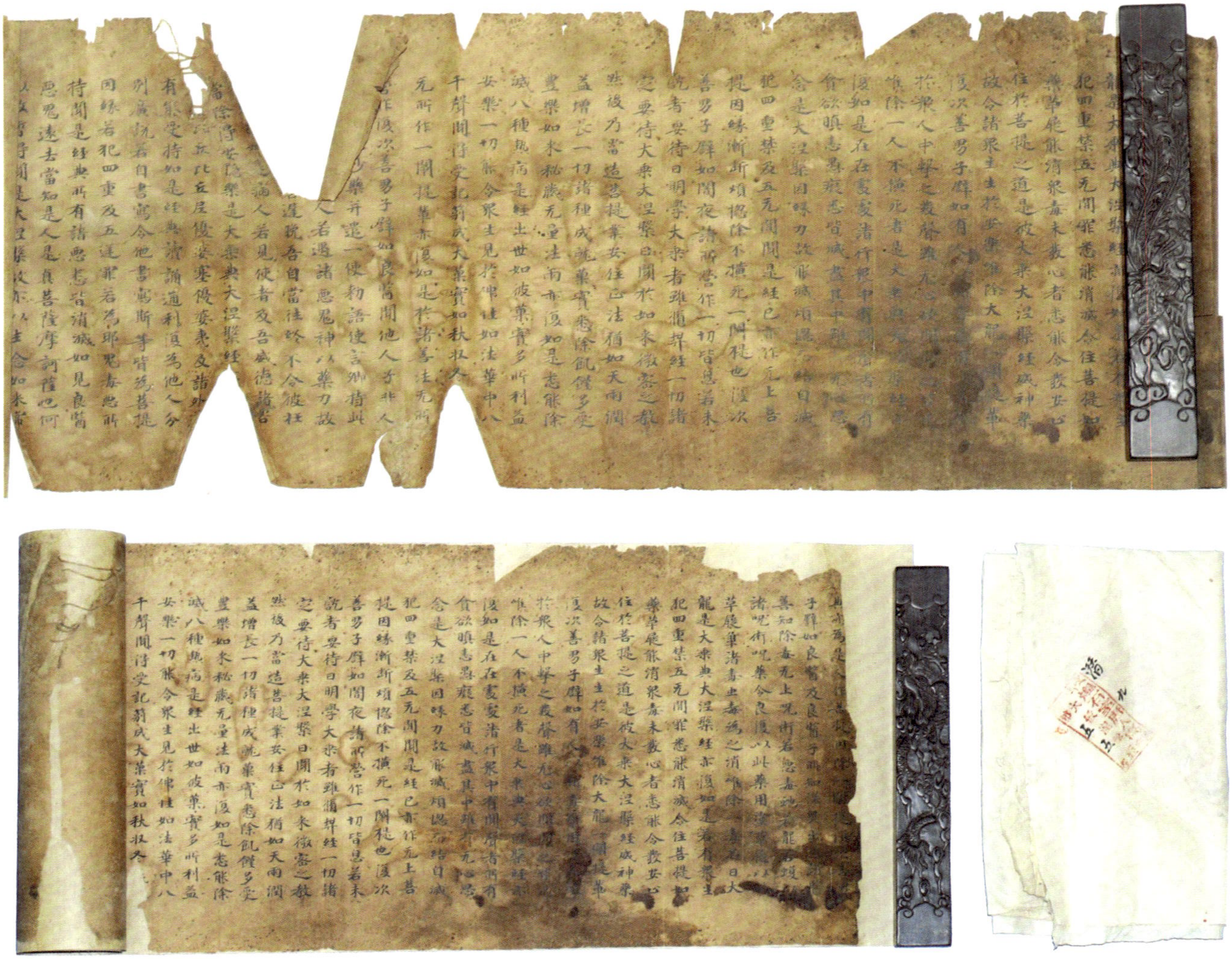

图3-2-16 敦煌遗书“潜九”修复前、修复后

图3-2-17　敦煌遗书“潜九”缝线

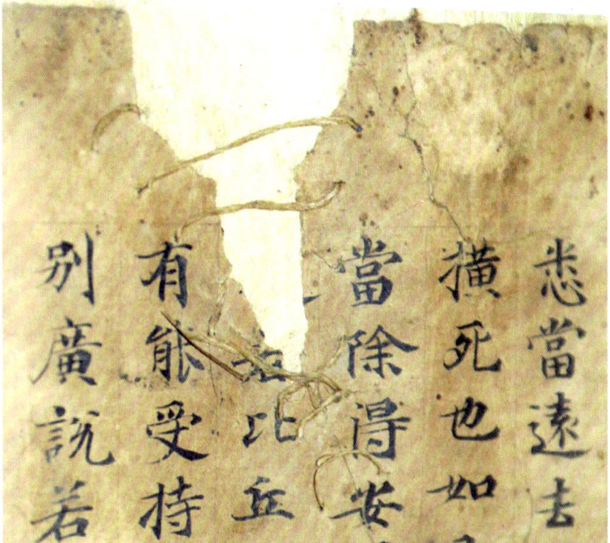

图3-2-18　敦煌遗书“潜九”修复后（局部）

界寺的一位管理佛经的僧人，他在管理佛经的过程中发现典藏的佛经损坏或缺失了，故而认为这是对佛教经典的不敬。于是便开始了漫长的修补佛经的工作。据考证：“道真的修经事业应不迟于后唐长兴五年（934），而敦煌文献中提到道真的文献，最晚的纪年是宋雍熙四年（987），故而推测道真的修补工作至少应当延续到10世纪80年代，而且在担任释门僧政后，他很可能安排一些弟子参加并继续他的佛经修补工作。”①

经过施萍婷等先生整理研究，共列出了52件修复过的经卷与道真有关。据林世田先生考证，这其中，包括国图藏的6件。其中，BD14129（续329）三界寺《见一切入藏经目录》是道真和尚寻访与修复后三界寺所藏藏经目录的草稿。卷中，道真的发愿文为这次藏经修复留下了真实的记录。发愿文云：“长兴五年，岁次甲午六月十五日，弟子三界寺比丘道真，乃见当寺藏内经论，部袟不全，遂乃启颡虔诚，誓发弘愿。谨于诸家函藏，寻访古坏经文，收入寺中，修补头尾，流传于世，光饰玄门，万代千秋，永充供养。”②对于这些修复痕迹，我们在修复时，都予保留。因为这些同样属于历史遗存，具有一定的历史价值，可以通过这些痕迹让我们了解到不同历史时期古人对书籍进行修复时所采取的具体方法。故从修复史的角度来看，也具有一定意义。

第三，避免妄自补充缺失内容，如划栏补字等。划栏补字，是前人修补书叶时常用的一种方法。将文献中原来已经缺损的文字图画补齐、复原。这样做虽然美观，但却破坏了古籍的真实性。同时，过多的干预将导致古籍的文物价值缺失。故用最少的修复手段解决古籍修复中遇到的问题，以保证古籍的原有面貌不变。是我们在古籍修复中必须坚持的原则。

以上四项原则是国家图书馆几代古籍修复师们在实践的基础上提出的，四大修复原则的提出，是古籍修复迈向正规的标志，也是国家图书馆为我国古籍保护事业做出的贡献。

① 张志清、陈红彦主编：《古籍保护新探索》，第148页。

② 转自张志清、陈红彦主编：《古籍保护新探索》，第150页。

第四章

古籍修复的实践（上）

第一节　百年历史的国家图书馆古籍修复

中华民族有着五千年灿烂文明历史，书籍是记载这些文明的主要载体。但是在漫漫的历史长河中，脆弱的古籍历经天灾兵变，聚散转手，有很多已经破烂不堪，甚至是千疮百孔。化腐朽为神奇，为古籍续命是古籍修复师的重要职责。

古籍保护、修复自古有之。2000多年前的春秋战国时期，中国古籍书写材料主要为竹、木，新竹水分大，易变形、易腐朽生虫，故为了长久保存，古人创造了“杀青”的方法。主要方法为用火烤干竹内水汽，竹子随着水分的减少，由青变黄，故称为“杀青”，也称作“汗简”。

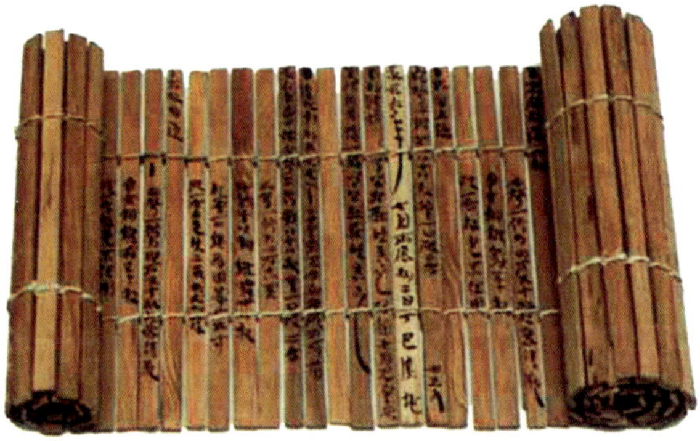

图4-1-1　简策（复制品）

在北魏贾思勰所著《齐民要术》一书中，有记载古籍修复相关内容的章节《杂说第三十》。这部成书于约1500年前的农业百科全书，是现在公认的最早记载有关古籍修复工作的著作。

到了唐代，古籍保护及装帧人员被称为“装潢手”，也叫“装潢匠”。如《唐六典》中记载，崇文馆（校理、收藏图书的皇家机构）装潢匠5人，秘书省（管理藏书的机构）有装潢匠10人。[①]“装潢手”一词中，“装”为装帧之意，“潢”为“入潢”之意。“入潢”为古代一种染纸技术，即用黄檗将纸染成黄色，染后的纸张称“黄纸”。“入潢”的目的就是防止虫蛀。我们现在能够看到的最早的“黄纸”，就是敦煌遗书中的唐代写经纸（有关此项技术的记载，最早见于东汉）。唐代时，此项技术达到高峰。

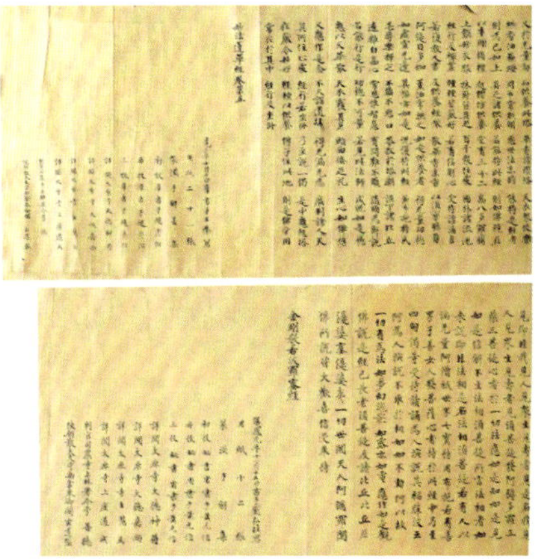

图4-1-2 上元三年（676）《妙法莲华经》卷5

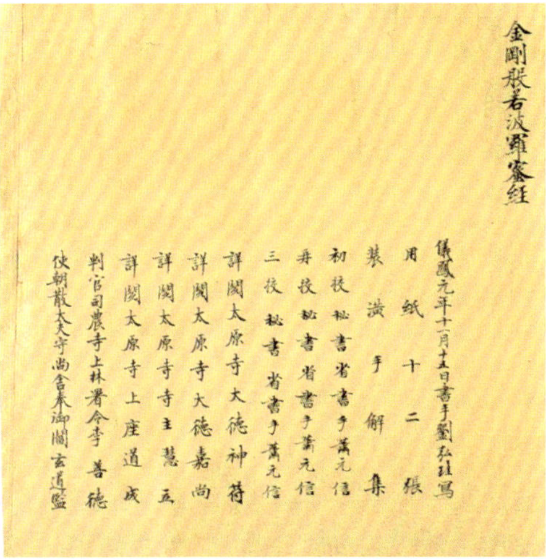

图4-1-3 仪凤元年（676）《金刚般若波罗蜜经》

①〔唐〕李林甫等撰，陈仲夫点校：《唐六典》，第255、656页。

图4-1-4　《文苑英华》封面

图4-1-5　《文苑英华》护叶

宋代时，盛行蝴蝶装，只用糨糊粘连书叶背面的版心，曰装褙或表褙。故书籍的装帧人员称为“装褙匠”或“裱褙匠”。国家图书馆藏宋版《文苑英华》护叶有“景定元年十月初六日装背臣王润照管讫”文字。

蒙古太宗八年（1236）在燕京设立编修所，于平阳设立经籍所，编辑印刷经史书籍，这其中也包括装、修图书。明代最大的皇家印书部门是司礼监和国子监。清代宫廷的修书机构则设在武英殿。

国家图书馆的古籍修复有着悠久的历史，国图的前身是创办于1909年的京师图书馆。1909年9月9日，清政府批准学部《奏筹建京师图书馆折》，标志着京师图书馆（简称“京馆”）的正式筹建。但因财力不足，京馆暂借后海北沿的广化寺储存书籍，书籍大都从清内阁大库移来。清宣统二年（1910）九月，缪荃孙任京馆监督。为加强图书典守，十二月九日他特发指令，派专人驻守馆内，并要求“所有书籍、经卷除现正装订外，全行查归原处，将门窗一律加用印封，以昭慎重……”[1]这条记载说明，早在京馆正式筹建一年多后，书籍装订工作即已展开。

图4-1-6　广化寺京师图书馆

民国元年（1912）五月，江瀚任京馆馆长。当年，庄俞参观京馆，在其《京华记》中记载了当时的一些情况：“江君导观全馆……入后进，则为善本珍藏室。正中三间，所谓八千余卷之唐人写经在焉……纸张多裂痕及湿痕……有一卷，系魏太安四年之笔，缪莜山长馆时，曾装潢之……” 此文再次佐证缪荃孙任京馆监督时，书籍装订工作确已开展，并且还曾装潢一卷北魏太安年间的写经。

1912年8月27日，中国第一所国立图书馆——京师图书馆在广化寺正式开馆。但因其地址太偏，往来不便，潮湿甚重，于藏书尤不相宜，故于

① 李致忠主编：《中国国家图书馆馆史资料长编：1909—2008》，第40～41页。

1913年关闭。

1917年1月26日，京师图书馆在方家胡同国子监南学旧址重新开馆。

图4-1-7　方家胡同京师图书馆开馆纪念
（第一排左五为蔡元培，左七为陈仁中，第二排左四为夏曾佑，左五为鲁迅）

据1920年6月京师图书馆报送教育部总务厅的建筑统计表显示，当时全馆共有房舍119间，其中就包括专门用来古籍修复的房舍，名称为“装订室”。据载，“装订室，东南院，装订书籍，平房，中式，四平方丈，二十平方尺，计分三间”[①]。自京师图书馆后，馆名虽几经变更（京师图书馆、国立京师图书馆、国立北平图书馆、北京图书馆、中国国家图书馆），但古籍修复的岗位都有设定。

1918年12月20日，教育部视学张宗祥出任京师图书馆馆长，在时任教育部佥事、社会教育司第一科科长的鲁迅指导下工作。鲁迅尤其关心该馆所藏书籍，并指出京馆藏书“多系古本，恐闭置日久，难免腐蚀”，所以要求馆员要“勤加修补，以便保留。现有装订工匠一人，若力有未逮，可酌量添雇等等”[②]。张到任后，见馆舍四周民居过多，存在火灾隐患，典籍破损严重，且无装具，需要组织力量修复，尔后配置装具。但当时馆中修复人员匮乏，于

① 北京图书馆业务研究委员会编：《北京图书馆馆史资料汇编（1909—1949）》，书目文献出版社，1992年，第1099页。

② 李希泌：《鲁迅与图书馆（1912—1919）》，《北图通讯》1979年第1期，第93～94页。

是报请好友鲁迅帮忙拨款支持。1961年，张宗祥在《我所知道的鲁迅》[①]一文中回忆道：他去京馆之前，提出两件重要急事，要求鲁迅主管解决。一是为京馆珍本制作书箱以防火灾。二是许多古籍脱线残破、裂口、虫蛀，需要修补，欲招三四个技工进馆修书。及他到馆任事，书箱做了，修书技工也请到了。[②]这一时期，鲁迅先生也在其《鲁迅日记》中记载了他主管京师图书馆其间托京馆订书、修书之事。

1928年，因国民政府迁往南京，北京更名为“北平”。京师图书馆更名为“国立北平图书馆”，馆址选定在中海居仁堂。

图4-1-8　居仁堂国立北平图书馆开馆纪念

1929年11月，教育部核准的《国立北平图书馆组织大纲》记载当时的组织机构为8个部，其中更明确规定古籍的装潢修补等事项由善本部掌管。

1931年7月1日，北海西侧文津街新馆建成开馆。结束了馆无定所的局面，为国立北平图书馆发展提供了前所未遇的条件，古籍修复工作也进入一个新阶段。

张秀民先生在《袁同礼先生与国立北平图书馆》一文中回忆道：“（袁同礼）任副馆长后，妥善保护原有南宋皇宫缉熙殿、元翰林国史院、国子监、崇文阁、明文渊阁、清内阁大库的希世珍本及一般线装古书。设装订

① 张宗祥：《我所知道的鲁迅》，《图书馆》1961年第4期，第3页。

② 李希泌：《鲁迅与图书馆（1912—1919）》，《北图通讯》1979年第1期，第96页。

图4-1-9　国立北平图书馆新馆落成合影

组，有十数名技工，专门修补蝴蝶装、包背装、线装等古书。”[①]

1949年，中华人民共和国建立后，当时的国立北平图书馆更名为北京图书馆，负责古籍修复的部门为图书修整组，隶属于馆办公室，后隶属于善本部。

图4-1-10　国家图书馆（文津街）

1987年，北京图书馆由文津街搬到白石桥，图书修整组仍隶属于善本部。

图4-1-11　国家图书馆（白石桥新馆）

① 张秀民：《袁同礼先生与国立北平图书馆》，《北京图书馆馆刊》1997年第3期，第54页。

1998年，北京图书馆更名为中国国家图书馆，图书修整组仍隶属于善本部。

2001年，沿用多年的图书修正组改名为“善本特藏修复组”。

2006年，国家图书馆设立古籍馆，善本特藏修复组隶属于古籍馆。

2008年，再次易名为文献修复组至今。

1949年，中华人民共和国建立后，国图先后启动了《赵城金藏》、敦煌遗书、《永乐大典》、西夏文献四大专藏等国宝级纸质文献的修复工程。随着修复工程的完成，修复理论体系也逐步提出与确立。

在人才队伍建设方面，通过不断的实践探索，工作人员的技术与经验不断提高、丰富。

在硬件环境建设方面，借修复室改造，发明和翻新了一批修复设备，包括获得国家专利的“高清摄影文献修复台”“古籍修复淀粉提取机”等。通过不断建设，修复环境等硬件方面得到大幅改善。

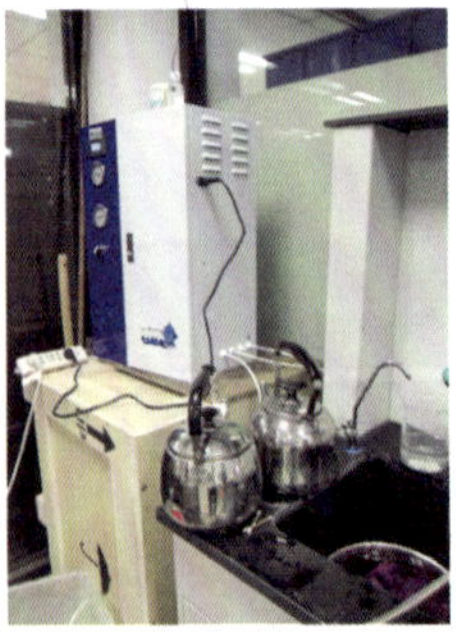
图4-1-12 净水器

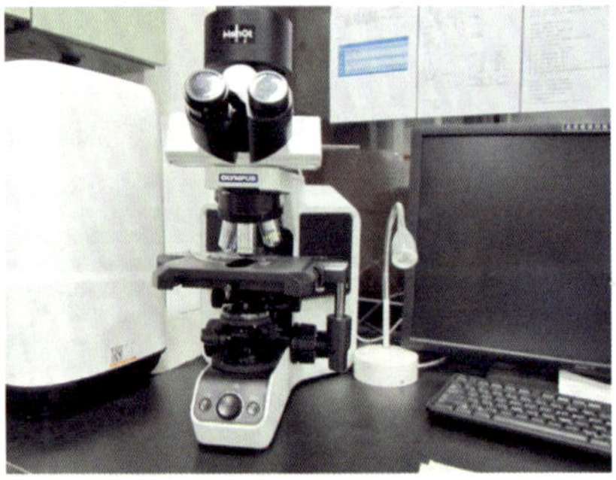
图4-1-13 显微镜

图4-1-14 高清摄影修复台

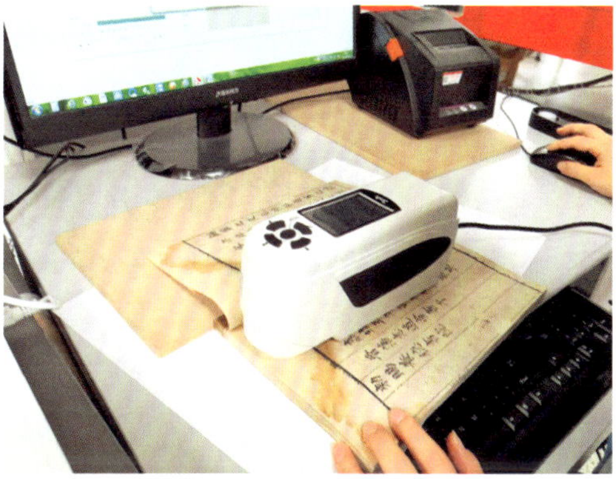
图4-1-15　使用色差仪检测“天禄琳琅”所用补纸与原书叶的色差

在行业地位及科研成果方面，自2007年“中华古籍保护计划”启动以来，我国的古籍保护事业迎来了大发展时期，具有百年传承的国家图书馆古籍修复在这其中承担着重要责任和引领作用。这主要体现在以下几个方面，如：制定了古籍修复原则以及行业标准（《古籍修复技术规范与质量要求》已升为国家标准），承担国家古籍保护中心培训教学工作，承接国家古籍保护中心的古籍修复人才培训任务；为中国社会科学院研究生院研究生专业（文物鉴定与修复方向）、北京大学中文系古籍文献本科专业（古籍鉴定与保护方向）、首都联合职工大学国家图书馆分校、文研院、国家图书馆培训中心等单位所办古籍修复培训班提供师资支援；为有关单位业务进修提供技术支持，先后为内蒙古社科院图书馆、西藏自治区图书馆、新疆维吾尔自治区图书馆、中国艺术研究院、邯郸学院、第一历史档案馆、安庆博物馆、解放军总后、首都博物馆等单位培训修复人员几十人次；开设研修班，选拔公藏单位修复人才来馆进修；通过参与国图修复项目，提升修复水平，带动全行业的发展。

在做好以上工作的同时，自身科研方面也在不断开拓进取。如：取得“古籍修复高清扫描修复台”等6项国家发明专利；在古籍馆设立古籍保护科技实验室，开展了对文献载体损毁的机理性研究、霉变的机理性研究、纸张酸化、纤维老化、字迹褪色变色、光线及紫外线对文献载体影响等研究；研制出纸浆补书机及无水脱酸机等。

展望未来，国家图书馆的古籍修复事业必将有更大的发展。同时，在国家珍贵古籍修复、传承古籍修复技艺、开展古籍保护研究、宣扬古籍保护理念等诸多方面将肩负起更大的责任。

第二节 《永乐大典》的修复

2018年9月28日，“旷世宏编·文献大成——国家图书馆藏《永乐大典》文献展”在国家典籍博物馆第一展厅正式开展。此次展览展出了《永乐大典》原件12册，与《永乐大典》有关的珍贵善本古籍、舆图、名家手稿，以及不同时期出版的《永乐大典》影印本及海外收藏《永乐大典》影印本等文献，为公众勾勒出这部大典飘摇多舛的命运，展现了这部宏编巨著的不朽光辉。此次展览共分为“大典犹看永乐传”“合古今而集大成”“久阅沧桑惜弗全”“搜罗颇见费心坚”“遂使已湮得再显”5个部分，讲述了《永乐大典》的成书经过、价值与利用、聚散与流变，介绍了在政府与海内外人士艰苦卓绝的努力下，明珠还于合浦，在历史变迁中遭受重重厄运的《永乐大典》入藏国家图书馆的历程。在展出的12册真迹中，有4册我感到尤其熟悉，分别为第2611号（卷13494）、第4085号（卷11620）、第5448号（卷6523）、第5455号（卷8091）。回忆起16年前修复它们的情景，仍然记忆犹新。

一、命运多舛，零圭碎璧

1403年，明永乐帝朱棣命解缙主持编纂一部大型类书，宗旨如下：“凡书契以来，经史子集百家之书，至于天文、地志、阴阳、医卜、僧道、技艺之言，备辑为一书，毋厌浩繁。”[①]解缙很快完成任务，永乐二年（1404）十一月即向皇帝呈送了初稿，名为《文献大成》。但永乐帝对初稿并不满

①〔清〕永瑢等撰：《四库全书总目》，中华书局，1965年，第1165页。

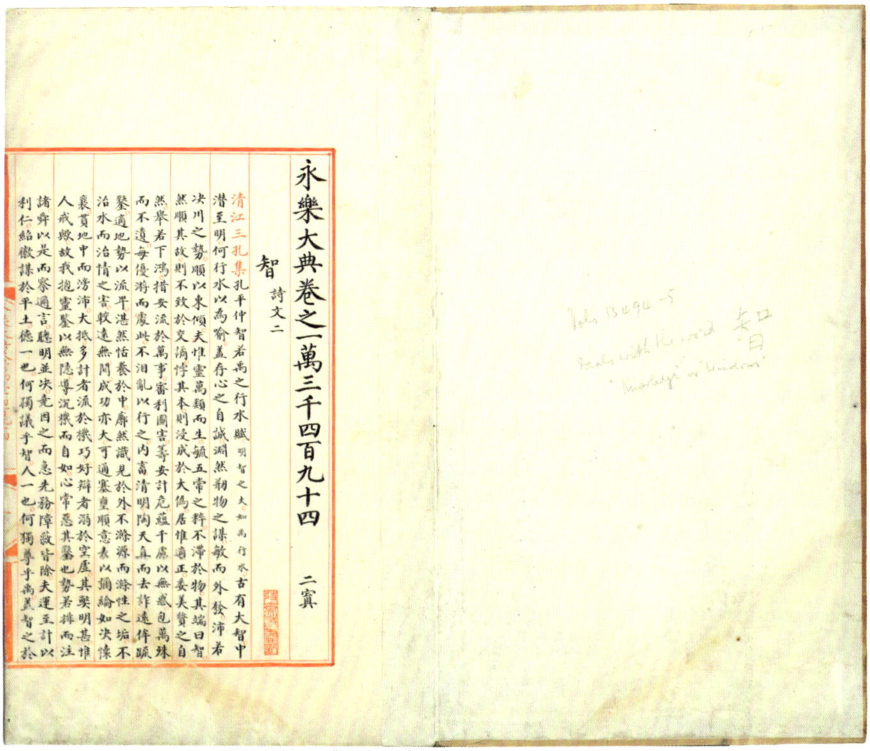

图4-2-1 《永乐大典》第2611号（卷13494）卷端

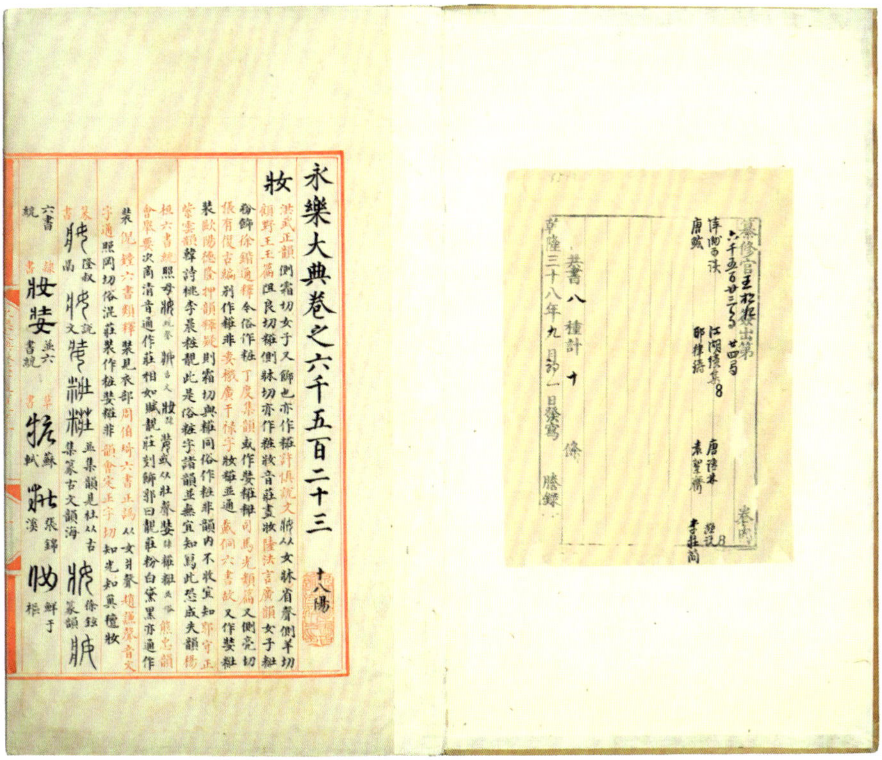

图4-2-2 《永乐大典》第5448号（卷6523）卷端

意，认为此书“所纂尚多未备”[①]，于永乐三年（1405）下令重修。至永乐五年（1407），第二稿完成，永乐帝很满意，赐名《永乐大典》。

永乐六年（1408），《永乐大典》完成抄写，此为永乐正本，藏于南京文渊阁。全书凡22877卷，目录60卷，分装11095册。共辑入“上自古初，迄于当代”之古今图书七八千种，是上起周秦，下迄明初的历史文献资料的大总结。以时间论，它比著名的《大英百科全书》早300余年，以卷数论，它比现今存世的最大的类书《古今图书集成》尚多出近13000卷。

图4-2-3　作者在“旷世宏编·文献大成——国家图书馆藏《永乐大典》文献展”观看2002年修复的《永乐大典》

《永乐大典》编成后，一直深藏皇宫，嘉靖三十六年（1557）宫中着了一把大火，给嘉靖皇帝提了醒，他命令大臣缮写《永乐大典》副本，“重录一部，贮之他所，以备不虞”[②]。历经5年，副本重录终于完成。但也自那时起，正本下落不明，仿佛人间蒸发，找不到任何损毁或有关去向的记录，只留下种种猜测，至今未见片纸只字。

①〔清〕永瑢等撰：《四库全书总目》，第1165页。

②〔明〕陈经邦纂修：《明世宗实录》卷512，“中央研究院”历史语言研究所，1962年，第5413～5414页。

副本虽然存世，却是命运多舛。抄录完成后，副本最初放置于皇史宬，后收于翰林院。清乾隆年间修纂《四库全书》时，曾对《永乐大典》做过清点，已缺2000余卷，尚存十分之九，大体完整。咸丰年间，英法联军侵入北京，翰林院遭劫，《永乐大典》亦难逃厄运。清廷议和后，当时的翰林院所在地北京东交民巷外国使馆林立，翰林院官员监守自盗，早间入院，带一包袱，包一绵马褂，约如《永乐大典》2本大小，晚间出院，将马褂加穿于身，偷《永乐大典》2本，洋人花10两白银便可买到1册。据统计，至光绪十二年（1886），翰林院的《永乐大典》仅存900余册。1900年，庚子国变中，翰林院被烧，副本多册被焚毁或窃取。据清末民初雷震所著《新燕语》记载，八国联军入侵北京时："曾取该书之厚二寸许长尺许者，以代砖支垫军用等物。"[①]由于屡遭劫难，目前，《永乐大典》已知存世仅有400余册，数量不足原书的4%。其中224册（包括暂存于台北"故宫博物院"的62册）收藏于中国国家图书馆，其余大典分散于8个国家和地区的30多个公私藏家手中。正所谓，零圭碎璧，犹可珍惜。

二、装帧大气，尽显皇家风范

中国古代书籍装帧或者说是书籍装潢形式十分丰富，自编以书绳、聚简成篇的简策装开始，就有了早期的装潢意识与设计实践。之后出现的帛书、卷轴装、旋风装、经折装、蝴蝶装、包背装、线装等形式，既展现了中国书籍史的发展演变，也从艺术上展示了书籍的不同装潢特点。

《永乐大典》的装帧形式为包背装。关于包背装的产生年代，邱陵先生在其编著的《书籍装帧艺术简史》中认为："包背装始于元代（有说最早出现于南宋），盛于明，清初也颇为风行。"[②]《永乐大典》采用的是包背装，更确切地说应为硬面包背装。关于此包背方法，丁瑜先生认为：

---

① 雷震撰：《新燕语》，新中国图书局铅印本，1914年，第3页。

② 邱陵著：《书籍装帧艺术简史》，黑龙江人民出版社，1984年，第38页。

“用硬纸书面包背，是包背装早期的作法，形同现代的精装。”[①]《永乐大典》的前、后书衣用多层宣纸托裱，成为厚度为1.2—1.6毫米的纸板，外用黄绢刷糨糊与前、后纸板及背包裹连接在一起。书衣连接好后，再与大典本身进行连接。连接方法与软面包背装不同，软面包背装书衣与书的连接是书衣三边回折，并与书脊（糨背）、前后护叶相粘连。而硬面包背装书衣与书连接的方法（以《永乐大典》为例），则是只依靠书衣与《永乐大典》在书脊处的粘连，面对书品巨大的《永乐大典》，这显然不够牢固。为了增加牢固程度，在《永乐大典》装帧时，在为书衣背面贴封纸的过程中，特意在靠近书脑的位置多留出宽4厘米左右的封纸富余，称作“耳朵”，然后把“耳朵”粘贴在书脑处，让书衣与《永乐大典》连接在一起。这样处理，即增强了书衣与《永乐大典》连接的牢固程度，又把书脑处的书捻掩盖起来，一举两得，十分巧妙。“耳朵”粘好后，再上护叶。书衣与书叶连接好后，整体观看《永乐大典》，厚重的纸板，在皇家专属颜色包裹下，尽显皇家气派及庄重。在书衣左上方贴长条黄绢镶蓝边书签，题“永乐大典卷×××”，右上方贴一正方黄绢镶蓝边签，题书目及本册次第。

《永乐大典》开本宏大，单册高50.3厘米，宽30厘米，厚度为0.8—2厘米，大多2卷1册，也有1卷1册，或3卷1册的。版框高约35.5厘米，宽23.5厘米，文武栏，版心上下大红口，绘上、中、下三红鱼尾，上、中鱼尾间题“永乐大典卷×××”，中、下鱼尾间题叶次。朱丝栏，皆系手绘。

三、用纸精美，堪比“澄心堂”

《永乐大典》的用纸厚为0.12毫米，是以楮树（构）皮等为主要原料制成的皮纸，代表了明代白棉纸的最高水平。所谓“白棉纸”，并非棉花所造，而是形容皮纸如棉花般柔软。古人在描述时，常用“绵”，而非“棉”，这是古

① 肖振棠、丁瑜编著：《中国古籍装订修补技术》，第90页。

图4-2-4 《永乐大典》修复后外观

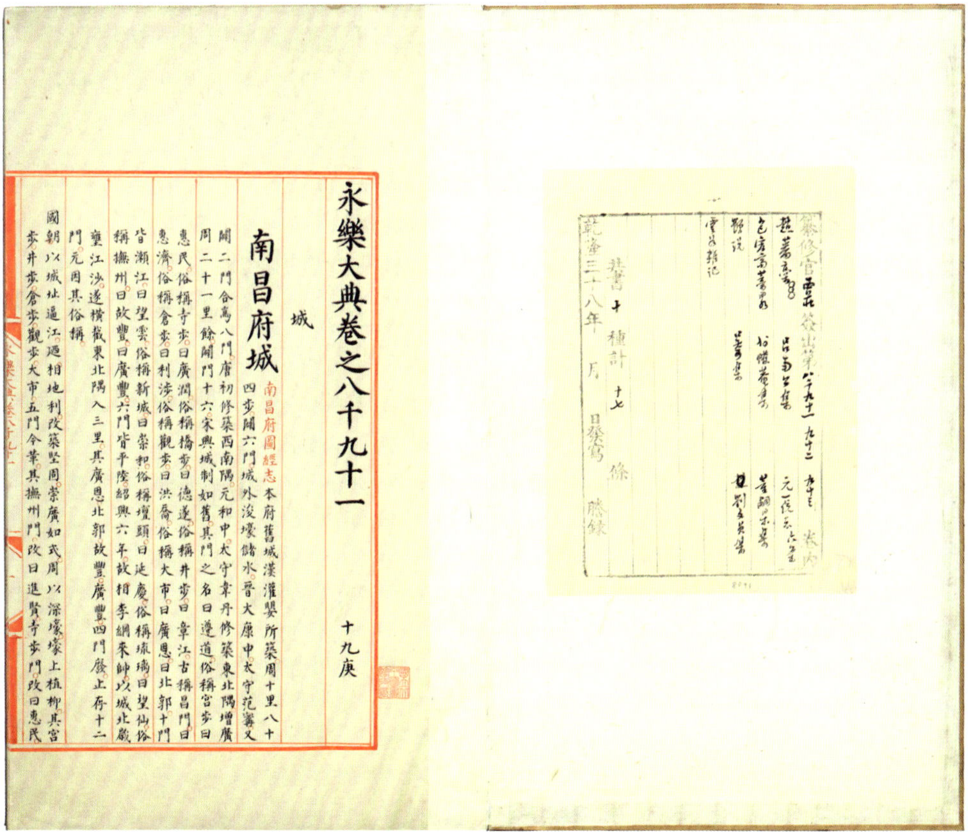

图4-2-5 《永乐大典》第5455号（卷8091）卷端（右侧可见硬面包背装帧中的书衣与书叶连接）

人对纸张如丝绸般绵软柔韧、洁白亮泽、有丝绸般质感的一种形容。明胡应麟在《少室山房笔丛》中写道："凡印书，永丰绵纸上，常山柬纸次之。"[①]这其中提到的"永丰绵纸"，就是江西构皮纸。另外，清代档案中也常见有"绵白连四纸"的写法。故"白棉纸"的写法亦应为"白绵纸"。我进馆时，老先生介绍皮纸时，一般都称绵纸，如迁安绵纸、河南绵纸、贵州绵纸等，其实这些所谓的绵纸大都是楮（构）纸（也包括一些桑皮纸）。

有关《永乐大典》用纸的产地，潘吉星先生认为出自江西南昌西山的官纸局所生产的楮皮纸。江西皮纸为明代一重要纸系，原产于江西广信府、玉山等地。明人屠隆在《考盘余事》卷2《纸笺》中谈到本朝纸时写道："永乐中，江西西山置官局造纸，最厚大而好者，曰'连七'……"[②]这其中提到的"连七"应是纸的尺幅大小，以尺幅大小相区分，还有连二、连三、连四之说。关于永乐年间西山官局所造之纸，明代江西新建学者陈弘绪在其所著的《寒夜录》卷下中云："国初贡纸岁造吾郡西山，董以中贵，即翠岩寺遗址以为楮厂。其应圣宫西皮库，盖旧以贮楮皮也。今改其署于信州，而厂与寺俱废。"[③]意思是说，明初始于江西南昌府新建县西山翠岩寺旧址兴建官办纸厂，供内府御用，朝廷更派宦官监造。所砍楮皮贮于当地应圣宫西皮库。由此可知西山官局纸为楮皮纸，更是内府御用。故潘吉星先生认为《永乐大典》用纸"即以江西西山纸厂所出楮皮纸抄写，此纸洁白，纸质匀细、厚实"，更认为"西山纸厂似为抄写《永乐大典》而于永乐元年（1403）所特设"[④]。另外，我们在对《永乐大典》进行修复时，对残纸部分进行了纤维分析，发现除构皮（楮皮）外，还有竹纤维的存在。但竹纤维是否普遍存在于《永乐大典》所用纸张中，还有待进一步研究。

《永乐大典》所用之白绵纸，纸质莹白柔韧，茧素灿如雪，是书写

①〔明〕胡应麟著：《少室山房笔丛》卷4，上海书店出版社，2009年，第43页。

②〔明〕屠隆撰，秦跃宇点校：《考盘余事》卷2，凤凰出版社，2017年，第45页。

③ 谢国桢编：《明代社会经济史料选编》，福建人民出版社，1980年，第200页。

④ 潘吉星著：《中国造纸史》，第321页。

的极佳用纸，堪与南唐名纸澄心堂纸相媲美。澄心堂纸，南唐纸名。为我国五代十国时期南唐最后一位国君李煜令内臣全盘承御监造、贮运，为皇家专有。因把此纸放置于皇帝批阅奏章的地方澄心堂，故得名“澄心堂纸”。从宋代人描述中可知，澄心堂纸以浸楮皮为料，纸较厚重，这都与《永乐大典》所用纸张相似。因“澄心堂纸”重见于北宋，故南宋时即起而仿制。一般认为，澄心堂纸为生纸，也就是原纸。但也有人认为，澄心堂纸是多种纸张的总称，包括原纸和加工纸。

清代经学家孔广森曾赞《永乐大典》用纸云：“比澄心于宋纸，殊镜面于吴笺。”①清内阁学士翁方纲在其所著《复初斋诗集》中，亦有诗云：“澄心堂纸欧阳诗，此纸年数倍过之。”②极尽赞美之辞。翁方纲在此集中，还介绍了乾隆癸巳春“诏开四库全书馆，命翰林诸臣取院中所贮嘉靖重录《永乐大典》，分种编辑，每卷尾有余纸，以赐诸臣”③之趣事。我们在修复中也发现，每册《永乐大典》末尾均有嘉靖时重录官的署名叶（衔名叶），此纸薄厚、帘纹、颜色与《永乐大典》书叶所用纸张不同。也没有行格，署名共有6行，均有被裁过的痕迹。护叶也有被裁过的痕迹。只在靠近书脊处存有大约4厘米宽的余纸。从残留的纸条可以看出，《永乐大典》原本是有护叶的。据清内府档案记载，部分被裁切的护叶，用作重新抄造，如乾隆四十九年（1784）十月初四日《活计档》载：“初四日，库掌大达色，催长舒兴金江来说，太监鄂里鲁交《永乐大典》双叶纸二千零五十三张，单叶纸三千三百九十七张，传旨：交杭州织造盛住毁造藏经纸送来。钦此。”④这其中所说的“双叶纸”应就是《永乐大典》的护叶，而“单叶纸”为署名叶的余纸。关于乾隆帝将《永乐大典》余纸裁剪后赏赐官员之事，曾任乾隆时期分校《永乐大典》总裁官、《四库全书》总纂修的王际华在其所著的《王文庄日记》中，亦有记载。

---

① 转自顾力仁著：《永乐大典及其辑佚书研究》，文史哲出版社，1985年，第168页。

②〔清〕翁方纲撰：《复初斋诗集七十卷》稿本卷16，第14页。

③〔清〕翁方纲撰：《复初斋诗集七十卷》稿本卷16，第14页。

④ 翁连溪编：《清内府刻书档案汇编》（上），广陵书社，2007年，第343页。

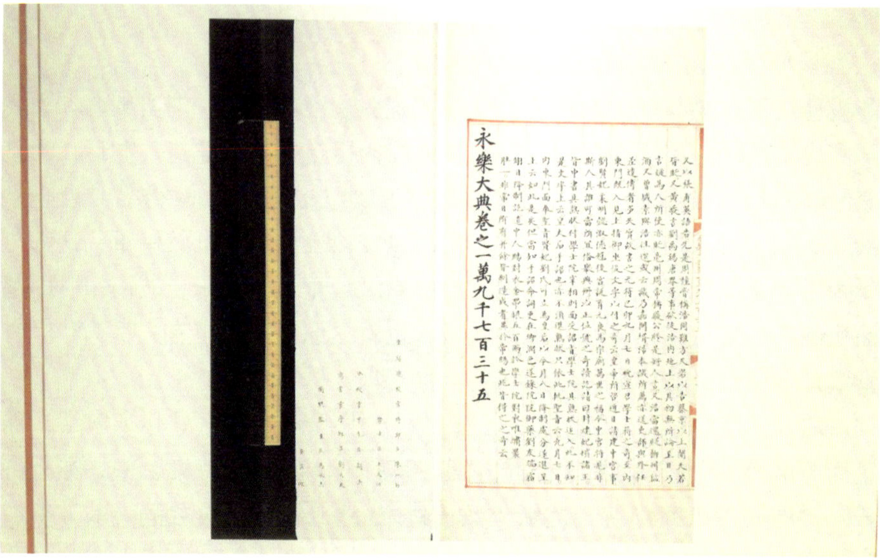

图4-2-6 《永乐大典》被裁余纸

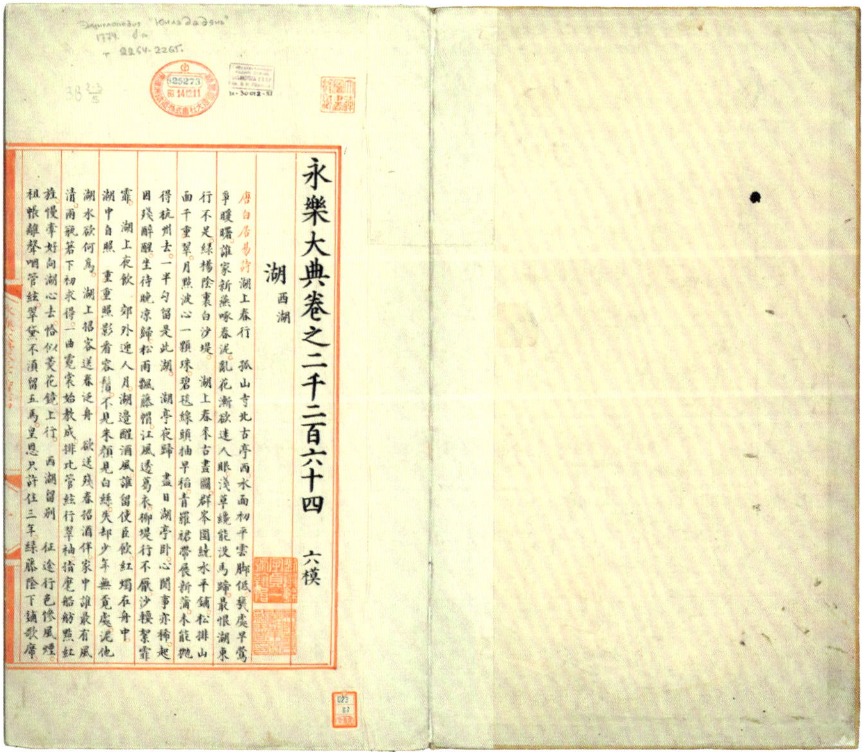

图4-2-7 《永乐大典》第7209号（卷2264）被裁护叶痕迹

四、初识《永乐大典》，竟无“头”无“脚”

我是1980年进馆的，后追随张士达先生于北京、南昌两地间，习古籍修复技艺。1983年春，学成归馆，正式在善本部修整组做古籍修复工作。到组不久的一天，善本组送过来一册待修古籍，肖顺华师傅招呼大家过来看，我们一看，竟是一册《永乐大典》。这便是我与《永乐大典》的初次相见。

俟候，善本组的同事介绍了此书的来历。1982年12月30日，善本组收到山东省掖县图书馆孙洪基一封来信，称其在堂弟孙洪林家见到一书，与自己在县文化馆学习时，墙壁上所挂日历中看到的《永乐大典》书影相似。善本组即派王玉良、姚永炬两位赶往山东鉴定，确认此书为《永乐大典》真迹，几经周折，终由本馆收藏。

此册为《永乐大典》的“门”字类，含卷3518、3519两卷，无封面，前后残缺，计存39叶零1小片。存留书叶中，天头、地脚均已裁去，问其原因，原来是孙家的老人将这些天头、地脚裁下来剪了鞋样。但是，板框之内的文字内容并未伤及。想来，大概是传统文化中“敬惜文字”和“书中自有黄金屋”等观念影响了老人们，故不忍对有文字的部分“下手”。总之，大家觉得，虽然天头、地脚没了，但文字部分保留下来了，也是不幸中的万幸。

识过了《永乐大典》真容后，接下来的工作就是修复此书，主要是让天头、地脚回到《永乐大典》中，恢复其书品的完整。但接下来难点就出现了，那就是为《永乐大典》选配纸张。如果选配旧纸，一是没有合适的白绵纸，二是即使找到了旧纸，也是一星半点，解决不了问题。如果选配新纸，又不能体现《永乐大典》600年古旧的面貌。于是，我们想到了组里所藏的一批乾隆高丽纸。这批高丽纸原属故宫，其倦勤斋中通景画的褙纸用的就是这批高丽纸。20世纪50年代，这批高丽纸交换给了北图。此乾隆高丽纸为桑皮纸，颜色为象牙白，与《永乐大典》原书叶

图4-2-8　《永乐大典》第1948号（卷3518）“门”字册内叶

图4-2-9　参考纹样“凌花双龟背”图和国家典籍博物馆正门

颜色相近，故申请后决定用此纸修复《永乐大典》。

选好了修复用纸，还是不能直接使用。原因是《永乐大典》的纸张厚度为0.12毫米左右，而乾隆高丽纸的厚度为0.19毫米左右，太厚了。还好这批乾隆高丽纸是“夹皮”，可从中间剥开，一破为二后，厚度就与《永乐大典》书叶的厚度相近了。剥时，由于乾隆高丽纸尺幅很大，每张高118厘米，宽88厘米，需2人配合同时进行，才能保证剥得匀。剥好后，高丽纸就可以使用了。接下来，整个修复过程由肖顺华师傅完成。此次修复的意义，一是使此册《永乐大典》得以完整保存，二是为20年后大规模修复《永乐大典》积累了经验。2012年，国家图书馆特别邀请国家级非物质文化遗产“铜雕技艺”代表性传承人朱炳仁先生，为即将开馆的国家典籍博物馆设计铜质大门。经过反复酝酿讨论，朱先生最终选取“凌花双龟背”纹样进行创作演绎，该纹样就出自此册《永乐大典》。这也突显了此册《永乐大典》入藏及修复的意义。此次《永乐大典》文献展上，此册也位列12册真迹中，展现在观众面前。

五、再忆当年修复事，大典竟然装“洋皮”

此次，“旷世宏编·文献大成——国家图书馆藏《永乐大典》文献展”开展，勾起了我对当年参与修复《永乐大典》的追忆，抚今追昔，修复历程又一一浮现，仿佛昨日之事。

2002年，与《永乐大典》相关的工作陆续开展起来。首先，随着“中华再造善本”工程的开展，《永乐大典》的仿真出版及数字化等工作陆续开展，在数字化的过程中，发现不少馆藏的《永乐大典》破损比较严重，亟待修复。当年4月，“《永乐大典》编纂600周年国际研讨会”在北京召开，与会专家对是否对《永乐大典》进行修复展开讨论。多数意见认为，从保护和利用的角度来说，对《永乐大典》进行修复是必要的，修复组提出的在遵循“整旧如旧”原则下开展对《永乐大典》的修复是可行的。基于以上背景，2002年10月8日，《永乐大典》的修复工作正式开始。

（一）《永乐大典》恢复策略的制定

前面提到，《永乐大典》的修复工作，是在遵循“整旧如旧”原则下进行的。所谓“整旧如旧”原则，是赵万里先生在20世纪50年代主持《赵城金藏》的修复工作时提出的恢复策略。其主要内容即是在古籍修复时，尽可能地保持古籍的原有特点，使经过修复的古籍在外观上尽量保持原貌，并保证古籍的数据价值、文物价值不因修复而受损。

“整旧如旧”原则提出后，一直作为古籍修复最基本的原则指导古籍修复工作。而在《永乐大典》的修复中，遵循此项原则更具有特殊的意义。古籍流传至今，已成百上千年，我们所说的“整旧如旧”原则中的“旧”，绝不是恢复到几百年或上千年之前的样子。因为古籍流传至今，大多已经经过了多次修复，在这个过程中，其装帧形式大多不是初时的样子了。如2009年，我对宋刻《入注附音司马温公资治通鉴纲目》一书进行修复时，发现此书历经明清两次修复，到此次修复时，已变为线装，原装帧形式以及书品大小都不得而知。所以，我们所说的“整旧如旧”中的“旧”，是要保持修复前，我们见到它的模样，而决不是恢复到它最初的样子。故在修复此部宋版书时，装帧仍保持线装。但与其它修复的古籍不同，在馆藏《永乐大典》中，有相当一部分保留了明代成书时的原貌，这就为恢复大典原来装帧形式成为可能。以原装作为参照物，对《永乐大典》进行修复和复原，是开展古籍修复中的一个特例，是在具体问题具体分析的前提下，坚持“整旧如旧”原则，开展古籍修复的一次实践，也为“整旧如旧”原则注入了新的内容。以上原则和思路，在整个《永乐大典》的修复过程中，被很好地贯彻下来，并体现在诸多修复细节中。

（二）书叶的修复

我馆所珍藏的161（现藏162）册《永乐大典》，其书叶部分破损情况并不严重。这得益于两点：一是书叶纸张为质地韧性极好的皮纸。二是得益于厚度1.2—1.6毫米的上、下书衣的保护，最普遍的破损在书口处。为保持书籍原貌，我们决定在不拆开书的前提下对其进行补缀。主要考虑的是《永乐大典》每册订有4个双捻，如果拆下纸捻，一是保证不了纸捻的完整，二也为修复后的复原增加难度，故决定不拆。采用的具体办法是“掏补”。由于《永乐大典》高50厘米左右，掏补时，如果按常规的修补方法把毛笔伸进书叶背面修复，很难操作。因此，我们采用了把书叶放在正对修复人的位置，取一尺板，把涂抹了糨糊的纸条固定在尺板上，然后把尺板送入书口，找好位置，把纸条与书口压实后再撤板。破损部分也采用同样的办法进行，具体操作是把补纸放在书叶表面，用毛笔蘸清水在补纸表面划出破损轮廓，沿轮廓边缘撕掉多余的部分，在补纸上涂上糨糊，按照补书口的办法，用尺板推送到书叶背面破损处，粘牢后撤板。为防止纸张的收缩，每修复完一叶就撤水压平，书叶压平、压干后，再补其余书叶。所用补纸，由于有1983年的修复经验，故仍选用乾隆高丽纸。现在看来，揭开的高丽纸无论从颜色、厚度、韧性等几方面看，都与原书叶极为相似。

在《永乐大典》的修复过程中，还发现有水渍、污迹、焚迹、外力破坏等情况。在处理这些问题时，我们尽量地少干预。这些痕迹恰恰说明了《永乐大典》曲折的经历，这是《永乐大典》经历浩劫的标志，应该保留。如果过多地给予干预，对纸的纤维也会造成影响。

（三）对装帧形式的复原

我馆所藏《永乐大典》中，有相当部分被前人在修复过程中改为线装，如书号为4073、4088、7239、9654号等。其中第9654号（卷7213至卷7214），原书皮断裂为两块。前人在修复此册时，硬皮包背改为兰绢皮线装。有意思的是，前人在对此册进行改装时，原黄色书衣并没有丢弃，只是弃之一边。故此次修复中，按照“整旧如旧”原则，弃掉兰绢皮，恢复了原书衣及包背装。

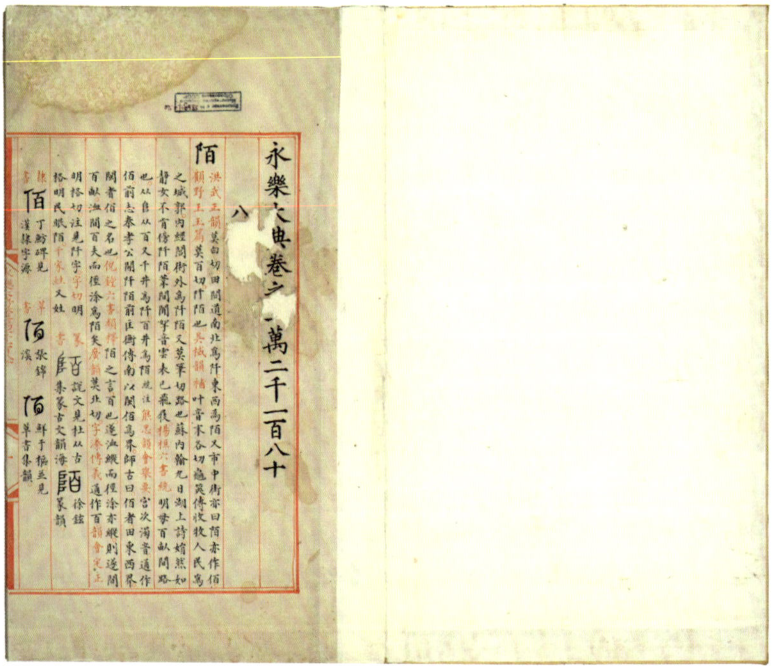

永樂大典卷之二萬二千一百八十

图4-2-10 《永乐大典》第4067号（卷22180）水渍及戳损痕迹一

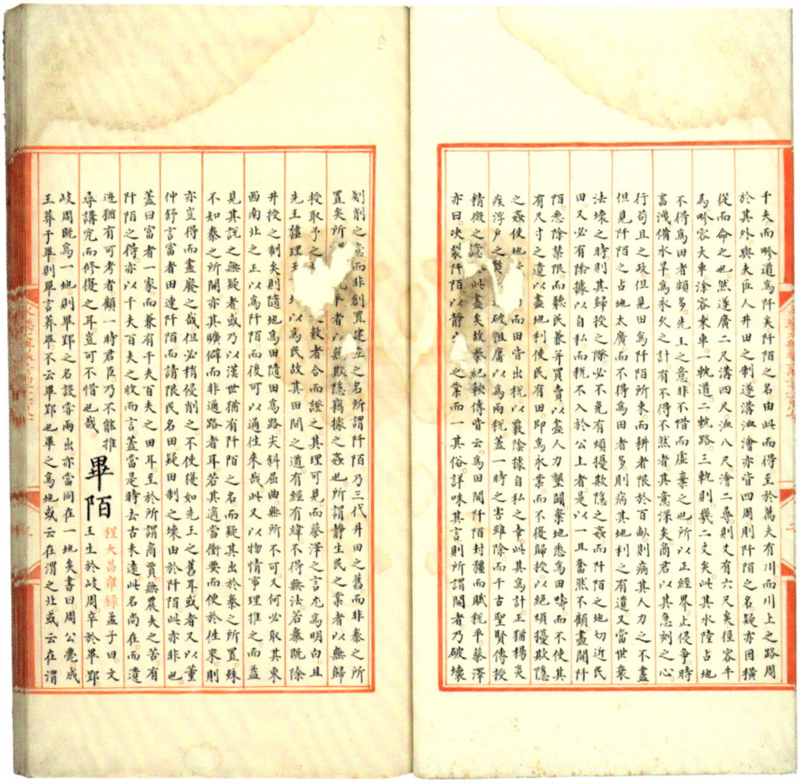

图4-2-11 《永乐大典》第4067号（卷22180）水渍及戳损痕迹二

图4-2-12 《永乐大典》第9654号（卷7213）书衣

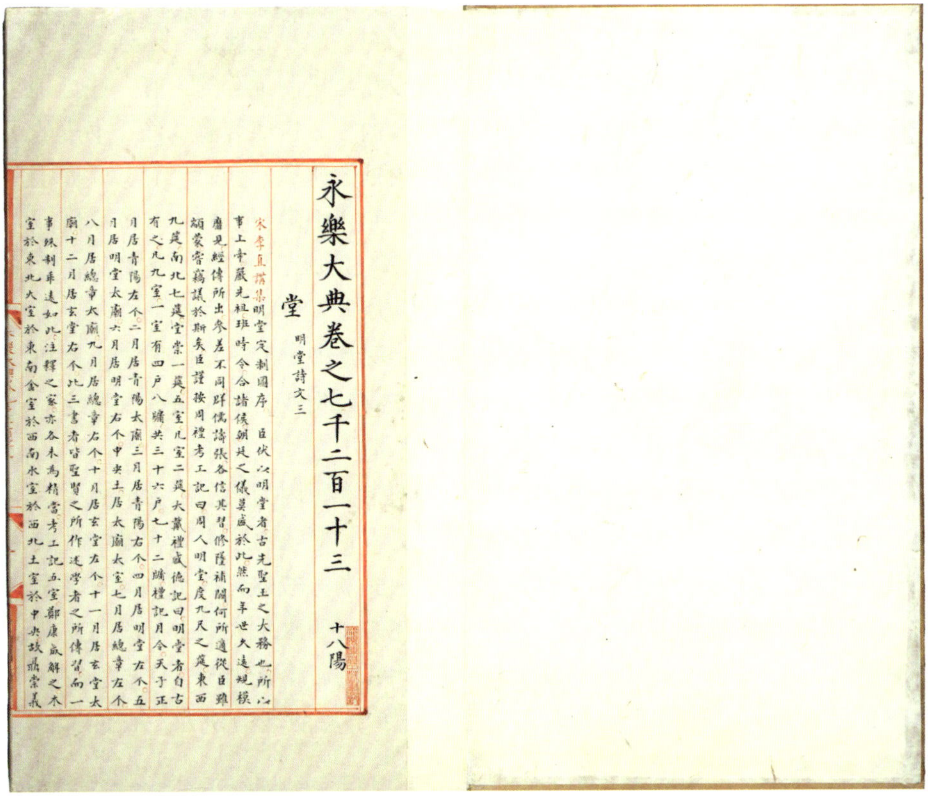

图4-2-13 《永乐大典》第9654（卷7213）卷端

（四）如何解决前人修复过程中所用材料不当的问题

在古籍修复中，我们所说的保持古籍的原有风貌，不但包括保持原有的装帧形式，还要包括在修复过程中所用材料要尽可能与原物相一致。如果材料使用不当，修复后，不但与原有风格不协调，而且极有可能给原书的保存带来危害。我馆所藏《永乐大典》中，有相当一部分就有类似的情况。

1.书皮改为机制纸

《永乐大典》的装帧极具特点，为硬面包背装。我们现在所见包背装，以软面居多，著名的《四库全书》的装帧形式，就是软面包背装。软面包背装书衣的制作，通常是取一张托裱好的书皮纸（《四库全书》的书衣为一层绢，并托裱一层绵纸），与整册书的前、书背、后包裹在一起。而硬面包背装的装帧，以《永乐大典》为例，除以上步骤外，还要用10张左右的皮纸裱在一起，成为厚度为1.2—1.6毫米的纸板，作为前、后书衣，外用黄绢与前、后书衣及背包裹连结在一起。在此次《永乐大典》的修复中，我们发现有一部分书衣中的纸板竟是机制纸合的，有一些竟是用一些二十世纪二三十年代的俄文旧报纸合的板。这些装有“洋”书皮的《永乐大典》，应是海外回归的那部分《永乐大典》。1951年，苏联列宁格勒大学东方系图书馆将11册《永乐大典》归还中国；1954年，苏联国立列宁图书馆赠还原满铁图书馆藏《永乐大典》52册；1955年，德意志民主共和国莱比锡大学图书馆将所藏3册《永乐大典》赠还我国；1958年，苏联科学院把原藏海参崴远东大学的1册《永乐大典》送还我国。这批用机制纸裱成书衣的《永乐大典》，在书叶处盖有外文章，或写有外文文字。应是20世纪50年代苏联等国家赠还我国的这部分《永乐大典》。

用机制纸裱为纸板并做《永乐大典》的书衣，因为机制纸含酸量大，特别是二十世纪二三十年代的机制纸酸性更大，对《永乐大典》的酸性腐蚀将随着岁月的推移而显露出来。随着纸板受潮，酸的释放更多，对《永乐大典》的危害是巨大的。这一点，我们在修复《永乐大典》和其它古籍时已有发现，用机制纸作为书皮，与书皮相邻的若干张书叶，它的韧性、颜色等都与其它书叶有所不同，就是受到了书皮的酸的腐蚀。在这次修复中，对于这部分“洋”书衣，如第4084号、第7243号等，我们都弃之不用，而另用宣纸10张左右，裱为一板，作为《永乐大典》的新书衣。

2.书皮为草纸板

在这次修复《永乐大典》的过程中，我们还发现一部分《永乐大典》的书衣为草纸板。草纸板，又名黄纸板或马粪纸板，表面粗糙，呈黄色，以稻草纤维为主要原料抄制而成。遇水、受潮后极易糟朽霉变。用它作为《永乐大典》的书衣，对《永乐大典》的保存是不利的。以书号5448（卷6523）《永乐大典》为例，书皮为草纸板，受潮、糟朽，并已经影响到书叶，书叶颜色变黄，有明显的水渍。修复时，换掉草纸板，改为宣纸合板。有此情况的还有书号为5449、5455的书册等。有的书衣，虽是原板，但已糟朽。原因是受过水的侵害并使纸板受潮，很显然，这与其曲折的经历有关。同时，糟朽的纸板已影响到书叶，受影响部分纸的颜色已变深，如第4085号、第2611号、第2612号等册。对于这部分书册的纸板，也进行了撤换。

《永乐大典》纸板外裹一层丝织品，为黄绢。从外观上看，明代的绢与现代的绢并不相同。现代绢比较细腻，而《永乐大典》所用黄绢经纬线比较粗，也比现代绢厚重。据修复前统计，缺封面或需更换的占要修复的《永乐大典》的31%，封面破损占要修复的大典的50%。这就需选与《永乐大典》相匹配的丝织品，用作《永乐大典》封面已缺部分的配置及破损部分的修补。为了能选到适合的丝织品，我们去了多家布店选购，终于在前门瑞蚨祥选到了一种近似的生丝制品。买来的丝织品为乳白色，为与大典书衣颜色相一致，又用国画色进行了刷染。

3.新纸板的收缩问题

在合制新板的过程中，我们遇到了一些麻烦。新板合好后，比对书的大小进行裁切，并与黄绢粘贴后，即按前面所述《永乐大典》中书衣与《永乐大典》相连的方法进行连接。几天后发现，按书的大小裁切的纸板全变小了。问题出在哪里呢？经过分析，得出结论：《永乐大典》的修复时间是在冬季的白天，修复室有暖气，下班后，暖气就停了。纸板收缩，是昼夜温差大，热胀冷缩造成的。原因找出来了，解决的办法是：观察纸板的收缩，看其稳定在什么长短上。再次裁板，把缩掉的尺

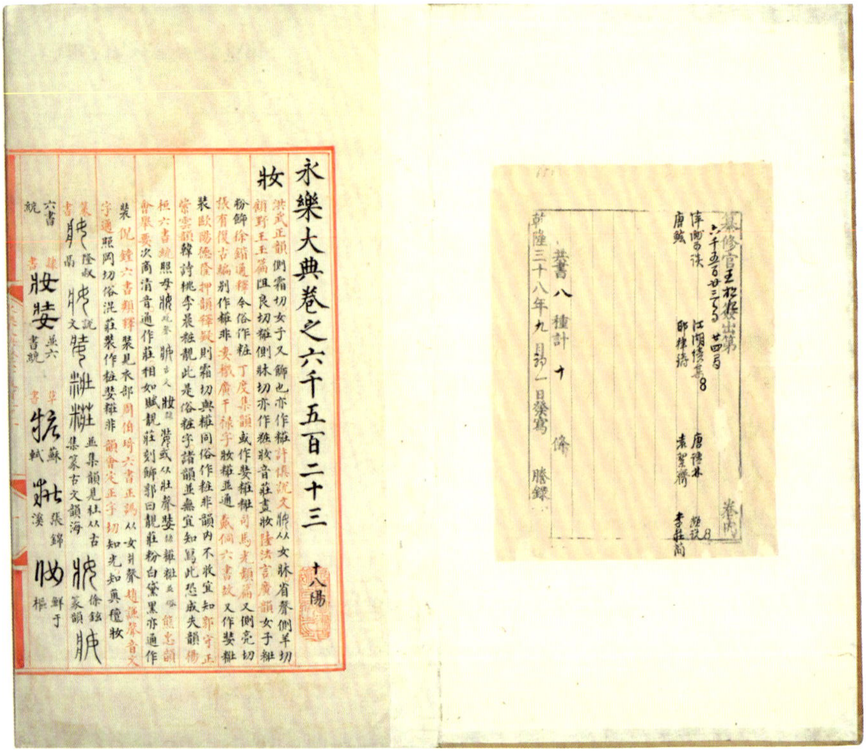

永樂大典卷之六千五百二十三　十八陽

妝

洪武正韻側霜切女子又飾也亦作粧許慎說文妝从女牀省聲側羊切
顧野王玉篇阻良切粧側牀切亦作粧妝音莊畫妝陸法言廣韻女子粧
粉飾徐鍇通釋今俗作粧丁度集韻或作裝粧司馬光類篇又側亮切
張有復古編別作粧非漢樅廣干祿字妝粧並通戴侗六書故又作裝粧
裝歐陽德隆押韻釋疑則霜切與粧同俗作粧非韻內不收宜知郭守正
紫雲韻韓詩桃李飛粧靚此是俗粧字諸韻並無宜知焉此恐成夫韻楊
桓六書統照母妝古文妝籒文裝或从壯聲粧亦俗熊忠韻
會舉要次商清音通作莊相如賦靚莊刻飾郭曰靚莊粉白黛黑亦通作
裝倪鏜六書類釋裝見衣部周伯琦六書正譌从女爿聲趙謙聲音文
字通照岡切俗混莊裝作粧娤粧非韻會定正字切知光知莫穫妝

图4-2-14　《永乐大典》第5448（卷6523）卷端

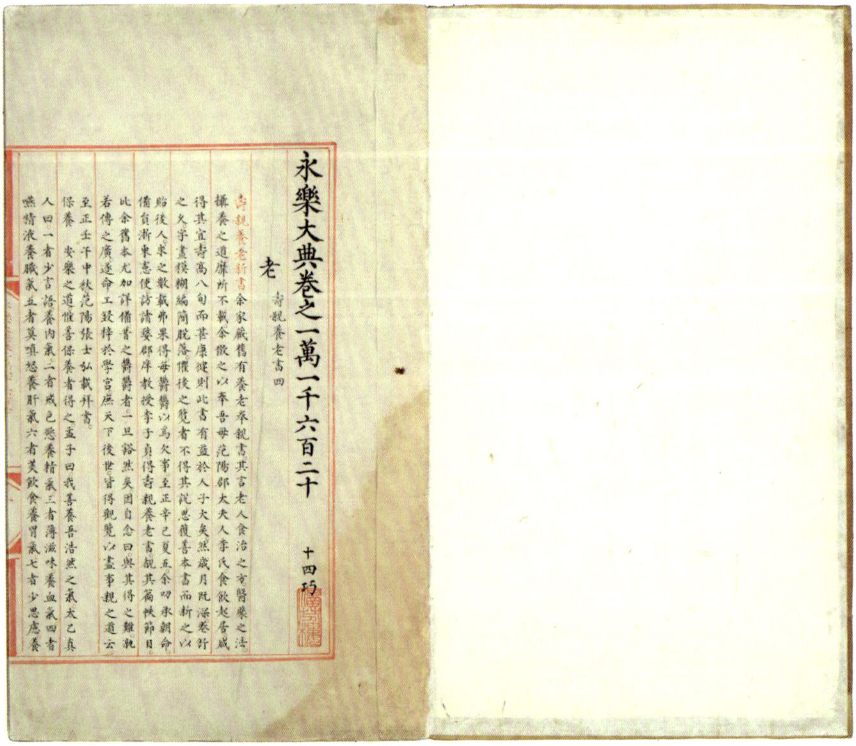

永樂大典卷之一萬一千六百二十　十四巧

老

壽親養老書四

壽親養老新書余家藏舊有養老奉親書其言老人食治之方醫藥之法
攝養之道靡所不載余做之以奉吾母范陽郡太夫人李氏飲食起居咸
得其宜壽萬八旬而甚康健則此書有益於人子大矣然歲月既深卷舒
之久字畫模糊編簡脫落惜後之覽者不得其詳思復善本書而新之以
貽後人求之數載弗果得每鬱鬱以爲欠事至正辛巳夏五余叨承朝命
備員浙東憲使訪諸婺郡庠教授李子貞得壽親養老書觀其篇帙節目
比余舊本尤加詳備昔之鬱鬱者一旦豁然矣因自念曰與其得之難孰
若傳之廣遂命工鋟梓於學宮庶天下後世皆得觀覽以盡事親之道云
至正壬午中秋范陽張士弘叙幷書
保養　安樂之道惟善保養者得之孟子曰我善養吾浩然之氣太乙真
人曰一者少言語養內氣二者戒色慾養精氣三者薄滋味養血氣四者
嚥精液養臟氣五者莫嗔怒養肝氣六者美飲食養胃氣七者少思慮養

图4-2-15　《永乐大典》第4085号（卷11620）卷端

寸也算进去。比如，《永乐大典》书高50厘米左右，连结后，纸板缩小了5毫米，那就实际裁50.5厘米，把缩的量也加进去。采取这种办法后，纸板缩的问题就解决了。

以上是借此次《永乐大典》文献展览之际，展开的一些回忆，是对16年前亲历过程的一个回顾。《永乐大典》的修复工作自从2002年10月8日正式开始，到2003年4月底结束，历时半年有余。在这一时间里，我们按照“整旧如旧”原则，对《永乐大典》进行了修复。恢复了《永乐大典》原有的装帧形式，采取了一些措施，消除了对《永乐大典》收藏不利的因素，取得了一些宝贵经验，而这些经验对于我们今后的修复工作无疑是有极大益处的。

第三节　“天禄琳琅”的修复

一、“天禄琳琅”专藏修复启动背景

国家图书馆藏清宫“天禄琳琅”珍籍修复项目是“中华古籍保护计划”实施以来，规模最大的一次针对珍贵古籍的专项修复工程。2007年，国务院下发《关于进一步加强古籍保护工作的意见》，正式实施“中华古籍保护计划”，并提出保护的具体要求。这是我国历史上首次由政府主持的全国性古籍保护工程。自“中华古籍保护计划”实施以来，以《国家珍贵古籍名录》申报、评审工作带动全国古籍普查，在古籍普查登记、人员培训、古籍整理、出版和利用、古籍法规、制度和标准规范建设等方面都取得了令人瞩目的成绩。

在古籍修复方面，2009年，文化部在国家图书馆等12家全国古籍重点保护单位设立了国家级古籍修复中心。

图4-3-1　国家级古籍修复中心标牌

图4-3-2 国家图书馆白石桥馆区修复工作室

图4-3-3 国家图书馆文津街馆区修复工作室

2013年，国家古籍保护中心设立国家图书馆国家级古籍修复技艺传习中心。

图4-3-4 国家级古籍修复技艺传习中心标牌

图4-3-5 2013年以来，国家图书馆国家级古籍修复技艺传习中心陆续举行拜师仪式

图4-3-6　作者指导徒弟修复善本古籍

之后，国家古籍保护中心又陆续在全国设立了20余家传习所。

图4-3-7　作者受聘为“国家级古籍修复技艺江苏传习所”传习导师

图4-3-8　收徒仪式

图4-3-9　启动国家珍贵古籍修复项目

2014年，国家古籍保护中心又在全国设立了12家古籍修复人才培训基地。国家级古籍修复中心、古籍修复技艺传习中心、古籍修复人才培训基地建立以来，各地在传承和培养古籍修复人才方面做了大量工作。专业队伍达到千人规模，古籍修复人才短缺的局面得到扭转。同时，各地的国家级古籍修复中心陆续开展了珍贵古籍的修复项目。以珍贵文献修复项目来带动古籍修复能力与水平的不断提高。

在此背景下，国家图书馆于2013年8月27日，启动了馆藏清宫“天禄琳琅”珍籍的修复专案。该项目自开展以来，遵循“抢救性修复”“整旧如旧”等原则，注重建立完备的修复档案，以科学检测为依据，指导修复工作。该项目的启动，也必将为其他珍籍修复产生重要的示范、引领和带动作用。

图4-3-10 “天禄琳琅”专藏修复工作于2014年8月20日在国图右文厅正式开展

二、命运多舛的皇家藏书

清乾隆九年（1744），乾隆帝命内直诸臣，检阅宫廷秘藏，选择珍本进呈御览，列于乾清宫东配殿之昭仁殿，赐名“天禄琳琅”，并亲书匾额。

昭仁殿位于乾清宫东侧的一个小偏殿，曾是康熙上朝前暂时休息的地方，面阔三间，有独立院落。“天禄”，传说中神兽名，可去除灾难，永安百禄。西汉初年，在建设长安国都时，丞相萧何主持修建了“天禄”“石渠”“麒麟”三阁。“天禄阁”既是存放档案的库房，又是撰史著述、校勘典籍的场所。“琳琅”为美玉之意，意谓内府藏书琳琅满目，美不胜收。此即“天禄琳琅”藏书的由来。

图4-3-11　民国昭仁殿内“天禄琳琅”陈设（选自《盛世文治·清宫典籍文化》[①]）

“天禄琳琅”藏书是清代宫廷所藏宋、元、明、清珍籍的精华，是中国古籍的奇珍。但是在200余年的岁月里，“天禄琳琅”藏书历经聚散转手，天灾兵变，很多已经破烂不堪，甚至千疮百孔。关于“天禄琳琅”藏书，有前编与后编之分。所谓“前编”，是相对于“后编”而言。乾隆四十年（1775），大学士于敏中等人奉敕鉴定、整理昭仁殿内藏书，编成《天禄琳琅书目》10卷，著录图书共429部，后人称其为“前编”。“天禄琳琅”藏书分为前编和后编，皆因嘉庆二年（1797）冬十月乾清宫一场大火，导致乾清宫与弘德、昭仁两配殿皆成废墟。藏于昭仁殿的“天禄琳琅”藏书几乎化为乌有。在重建乾清宫的同时，大学士彭元瑞等开始编纂《天禄

① 朱赛虹主编：《盛世文治·清宫典籍文化》，紫禁城出版社，2005年。

琳琅书目后编》，共20卷，663部。据统计，存世“天禄琳琅”珍籍600余部，指的就是《天禄琳琅书目后编》所辑古籍。清华大学刘蔷女士在其所著《天禄琳琅研究》一书中，对海内外“天禄琳琅”藏书的分布数量做了一个调查，结果显示：“收藏最多者依次为台北‘故宫博物院’317部，中国国家图书馆270部，辽宁省图书馆35部。除去这三家单位，其它零星分散于海内外数十个公私藏家。”[①]关于国图所藏部分，据我了解应为279部。2013年，国家图书馆在对馆藏“天禄琳琅”珍藉进行整理及破损情况分析中发现，所藏270余部3500余册古籍中约10%即300余册存在严重的纸张糟朽、絮化、粘连、装帧解体等问题。因破损严重，急需抢救性修复。

“天禄琳琅”专藏修复项目开展以来，经常有人提出一个问题，就是“天禄琳琅”藏书作为皇家专藏，为何破损这么严重？这与其曲折的经历有关。

“天禄琳琅”藏书作为清代内府专储，自建立直到20世纪50年代，在短短的200余年的时期里历经炙、盗、兵、蠹，能够传承下来，实属不易。不表嘉庆二年（1797）一场大火把《天禄琳琅书目》（前编）所辑古籍化为乌有，就是《天禄琳琅书目后编》所辑古籍也是命运多舛。清末开始，“天禄琳琅”藏书已有少量流出宫外。如同治年间，朝廷将宫中修缮不及的藏书送到宫外书肆修复。这期间，或经经办人之手，或被宫人监守自盗，开始有“天禄琳琅”藏书流入书肆，卖给私家。光绪二十七年（1901）四月十八日，武英殿因雷击失火，殃及正在此处修缮的“天禄琳琅”藏书，混乱中，很多古籍流失出宫。到溥仪时，更是有计划地把文物盗运出宫，这其中就包括“天禄琳琅”藏书。这批盗运出宫的珍籍也随着溥仪辗转天津、长春、沈阳、北京，流离失所，受尽坎坷磨难。特别是放在长春时，保存环境非常恶劣，没有任何防潮、防蛀措施。在这样的环境中一放就是14年，很多“天禄琳琅”藏书受到损害，出现霉烂、虫蛀等破损状况。1945年8月，随着日本投降，溥仪匆忙逃离长春，未及带走的“天禄琳琅”藏书在无人看管的状态下，任由他人哄抢、偷拿。或许是嫌

① 刘蔷著：《天禄琳琅研究》，北京大学出版社，2012年，第82页。

书的体积大、分量重，这批珍籍除少量被掠走外，大部分只是扔得凌乱不堪，满地狼藉。到后来国民政府接收时，这批珍籍只是零乱地堆放在一起。最后，这批珍籍大部分由北京故宫拨交给了北京图书馆（国家图书馆前身），共102部，占国图总收藏量（279部）的近三分之一。

由于以上种种原因，“天禄琳琅”藏书虽然贵为皇家藏书，但也破损十分严重。

三、“天禄琳琅”藏书外部特征

“天禄琳琅”藏书，有两个非常明显的外部特征：一是玺印的钤盖方法，二是装帧形式。

清朝御府典藏丰富，缣素缥缃。清廷在将典藏书籍汇编成目的同时，加盖钤宫中鉴赏宝玺，施以清宫特制装帧，亦成定式。

内府藏书往往钤有帝王之家的各种藏书御玺，这些御玺或泱泱大气，或小巧玲珑，内涵丰富，意味深长。《天禄琳琅书目》（前编）“凡例”有云：“诸书每册前后皆钤用御玺二，曰‘乾隆御览之宝’，曰‘天禄琳琅’。”也就是说，《天禄琳琅书目》（前编）诸书，每册前后仅各钤二玺，即“乾隆御览之宝”及“天禄琳琅”。

前编书目今已不存，但据清华大学刘蔷博士寻访，现存世的仍有14部前编“目外书”。何为“目外书”？前面介绍了乾隆九年（1744）选宫中藏书择善入藏昭仁殿，乾隆四十年（1775）重加整理，再次甄选后，429部著录于《天禄琳琅书目》（前编）。但前编书目编完后，采选宫中他处藏书，择其佳者续入昭仁殿的工作仍在陆续进行，也就是说，入藏—选书—编目—再入藏的工作一直在继续，乾隆四十年编就的《天禄琳琅书目》（前编）所录诸书并非昭仁殿内“天禄琳琅”藏书之全部。另外嘉庆三年（1798）编成的《天禄琳琅书目后编》也并非“天禄琳琅”藏书全部之664部。这些未在《天禄琳琅书目》前、后编中的书，即所谓“目外书”。

存世的“天禄琳琅”目外书中，前编目外书与后编目外书的钤印方式各有不同，前编“目外书”与《天禄琳琅书目》（前编）“凡例”所记钤印方式相符，每册书首末叶皆钤有“乾隆御览之宝”阔边朱文大方印或椭圆朱文印，并钤“天禄琳琅”朱文小方印，且均无前后副叶之三玺。后编“目外书”每册钤印方式则与后编所辑“天禄琳琅”藏书的钤盖方式相一致，只是有些书之前、后副叶上没有乾隆三玺。

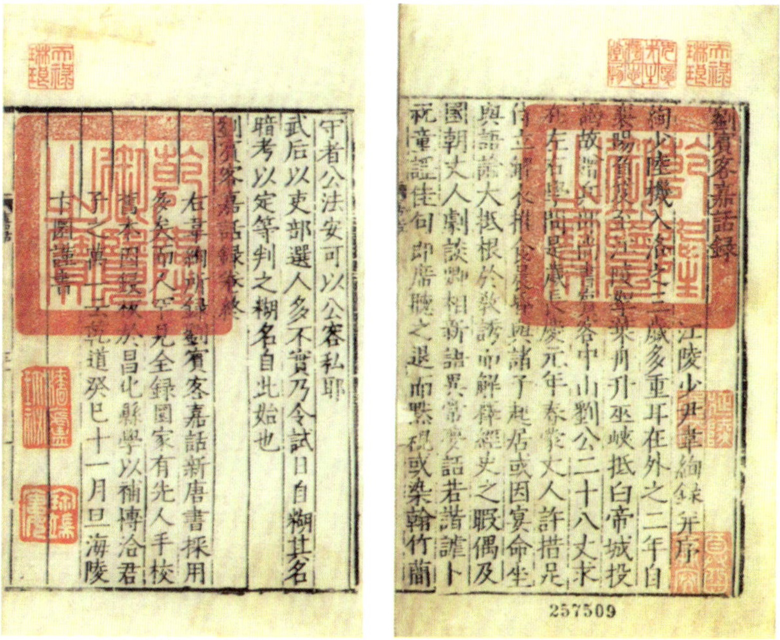

图4-3-12　“前编目外书”——明正德嘉靖间顾氏夷白斋刻本《阳山顾氏文房小说》，现藏天津图书馆①

《天禄琳琅书目后编》的钤印定制为前后副叶各钤乾隆三玺，从上至下依次钤有“五福五代堂宝”（或“五福五代堂古稀天子宝”）“八征耄念之宝”“太上皇帝之宝”三枚朱文方印。每册首叶压上板框钤有“乾隆御览之宝”朱文椭圆印，天头右侧钤“天禄继鉴”白文方印。末叶有字一面压上板框钤“乾隆御览之宝”印，左侧天头处沿板框钤“天禄琳琅”朱文小方印，共十枚印玺。同时，根据书品大小，又有大三玺、中三玺、小三玺之分。

① 刘蔷著：《天禄琳琅研究》，彩插。

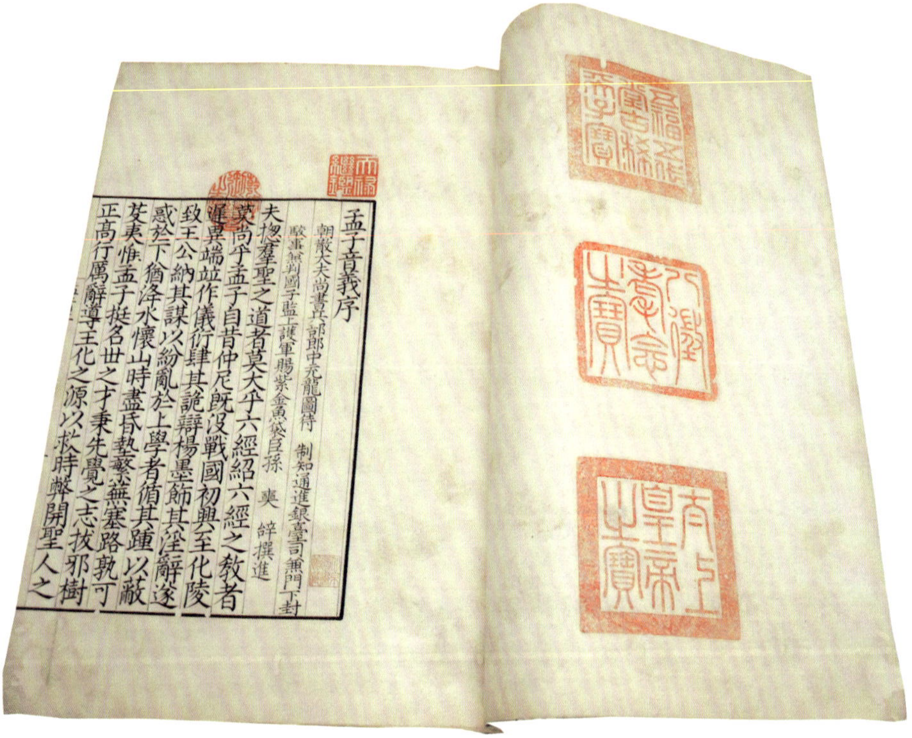

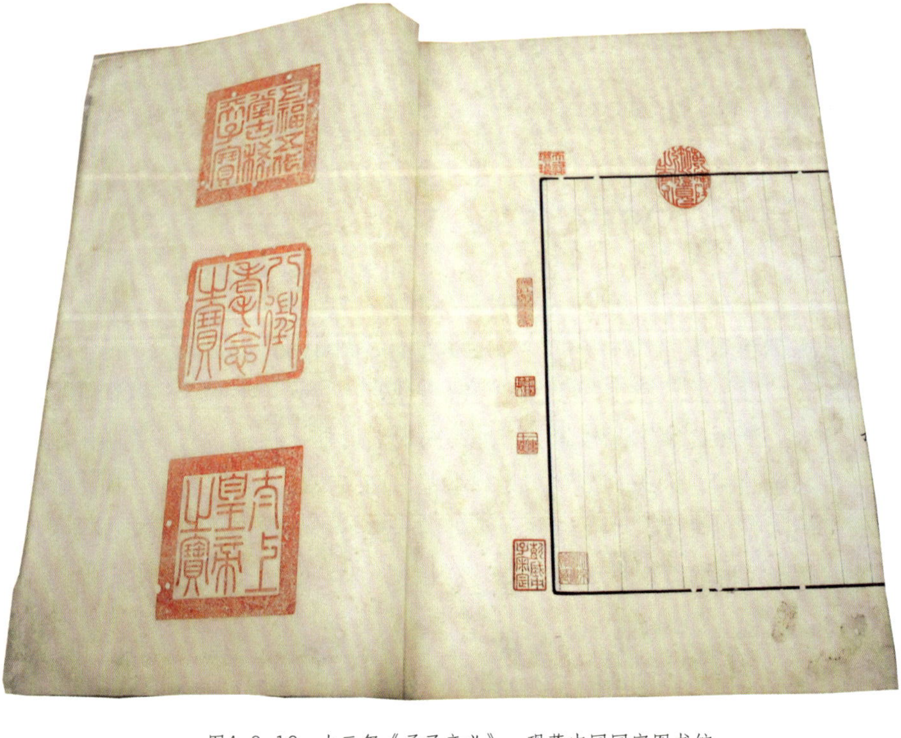

图4-3-13　大三玺《孟子音义》，现藏中国国家图书馆

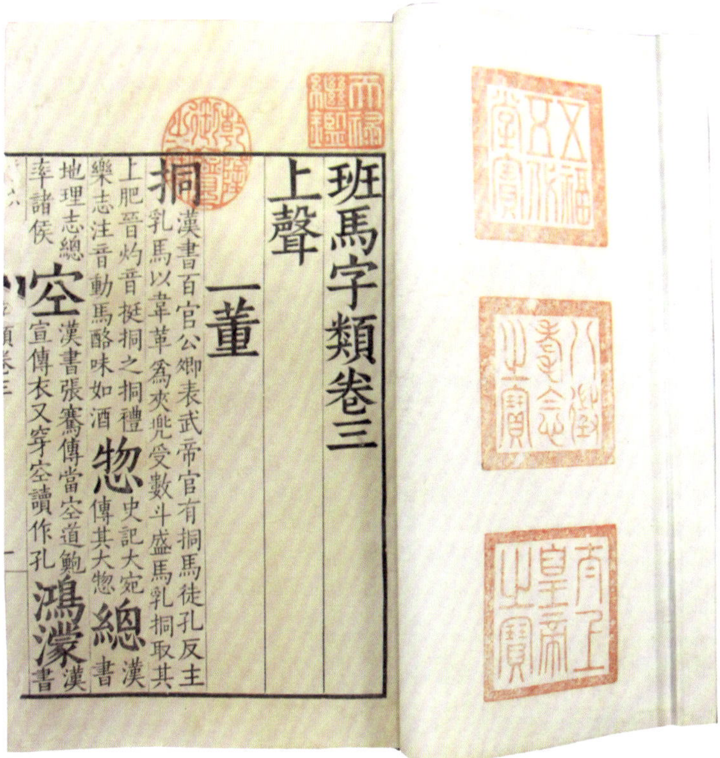
班馬字類卷三

上聲

一董

挏 漢書百官公卿表武帝官有挏馬徒孔反主乳馬以韋革爲夾兜受數斗盛馬乳挏取其上肥晉灼音挺挏之挏禮樂志注音動馬酪味如酒 惣 史記大宛傳其大惣 總 漢書地理志總率諸侯 空 漢書張騫傳當空道鮑宣傳衣又穿空讀作孔 鴻濛 漢書

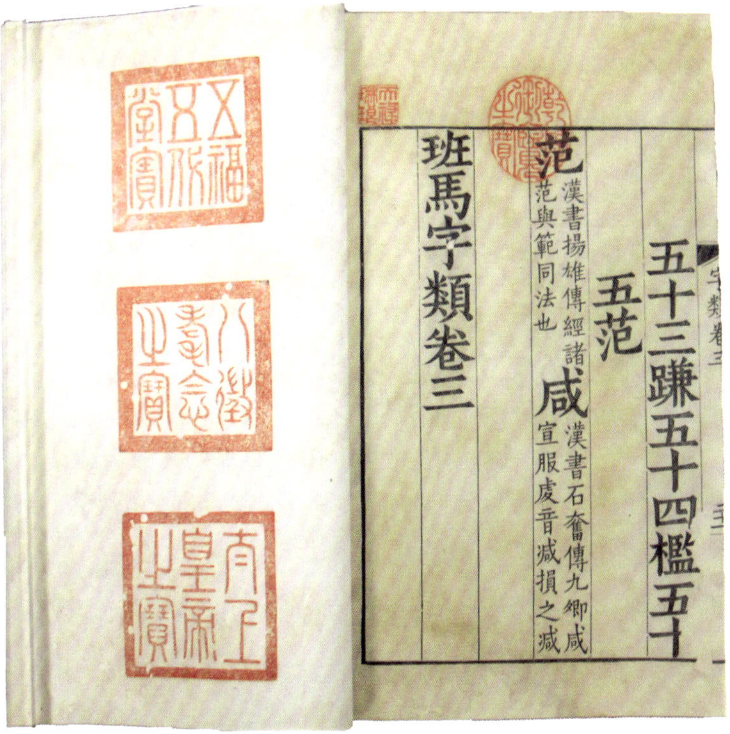
班馬字類卷三

范 漢書揚雄傳經諸范范與範同法也 咸 漢書石奮傳九卿咸宣服虔音減損之減

五范

五十三豏五十四檻五十

图4-3-14 中三玺（宽边）《班马字类》卷3

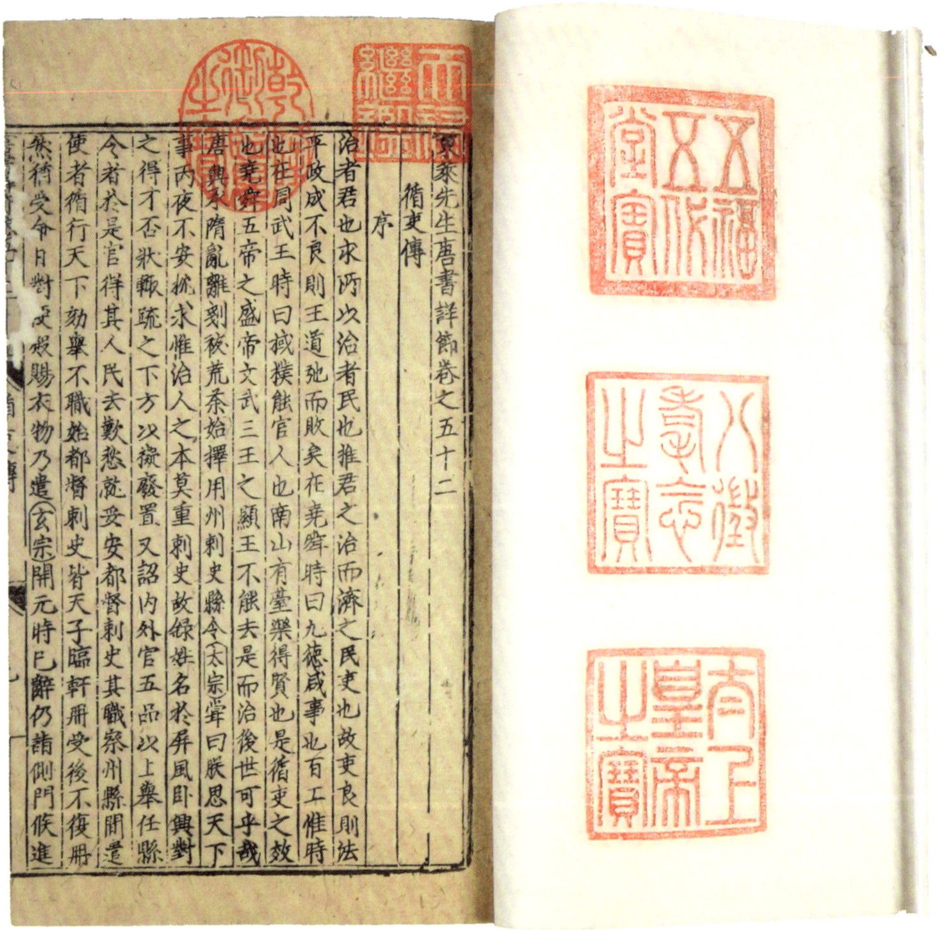

图4-3-15　中三玺（细边）明板《十七史详节》

再谈装帧。清宫藏书的装帧，通常由武英殿修书处装帧、修缮。“天禄琳琅”前、后编书经“册府重装、标函列架”后，原有的装帧状态已被改变，宋、元、明本原有的蝴蝶装、包背装都已被改为线装，配制绢、纸、笺制的书衣、黄绫包角，并配以华丽精致的函套。故我们现存的“天禄琳琅”藏书皆为线装书，原有的装帧形式已荡然无存。

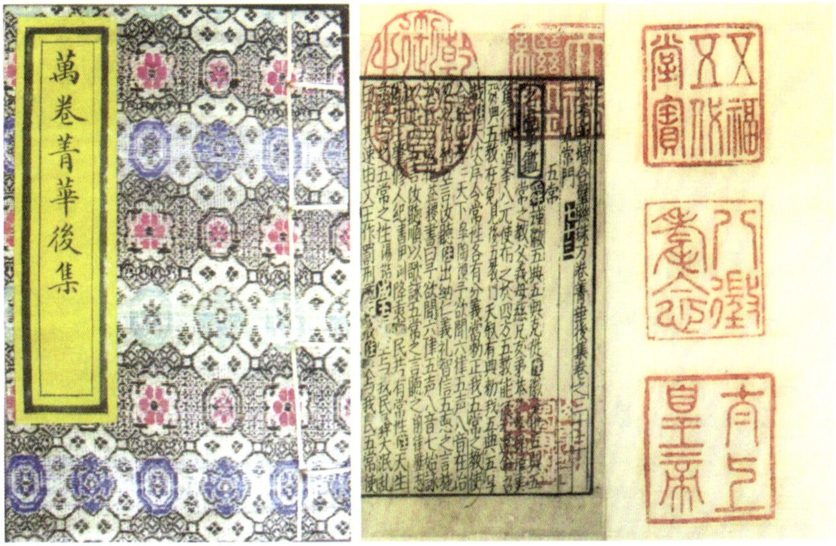

图4-3-16　小三玺宋刻巾箱本《太学新增合璧联珠万卷菁华》后集，现藏山东省图书馆、北京市文物局、中国国家图书馆

四、如何对待“天禄琳琅”专藏中的前人修复痕迹

（一）入藏昭仁殿前修复就已展开

关于“天禄琳琅”的修复，据记载，自其建立后，清宫曾多次对其进行维护，如修补、装帧等。从《军机处录副奏折》记载中我们发现，大的修复就有多次。如道光元年（1821），有关大臣奉命点查昭仁殿“天禄琳琅”藏书，凡属破损虫蛀者统送武英殿修书处修补装潢。此次共修补、装帧书籍187部、3541册，约占“天禄琳琅”编书的三分之一。同治十三年（1874）正月起，清宫又对包括昭仁殿、毓庆宫、懋勤殿等多处宫廷藏书进行了清点修缮。此次修书一直持续到光绪二十三年（1897）。据有关文献记载，同治帝重装“天禄琳琅”时，遇内府修缮不及，还将宫中藏书发交宫外书肆重新装修。据缪荃孙《琉璃厂书肆后记》记载：“路北有宝名斋……装潢最佳，穆宗重装天禄琳琅书，由内务府发该肆，旧面护叶，予

检得不少。”[1]宝名斋再西是肄雅堂，善装潢，与宝名斋一样也装过“天禄琳琅”藏书。孙殿起在《书肆变迁记中》，称宝名斋为琉璃厂第一书肆。“当时谚称：琉璃厂一条龙，九间门面是宝名。”[2]但同治年间的重装、用料，做工粗劣，远不及乾、嘉时典雅庄重。[3]

此次在对“天禄琳琅”专藏进行修复时发现一个现象，就是有些“天禄琳琅”藏书似乎在入藏昭仁殿之前就已有人对其展开了修复。如明板《十七史详节》一书，在修复中发现多册有划栏现象，其中《东莱先生唐书详节》（卷44至46）一册中，多处有补破划栏之处。最后一叶更是在补破划栏之后的位置钤“乾隆御览之宝”印，说明补破划栏是在钤印之前完成的。同部书中第81册，最后一叶“乾隆御览之宝”“天禄琳琅”两印也是补破划栏之后钤上去的。这说明此部书在入藏昭仁殿之前，或选为“天禄琳琅”藏书后就开展了修复。

图4-3-17
明板《十七史详节》第81册

在对元刻本《汉书·九十九》修复时，发现卷69（中）有3叶书品大小、颜色与原书都不相同，显然是后配的。同时，此册中有多叶出现挖掉后再补字的现象，而且不是挖一二处，以本册中卷69（下）中的第29叶为例，挖掉重新补字的地方有8处之多。第28叶有7处，此叶中挖掉最多的一处竟有41字，整叶共有87字被挖掉并重新补字。此书为什么出现这么多挖掉重新补字的情况？探其原因，或雕版本身残次、或用墨不佳、或刷工不精，造成字迹模糊，这些模糊的字大量存

① 孙殿起著：《琉璃厂小志》，上海书店出版社，2010年，第78页。

② 孙殿起著：《琉璃厂小志》，第99页。

③ 据《故宫善本书目》（北平故宫博物院图书馆编，1934年版）之“凡例”记载，这些被送到民间书肆重装之书“工料俗劣”，与乾、嘉时之古雅悦目相去甚远。

在于书叶中，很多有描过的痕迹。而挖掉的字可能太过模糊了，所以要挖掉后重新补字。由此可见，此书并不是因破损而修，而是因书的状况差而修整，也应是在被选入昭仁殿之前而实施的修复。

图4-3-18　明板《十七史详节》第81册末叶、明板《十七史详节》卷44至46末叶

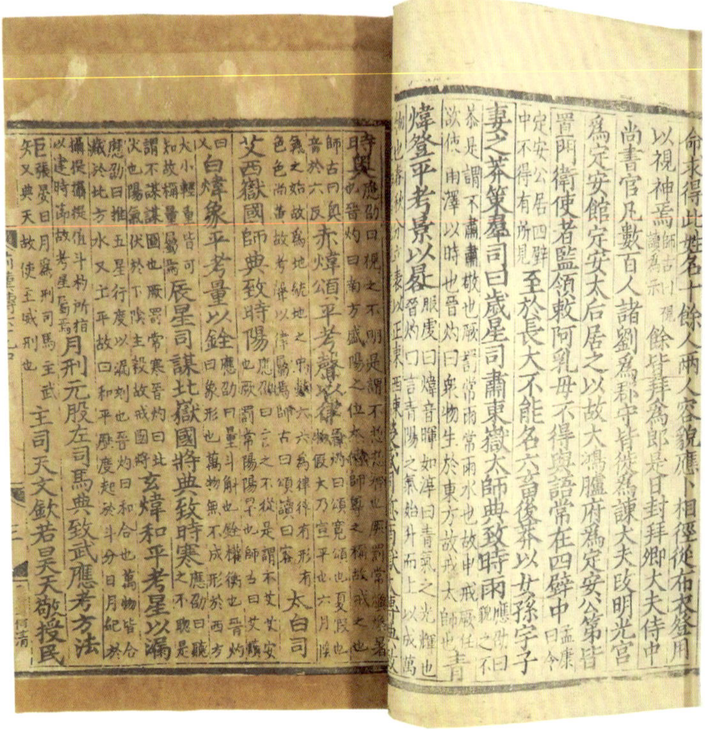

命求得此姓名十餘人兩人容貌應卜相徑從布衣登用
以視神焉餘皆拜為郎是日封拜卿大夫侍中
尚書官凡數百人諸劉為郡守皆徙為諫大夫改明光宮
為定安館定安太后居之以故大鴻臚府為定安公第皆
置門衛使者監領敕阿乳母不得與語常在四壁中
至於長大不能名六畜後莽以女孫宇子
妻之莽策羣司曰歲星司肅東嶽太師典致時雨
煒登平考景以晷
時與
赤煒頌平考聲以律
太白司
艾西嶽國師典致時陽
白煒象平考量以銓
辰星司謀北嶽國將典致時寒
玄煒和平考星以漏
月刑元股左司馬典致武應考方法
矩
主司天文欽若昊天敬授民

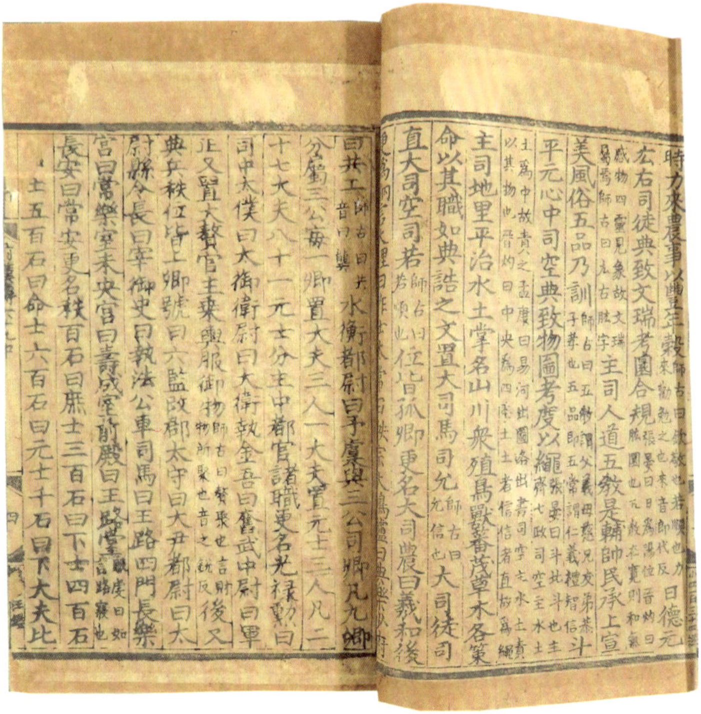

時方來農事以豐
曰德元
厷右司徒典致文瑞考圜合規
美風俗五品乃訓
主司人道五教是輔帥民承上宣
平元心中司空典致物圖考度以繩
主司地里平治水土掌名山川衆殖鳥獸蕃茂草木各策
命以其職如典誥之文置大司馬司允
大司徒司
直大司空司若
位皆孤卿更名大司農曰羲和後
曰共工
水衡都尉曰予虞與三公司卿凡九卿
分屬三公每一卿置大夫三人一大夫置元士三人凡二
十七大夫八十一元士分主中都官諸職更名光祿勳曰
司中太僕曰太御衛尉曰太衛執金吾曰奮武中尉曰軍
正又置大贅官主乘輿服御物
後又
典兵秩位皆上卿號曰六監改郡太守曰大尹都尉曰太
尉縣令長曰宰御史曰執法公車司馬曰王路四門長樂
宮曰常樂室未央宮曰壽成室前殿曰王路堂
長安曰常安更名秩百石曰庶士三百石曰下士四百石
士五百石曰命士六百石曰元士千石曰下大夫比

图4-3-19 《汉书·九十九》卷69（中）

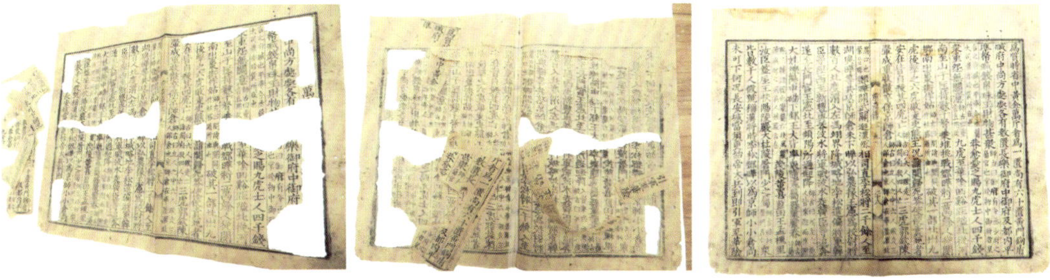

图4-3-20　《汉书·九十九》卷69（下）第28叶

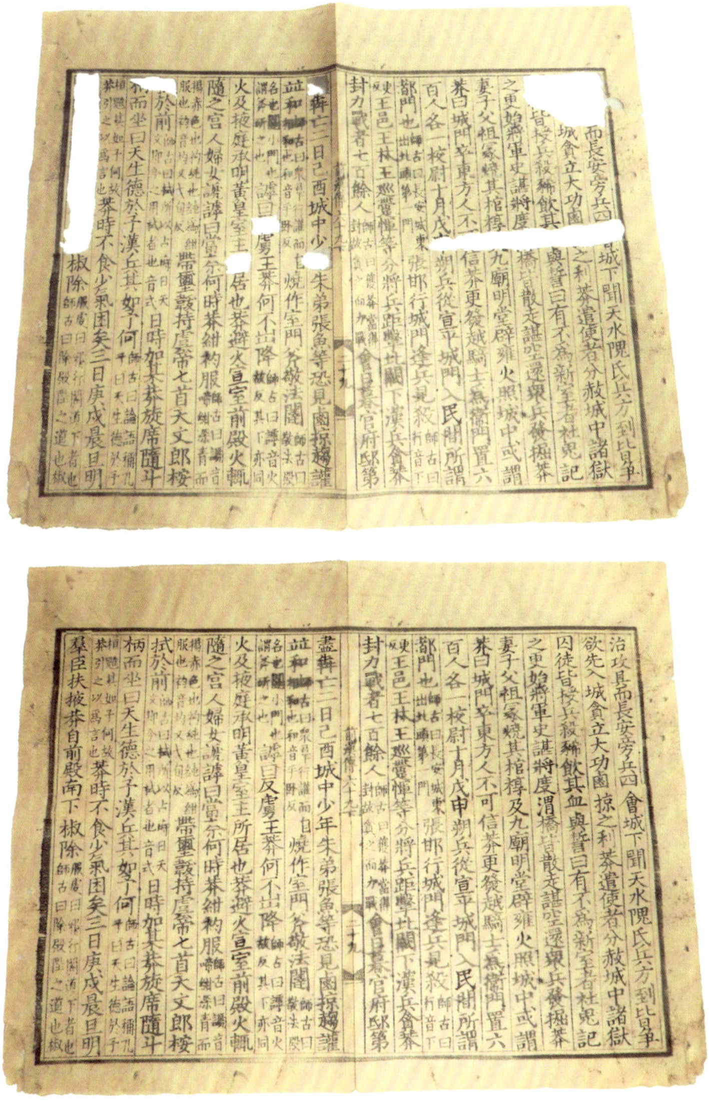

图4-3-21　《汉书·九十九》卷69（下）第29叶

以上这些书出现在“天禄琳琅”藏书中，说明了一个问题，就是《天禄琳琅书目后编》所辑古籍，在甄选过程中，书品并非都为上乘。

（二）关于衬纸的留存

观察前人对“天禄琳琅”的修复，以宋板《春秋经传集解》《孟子音义》《班马字类》为例，我们发现，前人采取的是“连补带衬”的修复手法。所谓“连补带衬”，就是把糨糊涂抹在书叶背面破损处，之后取一张与书叶大小一致的纸与书叶背面相粘。采用此种方法修复后的古籍每一次展阅，其书叶破损与衬纸连接位置都将产生摩擦，而每一次的摩擦所产生的力对书叶都是致命的，最后的结果是书叶破损位置周边与书叶脱离并断裂，形成新的破损。采用“连补带衬”方法修复后的古籍，大都褶皱不堪，这皆因局部点糨造成。点过糨糊的部分与没有点过糨糊的部分收缩不均，纸张纤维拉力不同。故我一直认为，“连补带衬”是不可取的，用此种方法对古籍的修复实际是一种破坏性的修复，不利于古籍的使用，对保存与流传也极为不利。细观前人对以上三部珍籍的修复，我们还发现，前人所使用的糨糊大都极为黏稠，疑为胶与糨糊的混合物，且糨糊堆积严重，造成局部收缩，使修复后的书叶极不平整，纸的柔韧性也发生了变化。

那么，对此类书如何修复比较恰当呢？我想到前些时读到一篇文章，是台北“故宫博物院”高宜君先生写的《善本古籍的保存修护——以清宫天禄琳琅藏书〈渊颖吴先生集〉为例》①一文。此文主要介绍了对“天禄琳琅”藏书《渊颖吴先生集》一书的修复过程。巧的是此书也是经前人修复过，手法也是“连补带衬”。高宜君先生在文中认为：“此一补纸方式可能因收缩不均造成书叶不平整的状态，故在此次的修护中亦将旧衬纸移除。”文中又介绍，为了保证“修护后的书本厚度要尽量与修复前一致，不宜过厚，所以在评估后决定使用质地细密，颜色适中的菠萝宣（一种用台湾当地凤梨树皮为原料抄制的纸张）作为衬纸的原料”。由此我们得知，台湾同行对待前

① 高宜君：《善本古籍的保存修护——以清宫天禄琳琅藏书〈渊颖吴先生集〉为例》，《故宫文物月刊》2009年第317期，第38~45页。

人的修复是将旧衬纸移除，而后使用台湾当地产菠萝宣做为新的衬纸。

对于此种修复方法，我不以为然。我以为，对待前人的修复，我们要区别对待。以此次修复《春秋经传集解》函1・第8册（第6）为例，此书虽经前人以“连补带衬”手法修复过，但是糨糊的稀稠方面控制得比较好，没有出现较明显的褶皱，对本书的负面影响较小。故在修复此书时，这一部分并没有动，只对新的破损书叶进行了揭开衬纸并对书叶进行修补。同时，对于揭下来的衬纸补好后重新放于原位。我以为，此种修复手法对保持书的原貌无疑是恰当的。

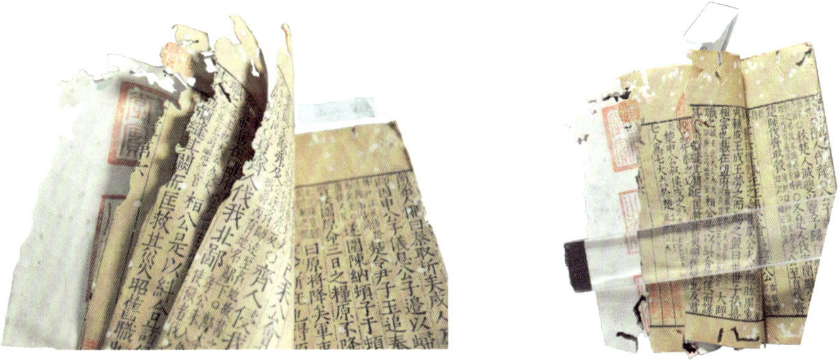

图4-3-22　函1・第8册修复前

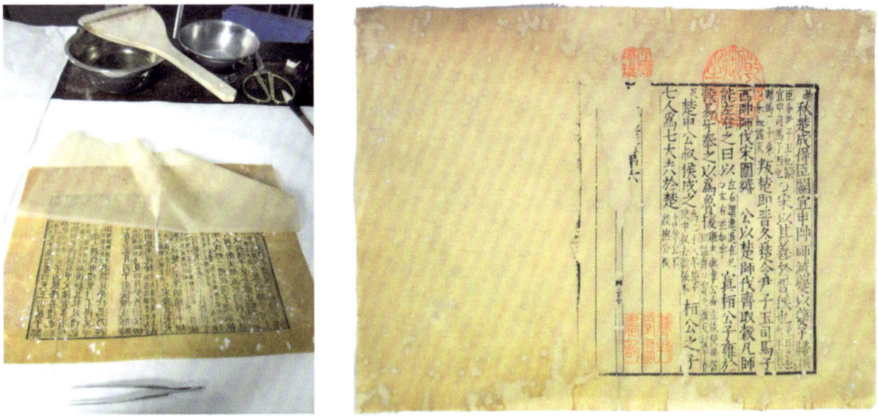

图4-3-23　函1・第8册修复中

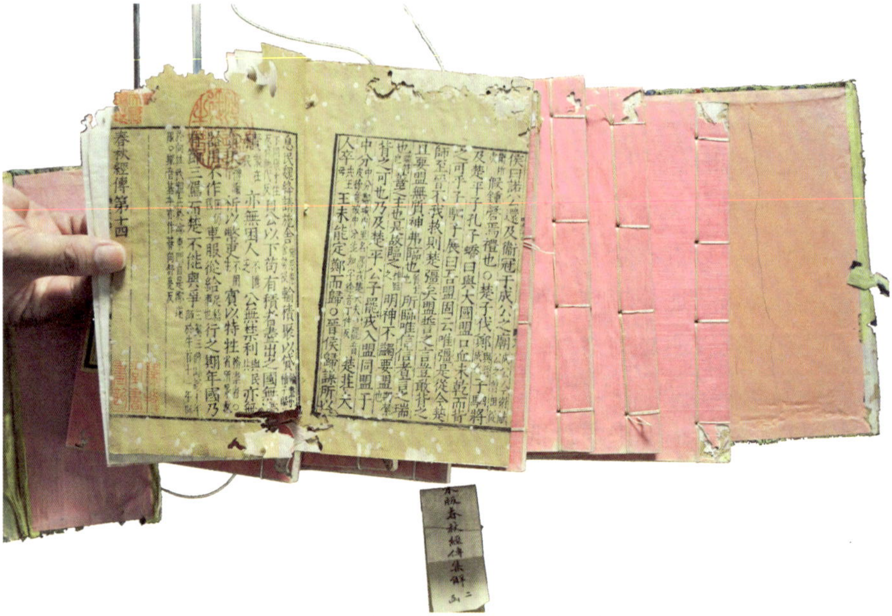

图4-3-24　宋板《春秋经传集解》修复前

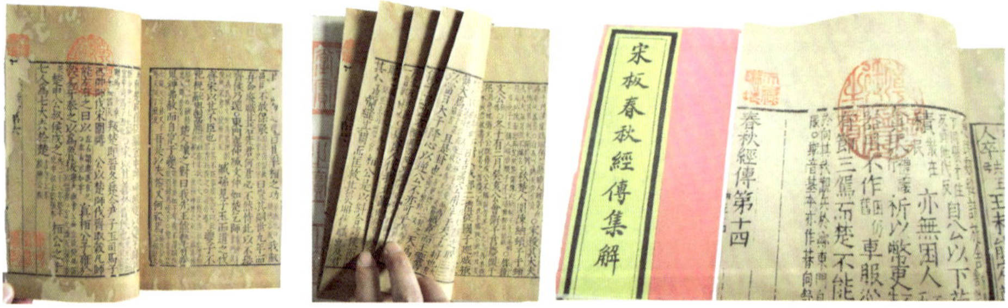

图4-3-25　宋板《春秋经传集解》修复后

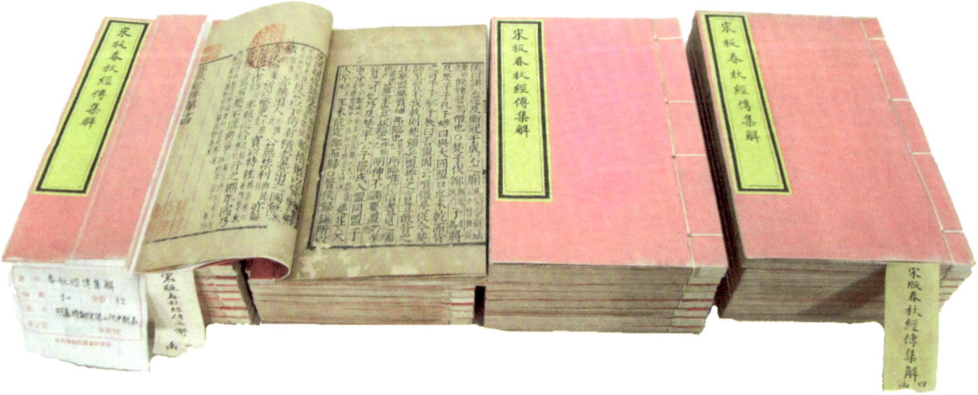

图4-3-26　宋板《春秋经传集解》整体修复效果

图4-3-27　作者查看修复后效果

在修复此书时，我还发现有一个问题，就是此书4函32册中有16册在每书的第1叶紧挨右边栏下方钤有“元之私印”一枚。仔细观察此书经前人修复后，在装订时竟将书眼订在印中“之”字上。开始对此书第3函进行修复时，我就发现了此问题，但当时考虑应尽量保持原貌，如果移动书眼位置，随之出现的问题是包角的位置要改变，还要订新的书眼，更重要的是每函中不受印章牵扯的其它册也要改变书眼和包角位置，故修复后仍按原书眼进行了订线。但随着修复的进行，总觉得按原样恢复不妥。因为把书眼订在印中字上和随后的订线，对印中之字都是极大的破坏，印的损伤将近三分之一，这显然与古籍修复中所提倡的“片纸只字，要认真对待”的理念相背。故痛下决心，为保证文献资料的完整和印章的完好无缺，移动书眼。

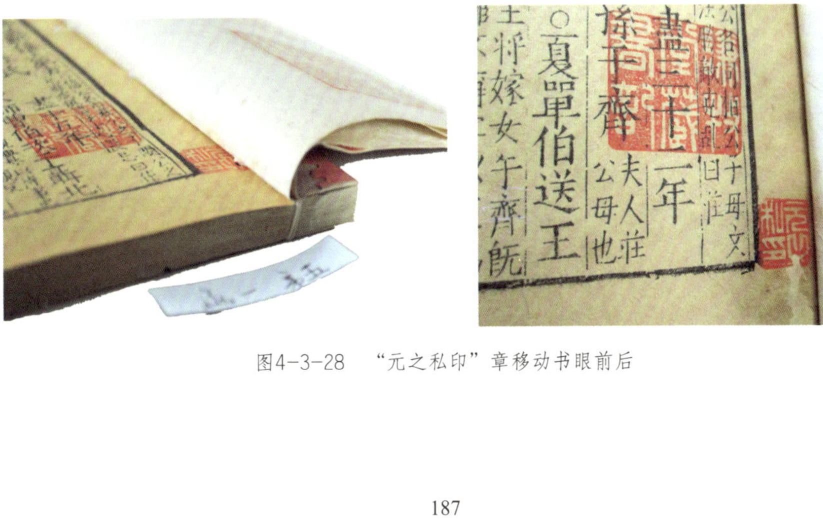

图4-3-28　“元之私印”章移动书眼前后

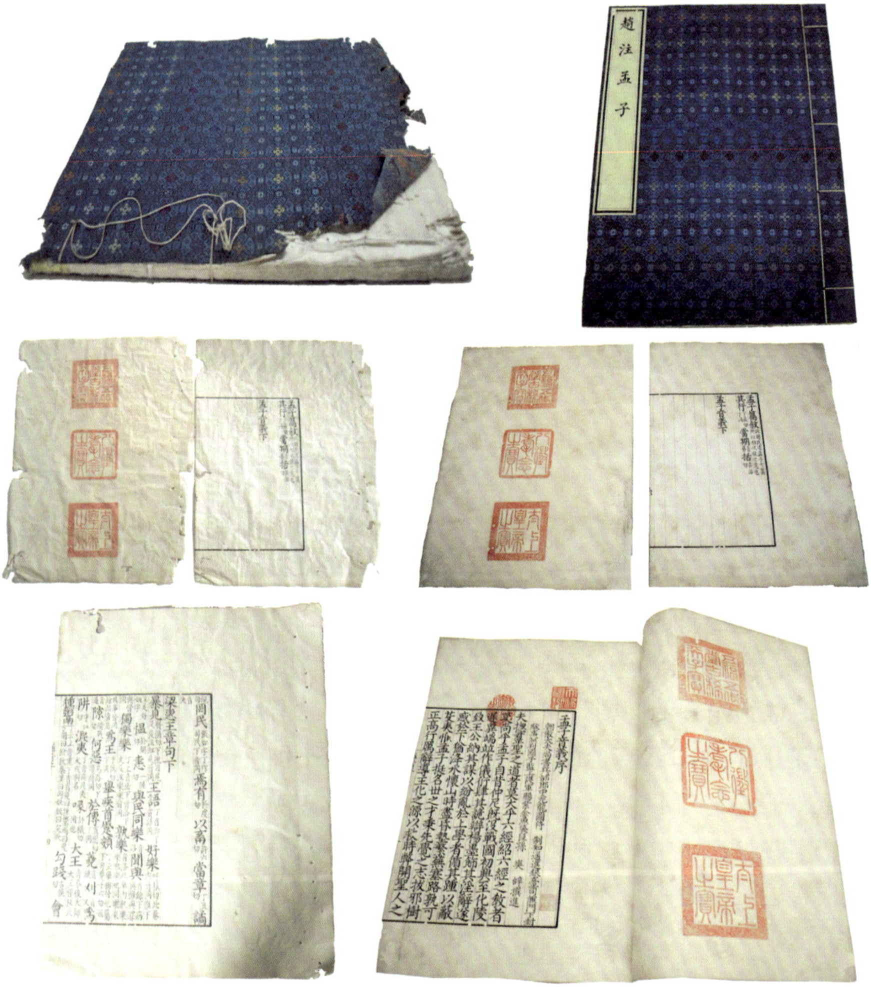

图4-3-29　《孟子音义》修复前后对比图

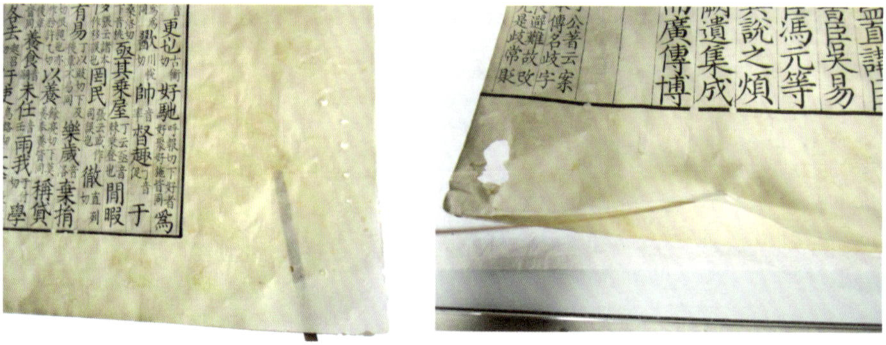

图4-3-30　《孟子音义》书叶干揭过程

在修复《孟子音义》一书时，发现此书同样是经前人采用“连补带衬”方法修复过的，修复后又出现了虫蛀现象。但与《春秋经传集解》不同的是此书因为通册糨糊堆积严重造成局部收缩并产生褶皱。此次修复，主要采取的修复方法为逐叶揭开衬纸对书叶进行补破。为保证修复后书叶平整，在不损伤书叶的前提下，尽量去掉多余的厚重糨糊。书叶补完后，把揭下来的衬纸重新放于原位。

最后，再谈一下对宋板《班马字类》的修复。表面上看，此书似乎也是经前人以“连补带衬”的方法修复过的，且极不平整，有褶皱现象，修复后又被虫蛀。但打开书叶后，发现与前两者又有不同。以卷2钤有乾隆三玺的副叶和第一叶为例，发现书叶背面完全不是衬纸，而是一些极破的纸毫无章法地撕成方形随意补缀在书叶背面。仔细再观察还有二次修复的痕迹，而且是不揭开原补纸，就在其上又覆一层纸，造成破损处又厚又硬，同时书叶的厚度和韧性也都发生了变化。其结果正如北魏人贾思勰在其所著的《齐民要术》中所说的一样，如“瘢疮硬厚”[①]。此次修复时，采取的办法是揭下这些随意补上去的纸，去掉堆积在书叶上的厚重糨糊，选择与书叶相匹配的纸，对书叶进行重新修复，以恢复书叶的原有平整与韧性。

图4-3-31　宋板《班马字类》修复前

①〔北魏〕贾思勰著，石声汉校释：《齐民要术今释》卷3，第284页。

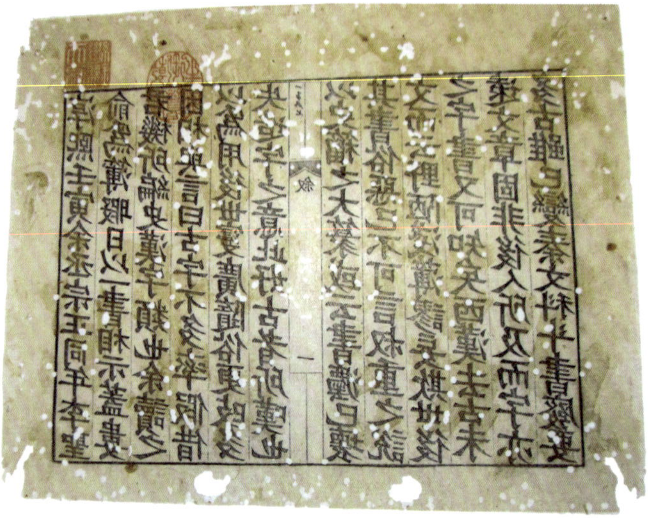

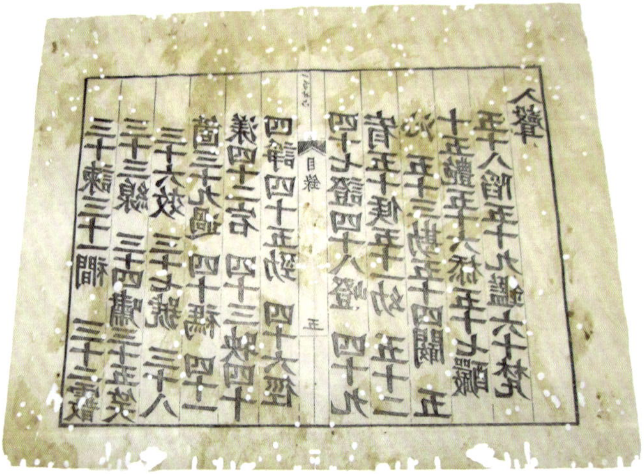

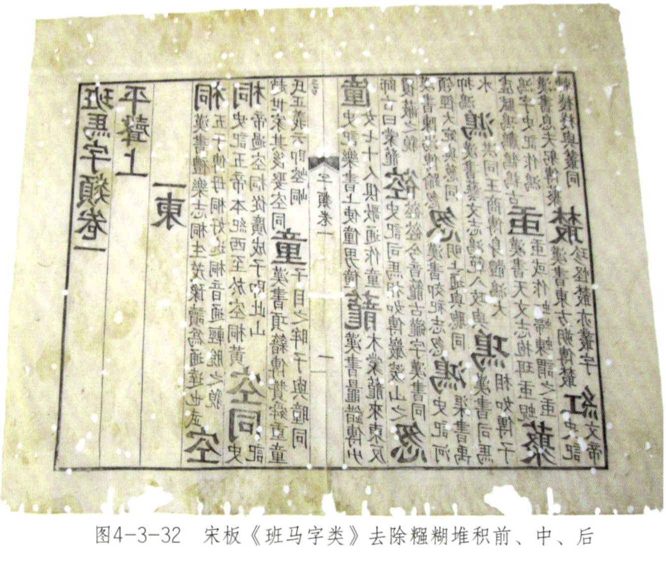

图4-3-32　宋板《班马字类》去除糨糊堆积前、中、后

图4-3-33　宋板《班马字类》前人修复痕迹

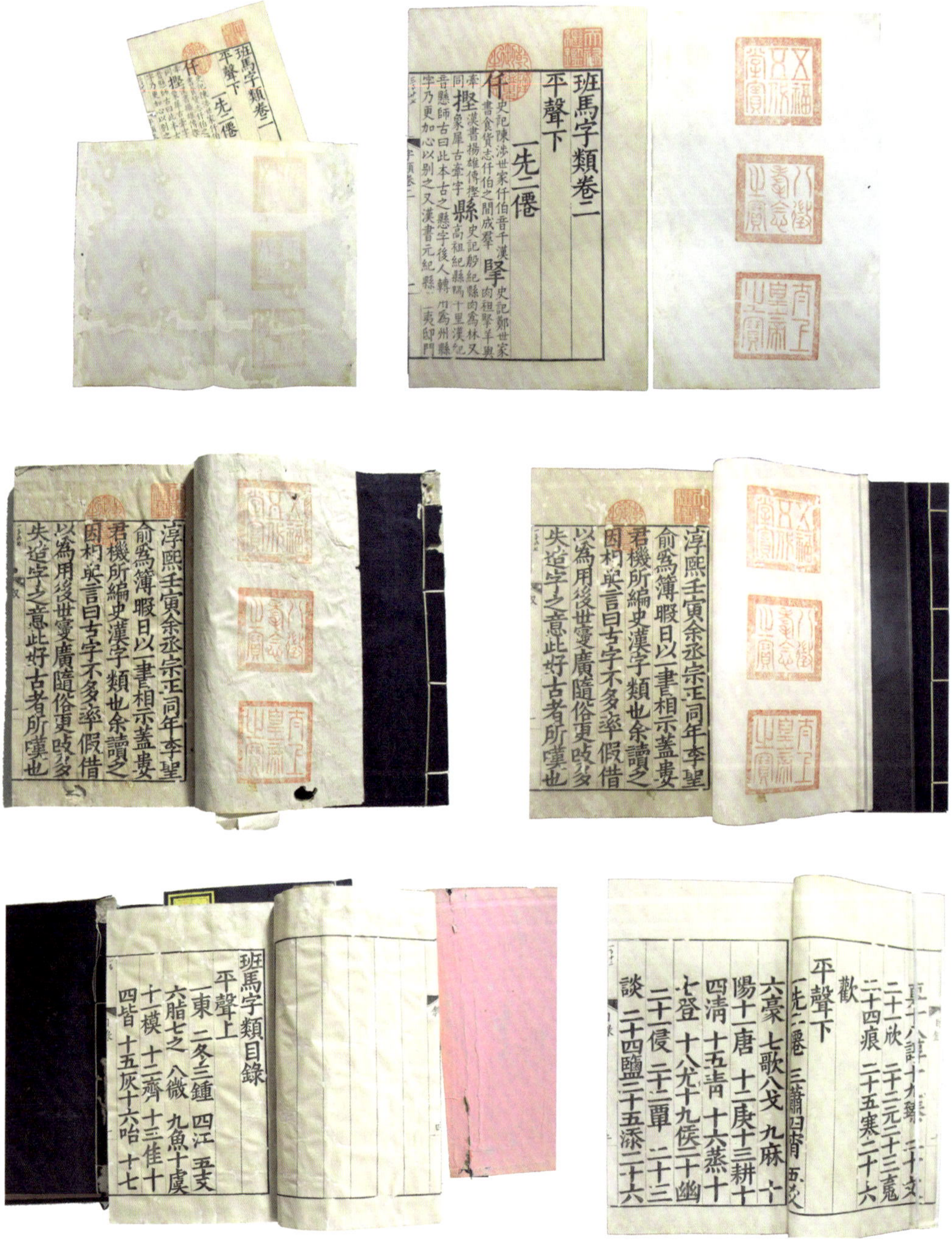

图4-3-34　宋板《班马字类》修复前、后对比

（三）关于衬纸的去除——以元刻本《事文类聚翰墨全书》第46册为例

《事文类聚翰墨全书》是现存宋元时期部头最大、影响最大的民间交际、应用类书。编者为宋代福建建阳人刘应李，刘出身于南宋儒学世家，1274年中进士，卒于元代。此书首次刊行于大德十一年（1307），也即元初。全书208卷，熊禾作序。泰定元年（1324），建安詹友亮对该书进行了改编后再次刊行，共134卷，毛直方作序。大约元末明初，建阳书坊对改编本再次改编、印行，共134卷。故传世的《事文类聚翰墨全书》有大德本、泰定本、明初本3种版本。

我在修复本书第1册时就注意到有序一篇，正是熊禾所作。由此断定，此部《事文类聚翰墨全书》应为元大德本。大德本全应为208卷，而根据此书的书签了解到国图存为108卷，47册，缺遗100卷。

此本《事文类聚翰墨全书》第46册，为四眼线装，豆青蜡笺书衣，书高18.6厘米，宽12.5厘米。半叶12行，行20字。双鱼尾，双黑口，文武栏。带衬，米色包角，26叶。

图4-3-35
元刻本《事文类聚翰墨全书》第46册修复前

图4-3-36　元刻本《事文类聚翰墨全书》
第46册部分破损外观

1.纸张分析

经纸纤维分析测试书叶为100%毛竹，竹纤维打浆度偏低，有大量未分散的纤维束。局部纤维发生明显的糟朽、碎化，老化比较严重。

2.破损情况

通册糟朽、发霉、粘连并形成书砖。书前副叶所钤乾隆三玺残，正文第一叶“乾隆御览之宝”残，“天禄继鉴”残。后副叶“乾隆三玺”缺，正文最后一叶所钤“乾隆御览之宝”残，“天禄琳琅”残。前后书衣残，包角残。

3.关于此书的衬纸

由以上破损情况，可知此书破损严重。对此类糟朽、发霉、粘连状况的古籍的修复，我在之前的文章中已有阐述，在此就不再赘述，而是重点谈一下关于此书衬纸的去留问题。

所谓衬纸，是在对古籍进行修复时，经过溜口或修补后的书叶，捶书后，书口或叶面仍然凹凸不平，必须在补过的书叶里面衬一张纸，以恢复书的平整。这便是衬纸在古籍修复中的作用。从乾隆年间因四库开馆而兴的琉璃厂书肆中，一些书商为求暴利，将一册或一套线装书，在原有册数的基础上进行拆分，使册数增加。古籍拆分后，为恢复原书厚度，便在书叶中衬纸。此种方法，在当时的琉璃厂书铺中较为流行。谈到此，想起了一个小故事，1917年，日本人在修复一部中国古籍《普陀洛山志》时，发现了一些异乎寻常的衬纸。这些衬纸上印的是《金瓶梅》，而且在日本并没有找到与其相同的版本。他们便把这些衬纸拍成照片，寄给中国学者，向他们请教。中国学者看到后，也没见过这个版本的《金瓶梅》。而这些衬纸用的旧书叶很可能就来自琉璃厂的书铺。当时为了节约起见，一些书铺常用一些废弃的旧书叶充当衬纸。我也曾遇到过衬纸为旧书叶的情况。

“天禄琳琅”专藏修复项目自开展以来显现，很多书都有衬纸。综合统计，主要有两种衬纸方法，一种是单纯为增加厚度而衬纸，如元刻《事文类聚翰墨全书》等。另一种是“连补带衬”，就是把补和衬两道工序合二为一，是一种不正确的衬纸方法。如《玉篇》《春秋经传集解》《赵注孟子》《班马字类》等。关于这些衬纸，我向来的观点是尽量保留。因为这些衬纸也大致有一二百年的历史了，保留这些衬纸，对保证珍籍修复后旧装“味道”不变，也就是保留书的原貌无疑是恰当的举措。故在修复“天禄琳琅”专藏过程中，虽然遇到的衬纸或大都有破损、或衬纸为“连补带衬”不易揭补，但通过补或揭，大都保留了下来。

但是修书也和做其它事情一样，还应具体问题具体分析。如在对《事文类聚翰墨全书》第46册修复过程中，遇到了一个问题，就是本册珍籍的衬纸去留问题。此册与先前修复此部书的其他册时所遇衬纸不尽相同，虽然《事文类聚翰墨全书》自修复以来，所遇破损情况大多为粘连、糟朽，但衬纸整体形态还算完整。糟朽部分经过采取加固等技术手段后，仍可以利用。故修补后，重新归于原位。而在对此册的衬纸做纤维检测分析中发现，本册衬纸纤维成分为青檀皮85%，稻草15%。衬纸下半部分纤维呈旋转状断裂，外观形态已变。造成此种断裂的原因，我认为主要是衬纸与书叶受水浸后，书叶由湿转干，在这个过程中，衬纸产生了收缩，又由于此书衬纸已经糟朽，同时，衬纸的成分檀皮纤维组织比较稀疏，故在遇水收缩的过程中，衬纸产生了断裂。衬纸上半部分在显微镜下观察，糟朽、霉菌侵蚀严重。在显微镜下发现，纤维韧性已完全丧失，纤维断裂。同时，衬纸上半部分完全被菌团所覆盖，菌团的成分，由大量的孢子和菌丝组成。

图4-3-37　分离书叶与衬纸

图4-3-38
《事文类聚翰墨全书》第46册衬纸破损状况

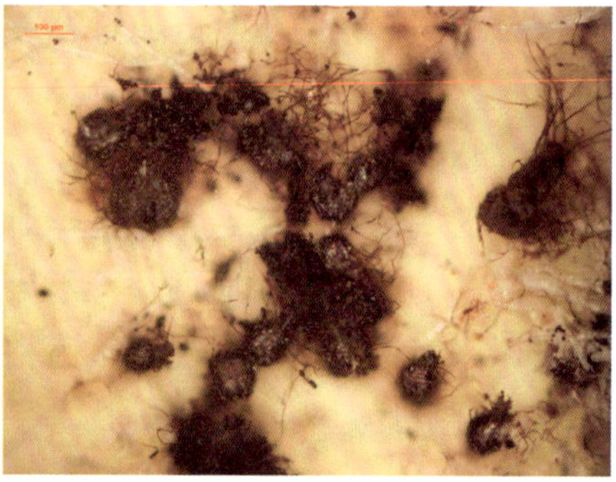

图4-3-39　显微镜下观看衬纸上的霉菌孢子

图4-3-40　显微镜下衬纸裂口部分形态

面对这样的衬纸，我认为应该弃掉。因为衬纸的主要作用就是保护书叶，而此种状态下的衬纸已经失去了保护书叶的功能。如果过于强求留下衬纸，一旦环境适宜，菌团复活，将给书籍本身带来灾难性的后果。故此书修复后，没有用旧衬，而选用了新衬（皮、竹混料）。

图4-3-41　元刻本《事文类聚翰墨全书》第46册修复后

通过对元刻《事文类聚翰墨全书》第46册的修复，我得到一个启示，就是我们在对古籍修复时，采取的一切措施，都应有利于古籍的长久保存，有利于古籍生命的延续。我认为，这也是我们采取一切修复措施的出发点。这一认知，也体现在我对"天禄琳琅"珍籍修复工作的全过程之中。如对明嘉靖本《六家文选》卷42的修复，在修复之前，此书并没有衬纸。但是在修复中发现，此书絮化严重，书叶超薄，给人以一触即破的感觉，此种状态下，书叶和字迹极易受损。修复过程中，为保护超薄的书叶，进行了衬纸。衬纸后，间接增强了书叶的韧性，对字迹也起到了保护和加固的作用。另外，在对明万历刻本《丹渊集》的修复中发现，此书破损严重，纸张强度基本丧失。在修复过程中，如果仍采用传统的捶书方法，恢复书叶平整，无疑对已失去韧性的书叶又造成一次破坏。故我采取了不捶书而衬纸的办法，使书叶恢复其原状。通过以上这些例子可以看出，衬纸的取舍完全是根据古籍的不同破损情况并是否有利于其生命延续而定的。相信通过这次修复，珍籍可以很好地保存下去。

五、修复案例

（一）明板《唐类函》的修复（卷26至30、卷36至40）

1. 版本及破损情况

《唐类函》是明万历刻唐人所编的类书。

此册为《唐类函》卷26至30。线装，竹纸，蓝绢书衣，黄绢题签、包角，带衬纸（毛泰纸），书叶140叶。

通册糟朽、酸化严重（天头部分），天头处经检测得pH值4.37。

图4-3-42　明板《唐类函》卷26至30

2. 主要修复过程

此册《唐类函》通册天头部分酸化严重，需去酸处理。纸张的酸化，是古籍文献纸张老化变质的主要原因。主要表现为植物纤维素发生氧化降解和酸性水解。作为纸张的主要成分，纤维素在中性和弱碱性条件下是相当稳定的，难于水解和氧化。但是在酸等因素的影响下，水解酸化速度显著加快，表现为外观变色、发脆。同时，在显微镜下观察内部，发现结构被破坏，纸张酸化后纤维形状改变，纤维断裂，强度降低。纤维素在发生水解的过程中还发生氧化反应，两者同时存在于纸张内部，产生有机酸。酸化是影响纸张寿命的主要原因。遇到此种情况，修复师一般采取整叶去酸，然后每叶整体托裱的办法。托裱后撴齐、压实后上机器刀裁齐。

采用此种方法修复后，问题就出现了：首先，整体去酸后，在碱性溶液浸泡及水的漂洗过程中，书叶未酸化部分的颜色就会变浅。另外，书叶托裱加固后，整体变厚。最后，用机器刀裁切，更使古籍焕然一新。颜色变浅、整体变厚、机器刀裁切，使古籍的原有面貌荡然无存，而保持原有面貌是“整旧如旧”原则中一条重要的内容。另外，在水、糨糊及托纸的作用下，承载物会产生收缩，其稳定性也会发生变化，这显然与“最少干预”原则内容相背。布兰迪在《修复理论》中认为，在使材料再生的过程中“只有在极其有限的范围里，非常小心谨慎地应用……”①，1972年，布兰迪与德奥萨特共同起草了《意大利修复宪章》，也就是《1972修复宪章》。在《意大利修复宪章》中，谈到木质承载物的修复，布兰迪认为：“除非出于画作美学享用的目的而真正必要时，否则，对古老且依然稳定的木材不进行任何干预就总是更可取的。”②布兰迪此段话的含义，就是尽可能地不要对原承载物进行过多的干预，否则，将无法保证原承载物的稳定性及惰性。

木质承载物如此，纸质承载物也会出现同样问题。纸张在潮湿和干燥状况下，它的伸缩性是不同的。新纸和老纸伸缩性也是不同的。所以，有经验的修复师一般不用新纸而用旧纸。或者把新纸放一放再用。我们把这叫去“火气”。去火气，就是让新纸的强度和收缩性尽可能与老纸相一致。老纸历经漫长自然老化，伸缩性已经非常稳定了，而新纸的伸缩性大于老纸。如果直接用来修复古籍，就会影响平整度。这就是补后有的纸张总是翘着、不服帖的原因。新纸的强度一般高于旧纸。故为了降低收缩率和强度，亦可采取加速老化的办法，设备为老化箱。老化一般在80℃和65%的温湿度条件下进行。老化后，新纸的收缩率和强度会有一定的减少。但是，我以为这种人为的老化，与旧纸经过漫长岁月干湿交替形成的内部稳定还是不同的。

在古籍修复过程中，不论是新纸、旧纸，还是人为老化的纸张，遇水后都会产生不同程度的收缩。故在古籍修复中，仍要坚持不过多干预，以

① [意] 切萨莱·布兰迪著，陆地编译：《修复理论》，第176页。

② [意] 切萨莱·布兰迪著，陆地编译：《修复理论》，第273页。

保证纸张的稳定性。过度的干预，造成纸质承载物产生的伸缩，将对修复后的复原造成困难。这方面，在以往的修复中，我是特别注意的。如对馆藏《韶山毛氏族谱》和《余姚杨氏宗谱》的修复，前者为水渍比较严重，但为了控制收缩，没有采取整体水洗去除污渍，而是用极少的水量去除污渍。而后者虽然絮化严重，但也没有采取整体托裱，而是局部加固。在古籍修复过程中，以最小的修复措施和手段解决修复问题，以保证承载物的内、外特性不变，这是我一直所坚持的。

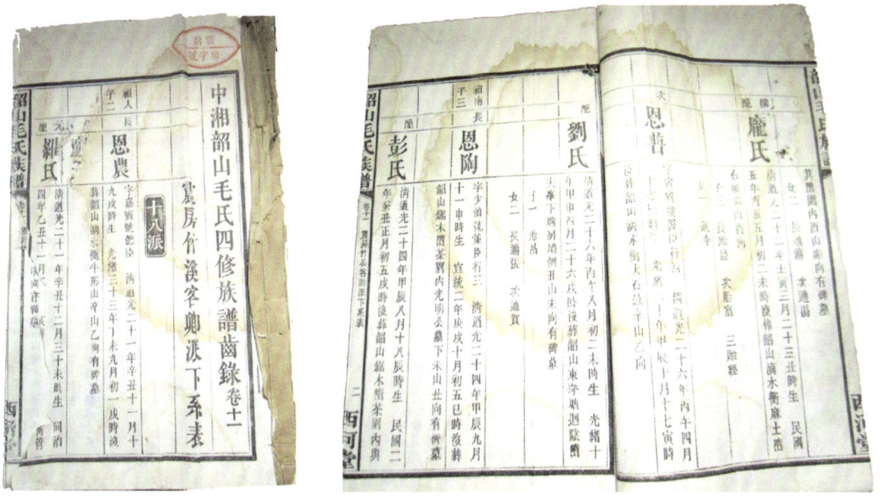

图4-3-43　《韶山毛氏族谱》修复前

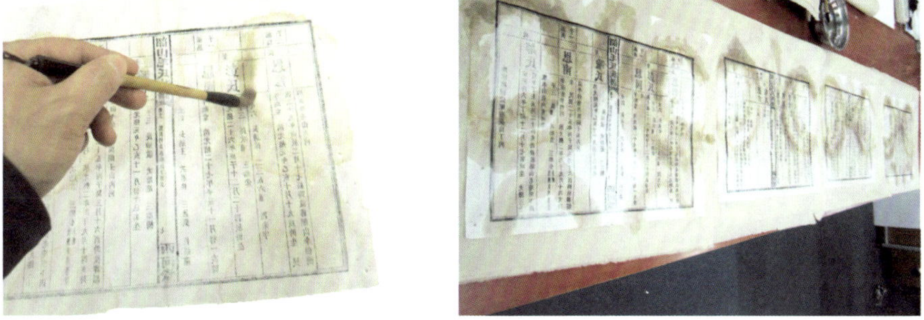

图4-3-44　《韶山毛氏族谱》修复中（去除水渍）

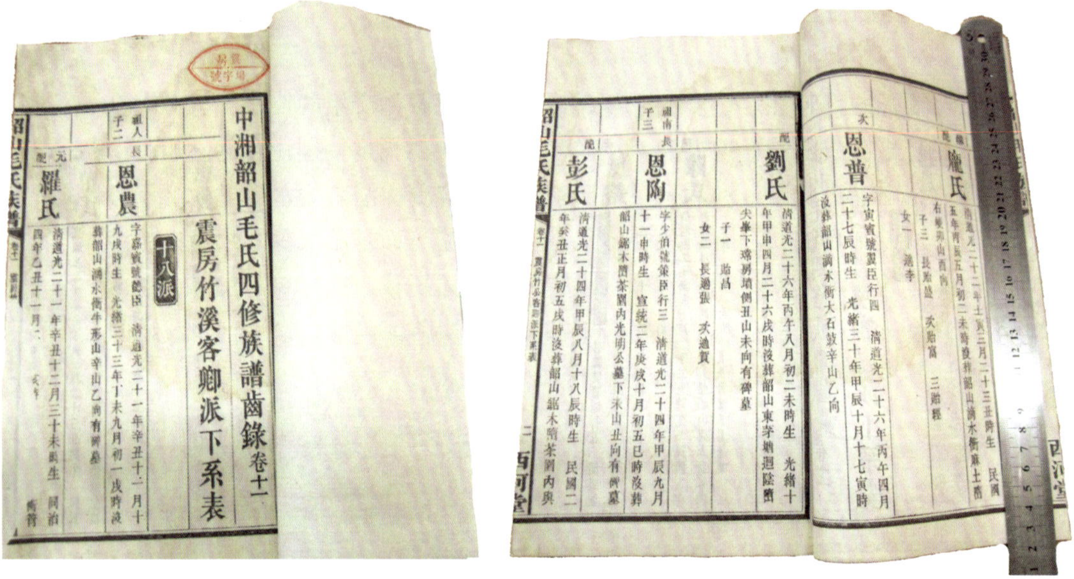

图4-3-45 《韶山毛氏族谱》修复后

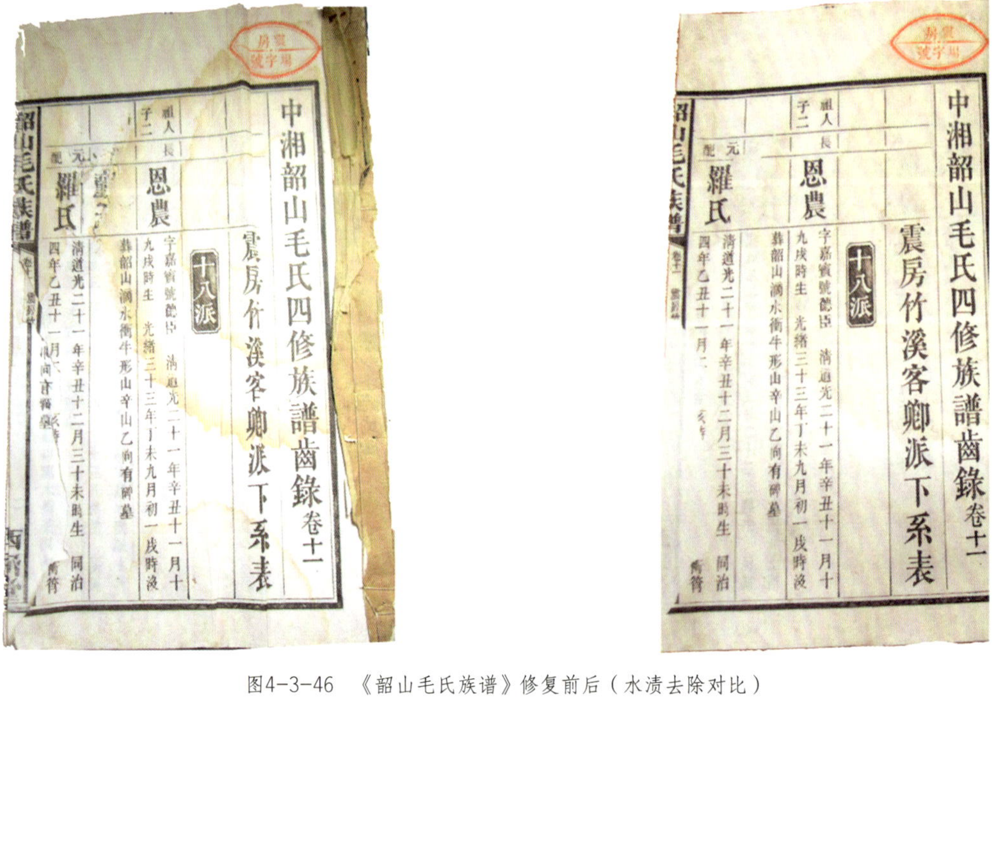

图4-3-46 《韶山毛氏族谱》修复前后（水渍去除对比）

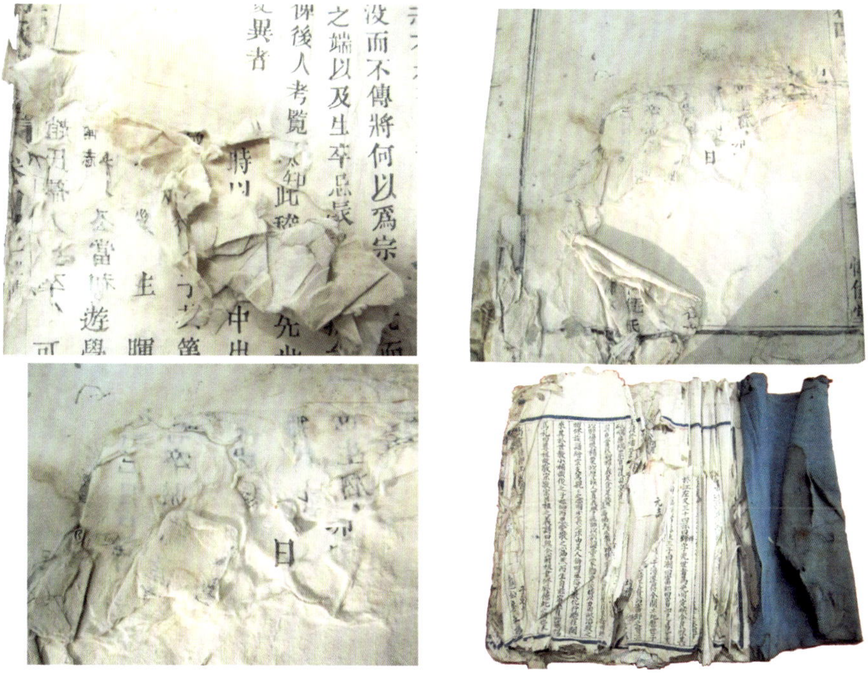

图4-3-47 《余姚杨氏宗谱》修复前（絮化）

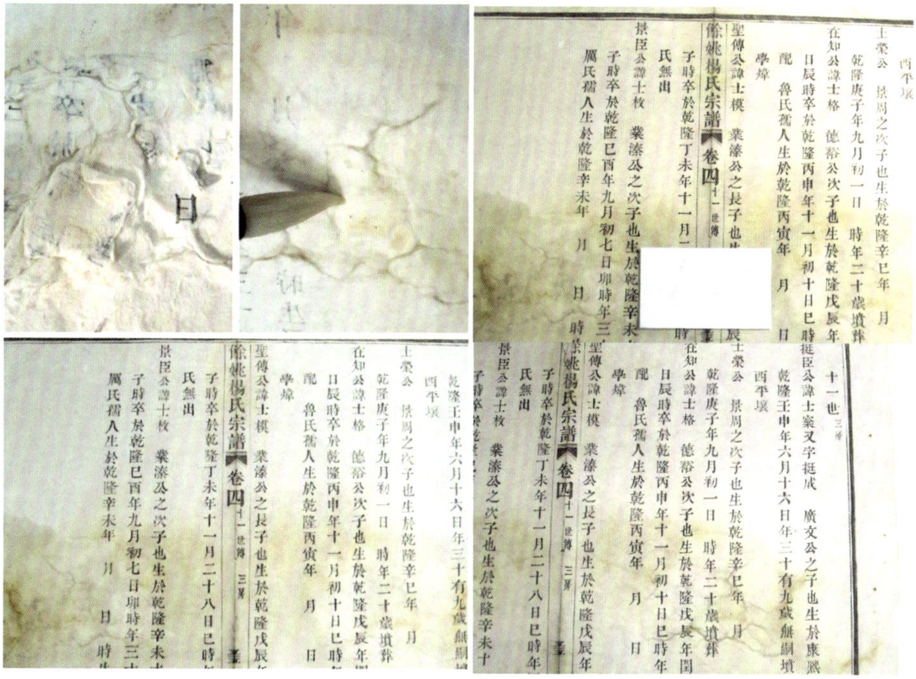

图4-3-48 《余姚杨氏宗谱》修复后

故在修复此册《唐类函》时，我采取了只对酸化部位去酸，保留未酸化部位的原有颜色。去酸后，采用局部加固而非整体托裱的办法，以保证原有厚度不变。同时，书叶的张力与收缩变化都得到了很好的控制，确保承载体的稳定性不变。采取以上措施后，古籍的原有面貌得到了最大程度的保护。具体措施如下：

（1）取碳酸氢钠与水按5‰（5克碳酸氢钠配1000克水）配成去酸液。

（2）只对酸化部位去酸，以保留未酸化部位原有的颜色，保持书叶其他部位的稳定。

（3）取一裱板，以15度斜角放置在托盘中，然后依次对每叶衬纸和书叶的酸化部分进行去酸，去酸后，放置30分钟，让去酸液充分渗透到书叶和衬纸之中。然后用纯净水漂洗去酸部分一到两遍。

（4）去酸后，采用局部加固而非整体托裱的办法，以保留原有的厚度不变。具体为，加固部分为马尼拉麻，补破部分为竹、皮混料。

（5）最后，用剪刀剪齐书叶，而非上机器刀裁切，也不能用砂纸打磨。古籍修复后，用机器刀裁切、砂纸打磨固然省事，但裁切和磨掉的是历史的痕迹。用剪刀剪齐书叶，难度确实大也费时费力，但古籍原有面貌得到了保留。我一向以为，古籍修复包括修补和复原两个部分，就难易程度来看，以十分为标准，修补占三分，复原占七分。三分修补、七分复原。判定一个修复师是否是高手，很大程度上就是看其复原水平。

图4-3-49　为书叶去酸

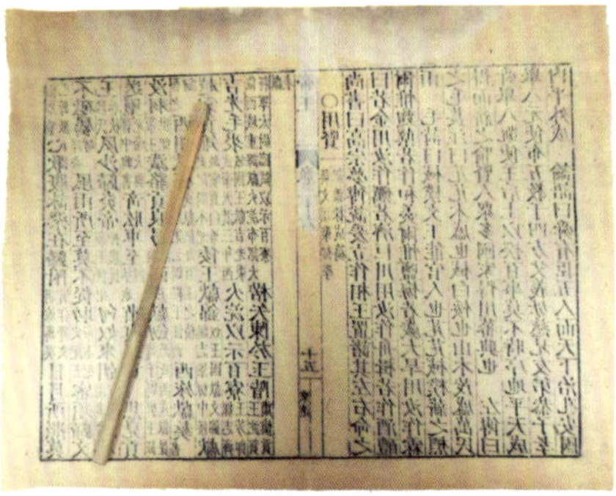

图4-3-50　天头部分加固

图4-3-51　书叶部位去酸后加固

图4-3-52　“天禄琳琅”修复中书叶剪齐过程之一

图4-3-53　“天禄琳琅”修复中书叶剪齐过程之二

采取以上措施和思路后，此册《唐类函》卷26至30修复后，书叶的颜色、整册外观都没有改变，这也体现了我们坚持“整旧如旧”“最少干预”等原则开展古籍修复的指导思想。

图4-3-54　《唐类函》卷26至30修复后外观

在接下来修复《唐类函》（卷36至40）时发现，通册虫蛀严重，地脚靠近书脊处糟朽，且带衬。

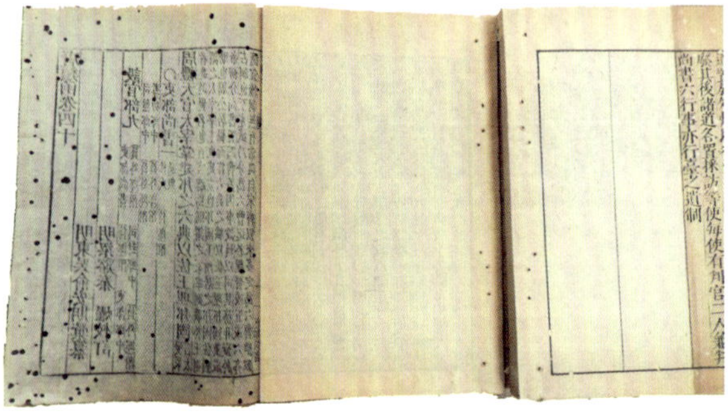
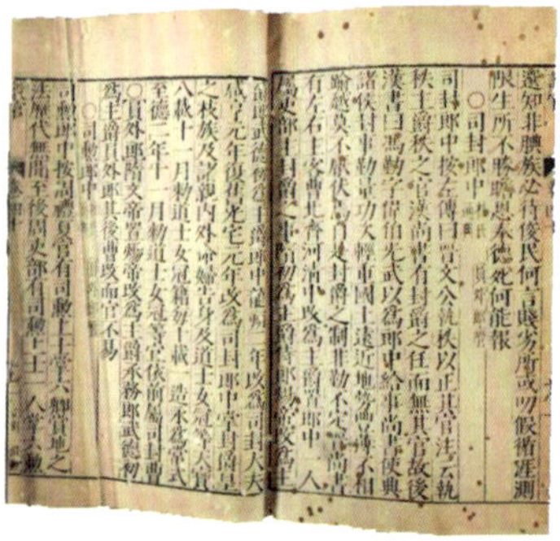

图4-3-55 明板《唐类函》（卷36至40）

此册通册带衬，衬纸的作用，大致有几种，一是经过溜口或修补后的书叶，有时经过书后，仍不能恢复平整，须在折后的书叶里面衬一张素纸，方可复平。二是有的书叶纸张非常薄，书叶折过之后，上半叶的字和下半叶的字都能透过来，影响阅读，故而衬纸。三是为了增加厚度而衬纸。四是连补带衬，就是把补与衬合二为一，省去了补破的步骤。在“天禄琳琅”的修复中，我们发现，在前人的修复遗迹中，很多都是采用连补带衬的方法进行的。但此种方法影响古籍的使用和保护，翻阅时，稍有不慎，就会造成书叶破损的地方与书叶整体分离，形成新的损伤。由于是局部点糨，且糨糊大都极为黏稠，造成书叶的伸缩和拉力不匀。故连补带衬后，书叶大都呈凹凸状，极不平整。且连补带衬中所使用糨糊大都为加了植物胶的小麦淀粉，极为黏稠。如再次修复，揭除衬纸将极为困难，稍有不慎，将对书叶造成伤害，造成不可逆的后果。故在古籍修复中，此种方法是不可取的。

纵观古籍中的衬纸，大致为以上几种。而此册《唐类函》（卷36至40）的衬纸，与前面提到的衬纸的作用完全不同。此册《唐类函》虫蛀严重，通册呈筛眼状。前人在修复此书时，对虫蛀部分，并未直接补破，而是采取了一种间接的“补破”方法，就是不用糨糊而是加衬纸。此种方法的好处，一是省去了补虫洞的环节。在古籍修复时，根据“古籍特藏破损定级标准”的规定，对所修古籍，按破损状况分为5级。这其中，关于虫蛀的破损定级规定，书叶的虫蛀面积达到50%以上，可定为一级破损。而此册《唐类函》虫蛀面积达到100%，外观呈筛眼状。通常情况下，对此种虫蛀书叶的补破过程是十分耗时的，一天下来，也就补几张。而省掉了补的环节，就大大缩短了此书的修复时间。

在古籍修复过程中，如遇筛眼状的虫蛀书，通常有连补带衬、托裱、补洞几种修复方法。如前所述，连补带衬的方法是不可取的修复。而托裱易造成整册书外貌的变化，亦为不提倡的修复方法。最后，就只剩下补洞这唯一方法了。前面提到，补洞过程是非常费时的，但这不是主要问题。对待如筛眼般破损的古籍，其修复难度其实并不在补破过程，而是补后的恢复平整。复平的办法就是捶，如此密集的虫眼，补后捶一两遍是平不了的。而若干次的捶书，也会损伤书叶，造成对书的二次伤害。但前人在修复此册书时，由于没有使用糨糊和补纸，固也就省去了捶书的步骤。也就避免了因捶书对古籍的伤害。且修复后，完全可逆。由此可见，针对密如筛眼般的虫蛀古籍，前人采取的不补而是加衬的措施，是值得提倡和效仿的好办法。故在此次修复中，我们保留了前人这一修复措施。

在本次修复前，我曾仔细观察此书，感觉前人以衬代补的办法固然好，但也有一些不足。此书虫蛀非常严重，但书叶中心及周边部分由于虫洞之间有纸纤维组织的支撑，书叶外观大致保持完整。但书叶四边的虫蛀已造成书叶轮廓的改变，书叶的完整性遭到破坏，更由于书叶的边缘部分缺少纤维组织的支撑，极易造成展阅时对书叶本体的损伤。所以在面对前人以衬代补的修复案例时，在保留前人修复措施的同时，对破损的边缘也应进行补缀，我以为，若修复中采取这些补充措施，将更好地起到对本书的保护作用。在对本册《唐类函》修复过程中，还发现有部分书叶呈糟朽状，此部分亦用皮纸进行了加固。借鉴前人经验，在接下来对《春秋集传大全》卷18、卷35至37等“天禄琳琅”专藏的修复中，都采取了以衬代补的修复方法。同时，对破损的边缘进行补破。

图4-3-56　明板《春秋集传大全》卷37第29叶正反面修补前

图4-3-57　明板《春秋集传大全》卷37第29叶正反面修补后

以上所介绍的，是“天禄琳琅”专藏修复中的两个案例。通过两个修复案例可以看出，不论是对卷26的修复中采取的局部去酸、局部加固等措施，还是前人在卷36的修复中采取的以衬代补的修复措施，无不体现着对古籍的修复手段要始终控制在最少范围之内的“最少干预”的修复理念。虽然历经两代人的修复，由于理念的相同，两册《唐类函》得以修复，古籍得到了很好的保护，古籍的原貌也得到了最大程度的展现。

（二）明刻本《六家文选》的修复

《文选》是中国现存最早，也是影响最大的文学总集。此书由南北朝时萧统编辑而成。萧统，字德施，梁武帝萧衍长子。天监元年（502）立为皇太子，未及即位而卒，谥号昭明，因此后人也称《文选》为《昭明文选》。而所谓《六家文选》是唐代时六位学者对《文选》进行了注释，故称《六家文选》。

1.版本情况

此册为《六家文选》卷42，纸质为桑皮纸，四眼线装，洒金瓷青皮，书高32.5厘米，宽21.7厘米。半叶11行，行17字，小字双行，行26字。随书夹有红、黑书签各一枚，两枚书签应是“天禄琳琅”藏书入藏北京图书馆前，由故宫博物院图书馆整理这批古籍时，留下的登记书签。红签在版本一栏中写有“明嘉靖袁褧刻本”一句，在黑签旧藏一栏中写有“昭仁殿”句。在审定一栏中写有“明嘉靖袁褧版”句。《六家文选》《六臣注文选》《文选》历代都有刻本，但当以明嘉靖时袁褧嘉趣堂刻本最为有名，以致《天禄琳琅书目》（前编）中就收录了十部明板《六家文选》，同为明嘉靖十三年至二十八年（1534—1549）吴郡袁褧嘉趣堂覆宋刻本，而在《天禄琳琅书目后编》中也收录了其多部刻本，以致国家图书馆和台北“故宫博物院”都收藏多部袁氏刻本。

刘蔷女士在其所著《天禄琳琅研究》一书中提到台北“故宫博物院”藏有明嘉靖二年（1523）汪谅覆刻元张伯颜本59册，只缺卷42。而巧的是此次要修复的正是《六家文选》卷42，便有一个疑问，此册是否为台北“故宫博物院”缺的那册？如果是，那就不是袁氏刻本，而是汪氏刻本。果真这样，此册修复后，如能珠联璧合，配为完帙，也不失为一件有意义的事情。

2.破损情况

图4-3-58　明板《六家文选》修复前

整册书叶严重变形，并同时存在粘连、霉渍、絮化、表面污泥、残破等状况，破损十分严重。

3.主要修复步骤

（1）拆揭：因此书整册粘连，故借助启子等工具先对书叶进行了分离，共分离出34叶，同时发现，自24叶之后，破损更甚，并有絮状、变形状况。

（2）清洁：由于霉渍及污物附于整册，故分离后又对本书逐叶进行了清洁，采用的工具为毛刷。通过清洁，粘附在书衣及书叶表面上的污泥及霉渍得到了很大程度的去除。

（3）纸纤维测试及分析：通过纤维分析发现，纤维成分为纯桑皮，纤维纯净，杂质极少。由于纸张超薄，内部杂质又太少，纤维与纤维之间的结合点有限。有以上纤维特点的皮纸如遇书叶保存及使用不当，就极易絮化及变形。

（4）配纸：选择古籍修复用纸，应首先确定纸张的种类。常用的古籍修复用纸大体上分为3大类，包括皮纸、竹纸和混料纸。而每一种纸中又包括若干种，如皮纸中包括桑皮、构皮、青檀皮等。故选择修复用纸，应首先确定纸张种类。此册《六家文选》所用纸张为皮纸中的桑皮纸，故选用补纸的种类也为桑皮纸。确定了补纸种类后，还要注意所选桑皮纸是否与原书叶薄厚一致，如果纸张薄厚不同，就会造成补纸与原书叶遇水后出现不同的伸缩。具体说就是补纸薄于原书叶就会造成补纸遇水后伸缩大于原书叶；补纸厚于原书叶，补后补纸伸缩小于原书叶。这样就会直接影响古籍修补质量，造成破损处褶皱不平。同时，此书修复前状况是破损和絮化，需要加固和补破同时进行。故选择不同薄厚的皮纸，是确保加固部分和补破部分薄厚一致、外部形态不变的关键。在选择修复用纸时，还应注意帘纹的走向、宽度、疏密

图4-3-59　作者翻查国图所藏前人留下的旧纸

程度等。如果原书叶的帘纹是上下走向，那所选补纸的帘纹也应与原书叶一致。否则，就会造成收缩方向及强度不同，这样就会使原书叶与补纸不能充分融合，补后书叶总是翘着，难以达到平整、柔软如初。

（5）染色：为所修古籍纸张配色是古籍修复中重要的一个环节，它直接影响古籍修复后的美观。配色有两种途径：一是选用旧纸。因旧纸纸质、颜色自然，匹配原书相得益彰，修复后外观效果良好。但是用旧纸也有局限性，比如可用的数量极为有限，种类难以满足需要，又由于年代久远，旧纸已出现了不同程度的老化。用老化的旧纸补破后，其附着力和牢固程度都不如新纸；二是选用新纸。选与原书叶种类相同的新纸，采用仿古染色技术，将其染成与原书色泽相似的补纸，以达到“整旧如旧”的修复要求。染后的纸张既与原书叶颜色相协调，又比旧纸牢固。

图4-3-60　国图文献修复组的纸库

此次对此书选用的桑皮补纸进行染色时，力求达到与原书叶颜色相似，所用颜料为橡碗子和板栗壳。另外，还有一个使用橡碗子染纸的问题，就是我在修复实践中发现，用橡碗子煮出的染液，其pH值低于中性标准，也就是其酸碱度偏于酸。我以为虽然在古籍修复中使用橡碗子染纸历史悠久，但为了古籍的安全，要慎用橡碗子，控制使用的量，或加适量的碳酸钙等，或用板栗壳代替。与橡碗子相比，板栗壳的pH值要更高一点。

图4-3-61　植物染色，用作书叶补纸

书衣材质为瓷青洒金宣，且破损严重，对选用的构皮补纸进行染色，所用染料为国画颜料中的花青、紫及墨汁等（另外，我们也尝试用传统的方法，提取靛蓝，浸染纸、绢，用来修复书衣）；由于钤有乾隆三玺的前后护叶为罗纹纸，故选用与之匹配的罗纹宣纸作为补纸，对新的罗纹补纸进行了染色，染料为红茶。

图4-3-62　明板《六家文选》修补书衣配纸染色（构皮纸）

图4-3-63　明板《六家文选》修补护叶配纸染色（罗纹宣纸）

图4-3-64　国画色染色，用作书衣、包角等

图4-3-65　制作洒金纸

在对以上3种纸张染色中，均遵循“宁浅勿深”原则进行，具体操作以刷染方式为主。值得注意的是，运用橡碗子、板栗壳、红茶对补纸进行染色时，保持染液的温度十分重要，整个过程需保持其在85℃以上，否则不易固色，容易出现花斑现象。用花青、紫及墨汁对书衣补纸进行染色过程中，保持染液的均匀十分重要，在操作过程中需不时搅拌，此为保证染后色泽均匀的关键。

（6）补破：此书絮化、破损、变形严重，在修复中采取固定与补破同时进行的办法，具体操作是在修复中取一张化纤纸放在补书板上，取一张书叶再放置其上。用毛笔蘸清水逐字逐行对絮化、变形的书叶进行展平、复原。然后用毛笔蘸稀糨糊涂在展平、复原处并用薄桑皮纸加固。此项工作完成后，再用毛笔蘸稀糨糊涂在破损处并用补纸补缀。整个过程中，下笔的轻重是补缀成功的关键。

图4-3-66　明板《六家文选》卷42第25叶修复前、修复中、修复后

图4-3-67　明板《六家文选》卷42书衣修复前、修复中、修复后

按以上步骤修复后，此册明板《六家文选》外观恢复了平整，絮化、变形部分得到了加固和复原，补齐了破损部分，整体效果令人满意。

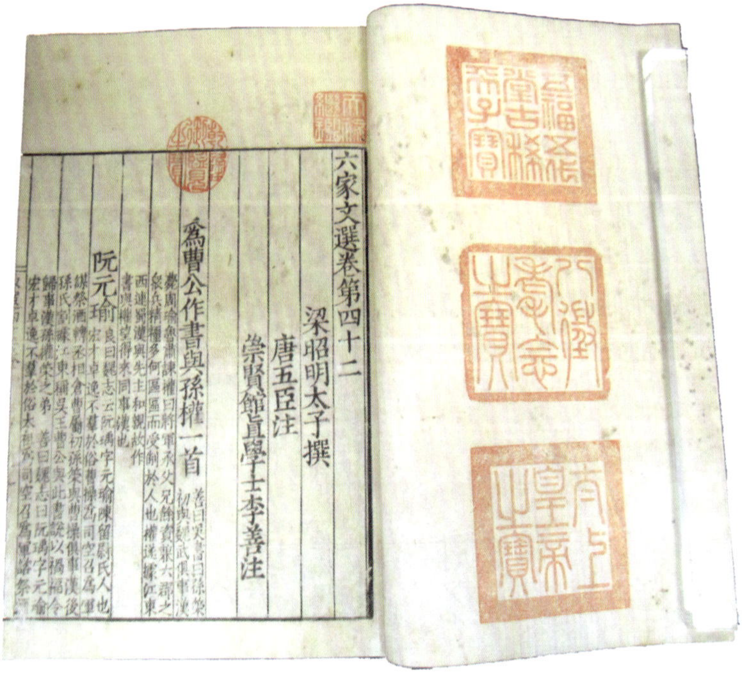

图4-3-68　明板《六家文选》修复后

（三）明板《丹渊集》的修复

《丹渊集》为北宋文同的诗文集。文同，字与可，人称石室先生，北宋画家、诗人，他的表弟苏轼曾称赞他诗、词、画、书四绝。作为画家，他开创了墨竹画法的“湖州竹派”。“胸有成竹”这个成语，就是起源于他画竹的思想。

1.版本情况

有关《丹渊集》一书，明万历、崇祯及清代有多个刻本，此《陈眉公先生订正丹渊集》为明万历毛晋刻本，书签记录为昭仁殿旧藏。此书8册44卷，米黄皮、竹纸、包角、线装。书高25.5厘米，宽16.5厘米。半叶9行，行18字。前后护叶均钤有乾隆三玺，每册第一叶在上边栏正中钤有“乾隆御览之宝”，上边栏右角钤有“天禄继鉴”。每册最后一叶上边栏正中钤有“乾隆御览之宝”，上边栏左角钤有“天禄琳琅”章。

图4-3-69　明板《丹渊集》第1册修复前

2.破损情况

第1册：破损非常严重。全册粘连、糟朽、霉烂、残缺并呈书砖状态。

第2册：破损不甚严重。有虫蛀，书皮、护叶有霉。

第3册：破损严重。全册粘连、糟朽、发霉。

第4册：破损不甚严重。书皮、护叶有霉。

第5册：破损不严重。局部发霉。

第6册：破损严重。全册粘连、糟朽、发霉。

第7册：破损不严重。书皮有霉。

第8册：虫蛀严重。前人修复时只衬未补，书皮、护叶有霉。

修复步骤如下（仅以第1册为例）：

（1）清洁。整册表面有厚厚的污泥覆盖，故用毛刷及油画笔对表面附着的污泥进行去除。

（2）分离。分离前观察此书，发现破损非常严重。全册糟朽、霉烂、粘连、残缺并形成书砖。关于书砖的形成，主要是书籍受潮后，未能及时打开并去湿。在潮湿的环境下霉菌大量产生，同时霉菌与墨迹中的胶质成分混溶在一起，附在书叶表面形成粘连并随着书叶由湿转干变成书砖。分离主要采取蒸揭的办法，蒸的目的是软化书砖和书砖中的胶质以利于揭开书叶。先用皮纸包住整册书，外边再裹一层毛巾，以防止蒸的过程中蒸馏水滴到书叶上，包裹严实后放入蒸锅中蒸。首次上屉蒸用时5分钟左右，未见松动，又蒸大约3分钟后才见松软，接下来用竹启子对书砖逐叶分离。在分离过程中发现此书内部受潮后在霉菌的蚕食下已霉烂。分离过程中必须去掉这些“病灶”，才能将没有被霉菌蚕食的书叶分离开，分离过程耗时多日。

（3）纸张分析。修复期间对《丹渊集》的纸张纤维进行了测试。通过显微镜观察其纤维状态，成分为毛竹，其纤维损伤严重，具体表现为纤维老化断裂，结构强度基本丧失。另外，木质素含量高，纤维在显微镜下呈黄色（如木质素含量较少，则纤维呈酒红色，甚至蓝色）。纸张中含有

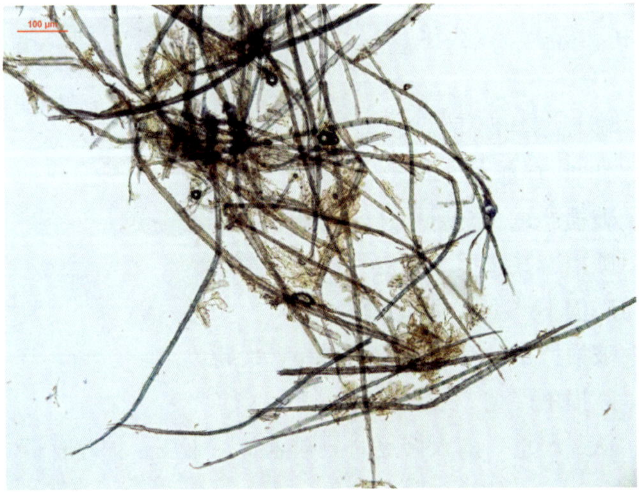

图4-3-70　明板《丹渊集》第1册书叶纸张纤维检测图（显微镜放大100倍）

木质素易造成纸张氧化，随着时间的推移易形成纸张老化，而外因的作用，如受潮、发霉等可加快纸张的老化过程。

（4）补破。补破时，补纸采用竹、楮混料纸、薄桑皮纸。竹、楮混料纸用来补破，桑皮纸用来局部加固。与竹纸相比，竹、楮混料纸更柔软，强度更接近原书叶，在竹、楮混料纸中，竹、楮混料纸也是最柔软的一种。由于书叶纸张强度基本丧失，故书叶补破后没有捶平，而采取衬纸的方法恢复书叶平整。我以为，对待如《丹渊集》之类的糟朽严重并失去韧性的古籍，如果仍采用传统的捶书方法恢复书叶平整，无疑是对已失去韧性的书叶又造成一次破坏。故采取不锤书而衬纸的方法使书叶恢复原状，无疑是对糟朽书叶最好的修复和保护。

在修复此部《丹渊集》的过程中又遇到一个问题，就是如何处理书叶中霉变的痕迹。我认为，虽然用褪色剂、除霉菌的化学药剂可以清除书叶上的霉变痕迹，但这对古籍会造成损坏，这些损坏现在可能看不出来，但是若干年后纸张就会发生劣化（比如纸张的强度、韧性转差），纸张劣化一旦形成，这个变化将不可逆，这显然与古籍修复中坚持的“可逆性”原则相背。故我认为，现在的技术手段还不成熟，或者会对纸

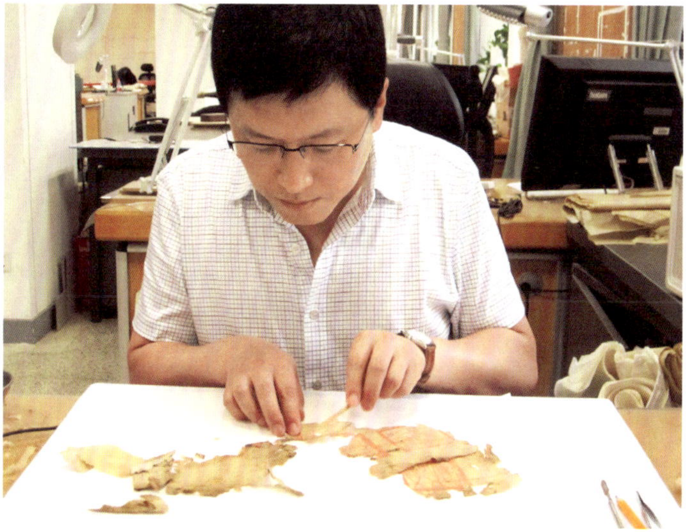

图4-3-71　作者在拼对明板《丹渊集》乾隆三玺护叶

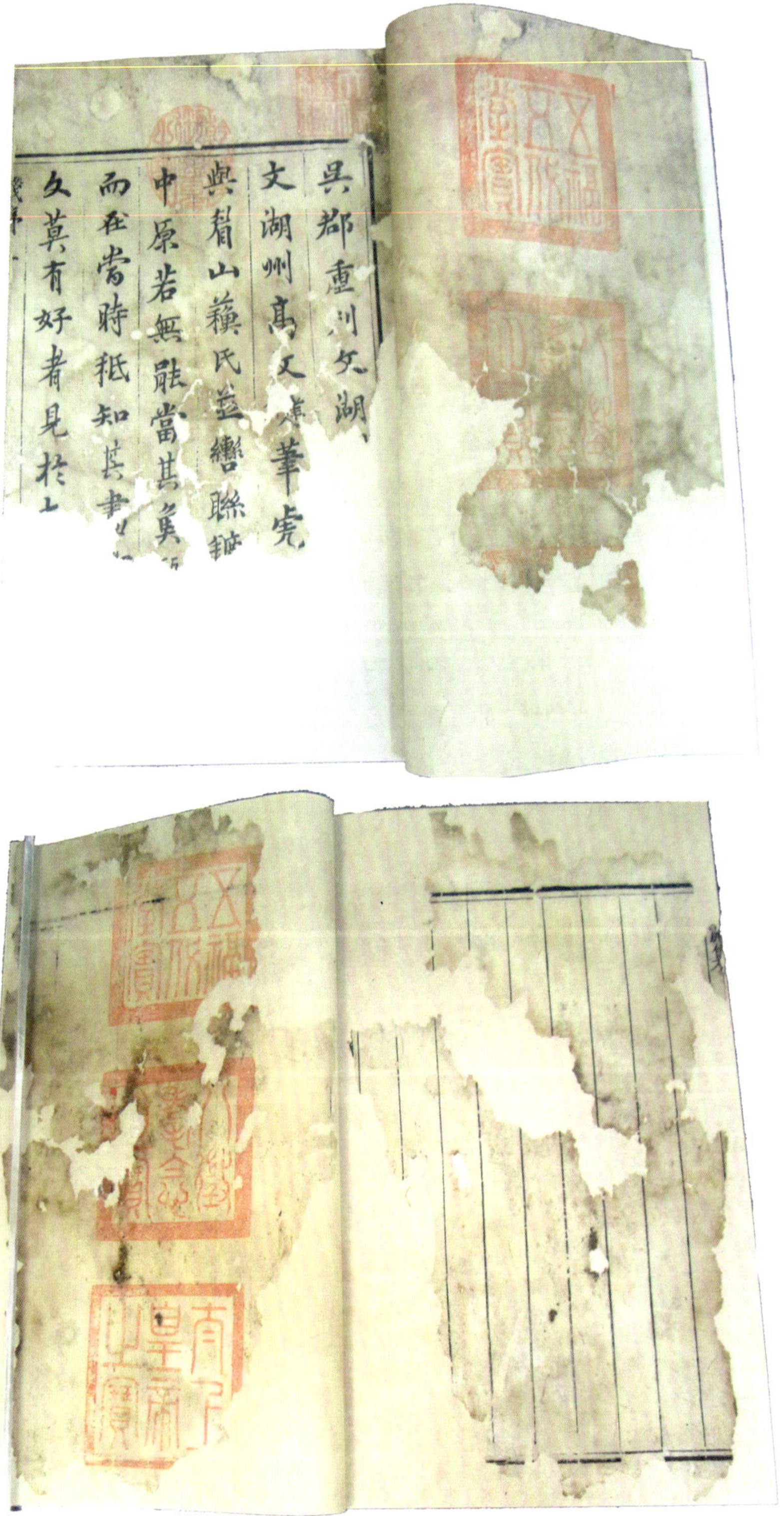

图4-3-72　明板《丹渊集》第1册修复后

张造成一定的损坏，那就先不予处理，可以先放一放，在这期间，可以用环境抑霉，也就是用温湿度控制霉菌的生长，若干年后人类可能更聪明了，霉菌痕迹会用生物手段而非化学手段去除。由此我有一个观点，古籍修复要给后人留点空间，别什么都修满了。

3.修复后的书叶数量

由于此册《丹渊集》在修复前为一“书砖”。故其内容是什么，共有多少叶都不清楚。以下为修复后统计。

表1　《丹渊集》修复后统计表

钱序（钱允治撰）	存4叶（全5叶）
叙	存2叶（全5叶）
墓志	存5叶（全6叶）
年谱	存16叶（全16叶）
目录	存63叶（全63叶）
目录题后	存2叶（全2叶）
乾隆三玺	存2叶（全2叶）

（四）明板《十七史详节》修复中发现的一种新的接背方法

《十七史详节》，宋代吕祖谦辑。吕祖谦（1137—1181），南宋哲学家、史学家。此《十七史详节》是作者读正史而节抄选编之本，在一定程度上反映了他的学术观点和人格理想。

1.版本情况

此《十七史详节》为明正德刻本，全书273卷，国家图书馆藏29卷，10册。

国家图书馆所藏《十七史详节》，为四眼线装，湖蓝色洒金绢衣，米色洒金书签。书高22.3厘米，宽14.3厘米。半叶13行，行26字。双鱼尾，白口，文武栏。有前人修复痕迹（划栏、连补带衬），接背。

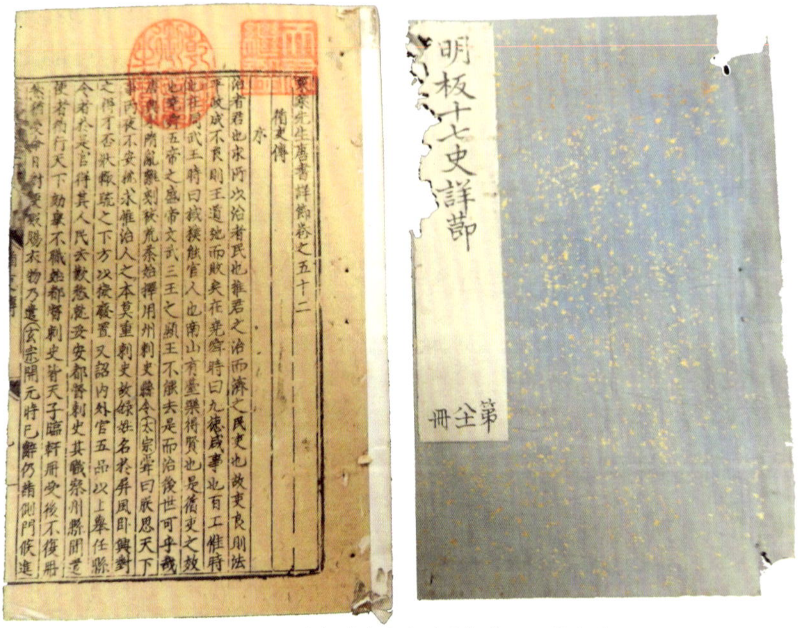

图4-3-73　明板《十七史详节》第81册修复前

2.关于古籍的常规接背方法

此书破损情况为虫蛀、线断并叶散。从破损程度来看，并不十分严重。故我对此书的介绍，并不针对破损部分的修复，而是此书的接背方法。接背，亦称“接脑”，为古籍修复术语。在古藉修复中，常常出现一种情况，就是有的书因书脑过于窄小，订线后，易压边框和图文。而采用接背的方法后，狭小的书脑立见阔绰，易于翻阅。

接背的常规方法有3种，衬纸接法、不衬纸接法、拼接法。所谓衬纸接法，就是在对书叶进行衬纸的同时，接宽书脑。清代藏书家黄丕烈在《陶杜诗选》题跋中就有“装成展读，因脑头狭小，殊不耐观，复命工易纸覆衬接脑，始可开展。”[①]这里所说的“覆衬接脑”，当为衬纸接法。不衬纸接法，也叫粘接法。就是裁一些与书叶数量相等，与书叶高度一

①〔清〕黄丕烈撰，余鸣鸿、占旭东点校：《黄丕烈藏书题跋集》（下），上海古籍出版社，2015年，第630页。

致，宽度视接背宽度而定的纸条，把纸条的左右两边，一边粘在书脑距书脊2—3毫米处，另一边回折与书脊边缘相碰，此为不衬纸接法。拼接法，又称硬接法，是一种既不用衬纸，也不用糨糊，而只用纸捻把原书与接书脑的纸条连结起来的方法。

以上为古籍修复中，普遍采用的3种接背方法。

3.关于此书的接背方法

我在对“天禄琳琅”专藏之《十七史详节》第81册修复中，又发现了一种有别于以上3种的接背方法。开始时，过眼此种接背方法，以为采用的是拼接法，也就是俗称的硬接法。但仔细观察，并不是传统的硬接法。不同之处有以下几处：一是常用的硬接方法是将接背用纸裁成单叶纸条，而此书是把接背用纸叠成若干沓；二是固定不同，通常的硬接固定方法是采用纸捻固定，具体方法是把两头尖的纸捻，一头固定在书叶上，一头固定在接纸上。而此种接背固定，则是不用纸捻。以下以《十七史详节》第81册为例，详细介绍一下此种接背方法。

此书的接背纸共有9沓，每沓6张，6张之间，点糨连结。具体形式为：每沓的折口都朝着书脊；另外，在第5叶书叶中间衬一张大于书脑的衬纸，并与第1沓在大于书脑部分点糨糊固定。在第15叶书叶中间衬一张大于书脑的衬纸，并与第2、第3沓在大于书脑的部分点糨糊固定。在第24叶中间衬一张大于书脑的衬纸，并与第4、第5沓在大于书脑位置点糨糊固定。在第33叶中间衬一张大于书脑的衬纸，并与第6沓在大于书脑位置点糨糊固定。在第42叶中间衬一张大于书脑的衬纸，并与第7、第8沓在大于书脑位置点糨糊固定。在最后钤有乾隆三玺副叶中间衬一张大于该副叶书脑的衬纸，并与第9沓在大于书脑位置点糨糊固定。

图4-3-74　接背外观图

图4-3-75 第1沓与衬纸固定

图4-3-76 明板《十七史详节》第81册修复后

以上为此种接背的具体方法，从操作手法中可以看到，此种接背方法完全有别于常用的3种接背形式。那么，何种古籍适合此种接背方法呢？以《十七史详节》第81册为例，此书接出部分只有6毫米左右。如果采用衬纸接法、不衬纸接法和硬接法3种形式进行接背，都要进行打捻固定。但狭窄的接出部分，没有下捻的空间。而此种接背方法无需打捻固定接出部分，只需一单捻固定在原书叶书脊处。故此种接背方法较适合接出部分狭窄，不适合打捻的古籍。此次修复过程中，原样复原保留了此种接背方法。

同为"天禄琳琅"藏书中的元刻本《汉书·九十九》卷69也是此种接背方法，在修复过程中，也保留了此种方法。

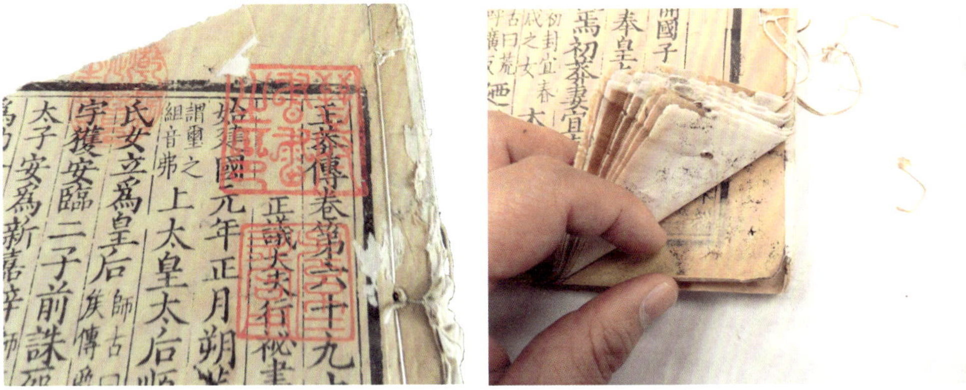

图4-3-77 “天禄琳琅”《汉书·九十九》卷69原接背修复前

图4-3-78 “天禄琳琅”《汉书·九十九》卷69复原、加固原接背

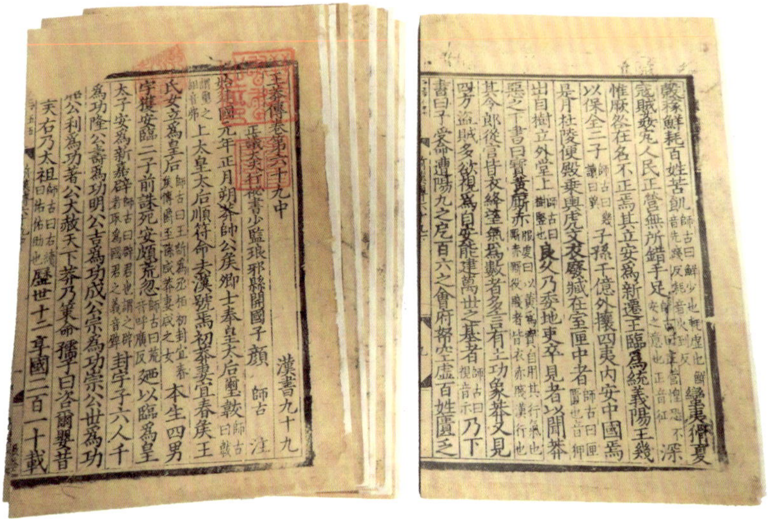

图4-3-79　“天禄琳琅”《汉书·九十九》卷69复原、加固原接背效果

国家图书馆的古籍修复历史悠久，中华人民共和国建立后，国家图书馆陆续启动了《赵城金藏》、敦煌遗书、《永乐大典》、西夏文献的修复项目。但是，在以往的修复工作中，为古籍修复过程建档是一个薄弱环节。以修复《赵城金藏》为例，在长达16年的修复过程中，竟然没有留下一份详细的修复档案，只留下一册《赵城金藏修理簿》，登记了每次从书库提取了几种、几卷、经名、归库时间等内容，而后期的记录只登记每次提取几种几册，连经书的题名都没有了，除此之外，没有留下任何记录修复工作的文字数据，非常可惜。此修复项目自开展以来，修复团队在为古籍续命的同时，也一直秉持着为修复存史的理念。

以上，仅对“天禄琳琅”专藏修复中的几个案例进行了介绍。我以为，作为古籍修复的国家队，我们应承担起这个责任。而修复案例、实录等就体现了这一责任。我们将一如既往地做好这项工作，在为修复存史的同时，也希望这些案例在同行的修复工作中起到参考和借鉴的作用。

第五章

古籍修复的实践（下）

第四节　敦煌遗书的修复

接下来，主要讲一讲国家图书馆开展的敦煌遗书修复。

一、馆藏敦煌遗书的由来

1900年6月22日，由于偶然的机会，敦煌莫高窟下寺的道士王圆箓，打开了封闭近千年之久的莫高窟藏经洞，数以万计的4至11世纪的珍贵写刻本等文献重见天日。1909年，伯希和把一批敦煌文物的胶卷送给了罗振玉，引起了震动。罗振玉等报告了学部，清政府电令驻兰州的陕甘总督清查莫高窟经卷，全部运往北京，一路都有丢失，到京后，仅剩8000余卷。1910年，这批珍贵的遗书入藏本馆前身京师图书馆。这是国家图书馆所藏敦煌遗书主体部分的来历。后经政府调拨、民间捐赠、本馆采访，今国家图书馆所藏敦煌遗书总数已有16000余号，约占敦煌遗书现存总量的四分之一。

图5-4-1　敦煌莫高窟

二、敦煌遗书常见破损状况

（一）边缘破损

边缘破损是敦煌遗书中最常见的破损。主要的形成原因，一是自然磨损，主要呈毛边状；二是鼠啮；三是存放方式不当。敦煌遗书绝大多数为卷轴装，卷轴装的存放方式是插架式，在卷子的插进抽出过程中，天头、地脚边缘最易受损。受损情况可根据长度和密度，分为轻度、中度和重度破损。

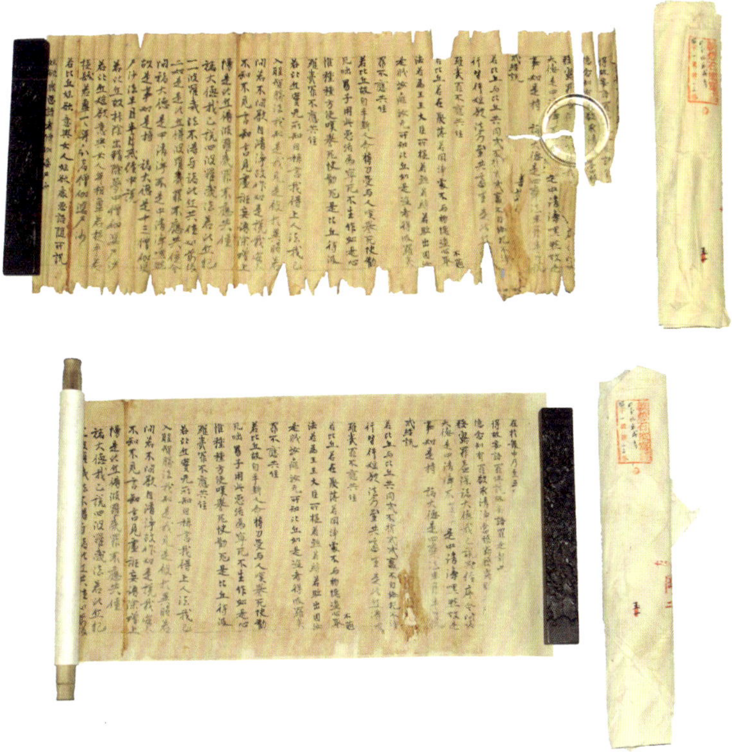

图5-4-2　“宿一”修复前、后（磨损）

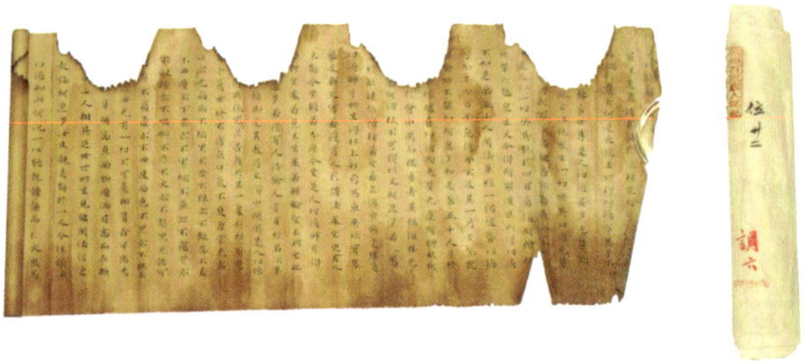

图5-4-3 “位三二“修复前（火烬）

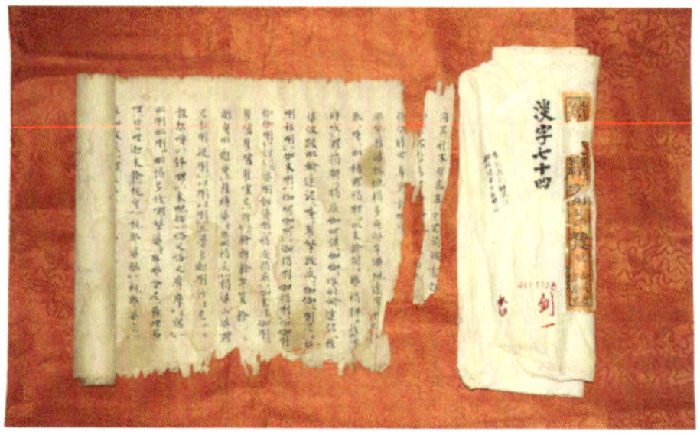

图5-4-4 “淡七四”修复前（磨损）

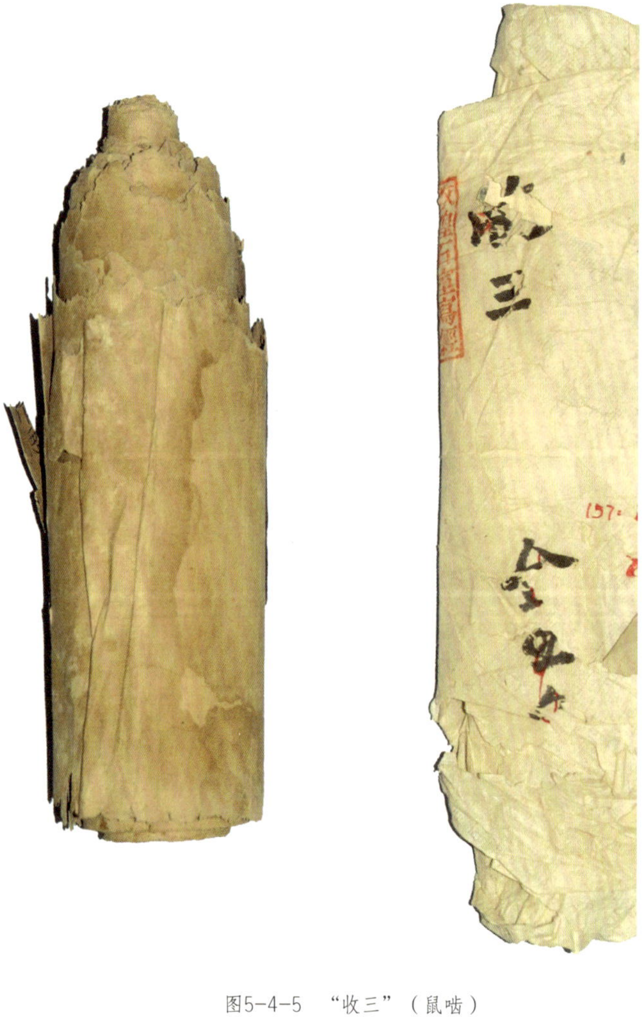

图5-4-5 “收三”（鼠啮）

（二）纸张老化及破损

老化也是敦煌遗书常见的状况，主要是过度使用或污物浸入造成的。老化较严重的纸张一触即碎，已经严重影响到展开和阅读。

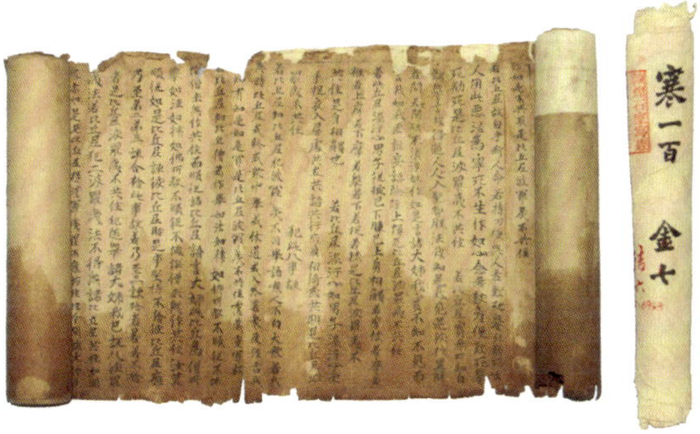

图5-4-6　“寒一百”（老化）

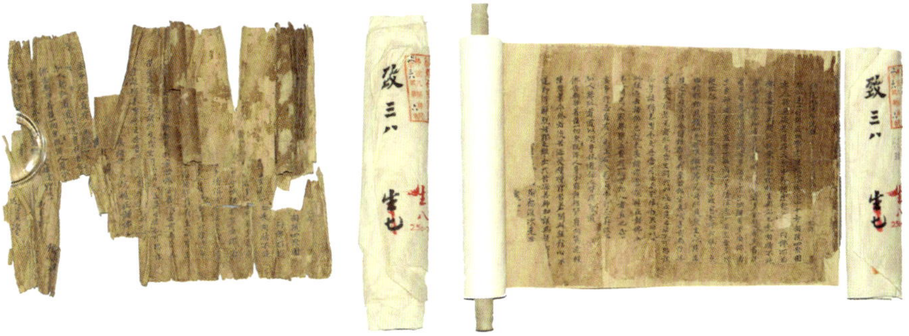

图5-4-7　“致三八”修复前后对比

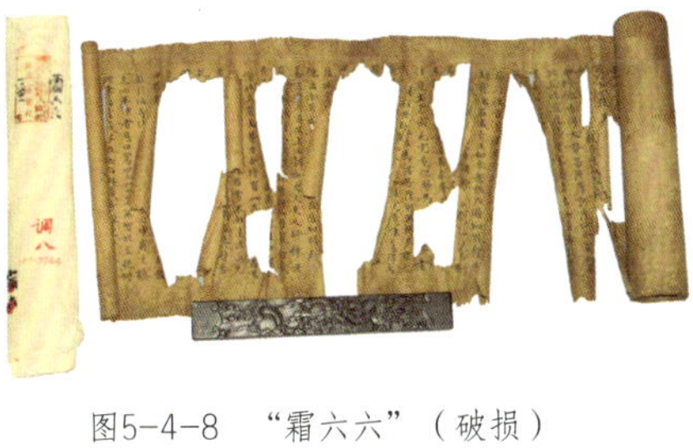

图5-4-8　“霜六六”（破损）

图5-4-9　“来七四”修复前（鼠啮）

（三）污物侵蚀

纸张如被水浸泡，会形成水渍，水渍严重的，更使纸张出现糟朽状况。还有的卷子上附着污泥、油蜡，使纸张变得脆硬，失去柔软的特性。

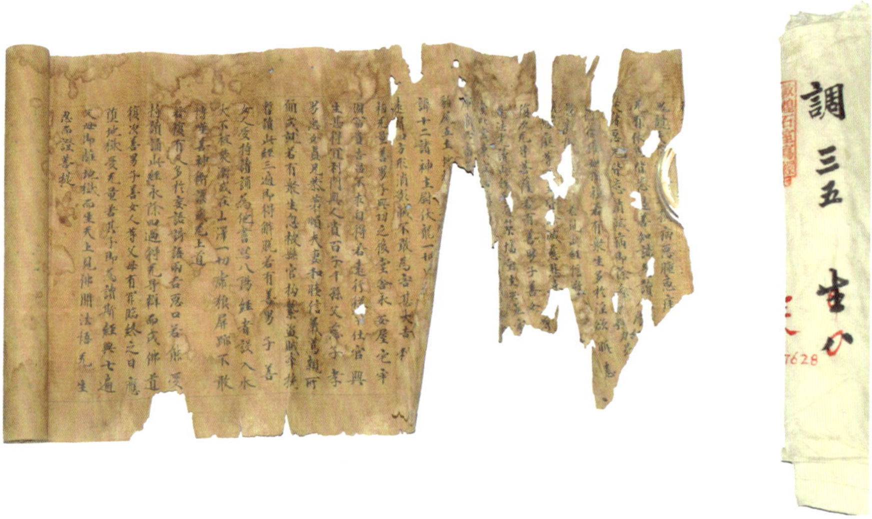

图5-4-10　“调三五”（糟朽）

（四）纸张断裂

造成纸张断裂主要有这么几个原因。一是使用不当。在敦煌遗书中，所用纸张很多都是经过染黄及施蜡后变成的硬黄纸。硬黄纸虽有很多优点，但也有一个致命的缺点，就是柔软性差。所以硬黄纸在使用过程中稍不注意就会出现折痕，时间一长折痕就会断裂。在敦煌遗书中有很多材质为硬黄纸的经卷都有纵向断裂的破损情况出现，这些断裂大都是由折痕转为断裂的。二是保管不当。前面提到，卷轴装的存放是插架式的，这种方式极易造成卷子被挤压，出现折痕。由于带轴的卷轴装是实心，应可保护纸张，避免压出折痕，但如果卷轴卷起的过程太过松散，不紧密，受到挤压后仍可出现折痕。所以也不是所有的轴都能起到保护书叶以避免折痕出现的效果。况且，很多敦煌卷子并没有木轴，故卷轴装在存放和使用过程中极易出现折痕，最后发展成断裂。

图5-4-11　断裂

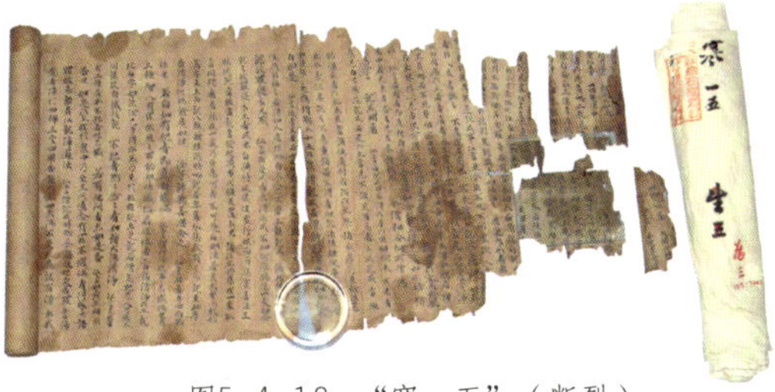

图5-4-12　“寒一五”（断裂）

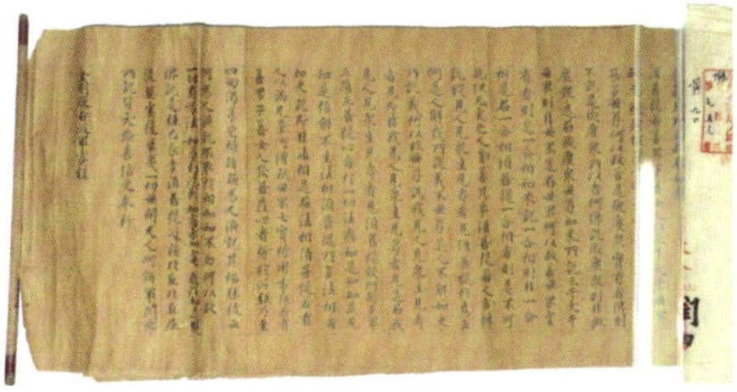

图5-4-13　有轴断裂

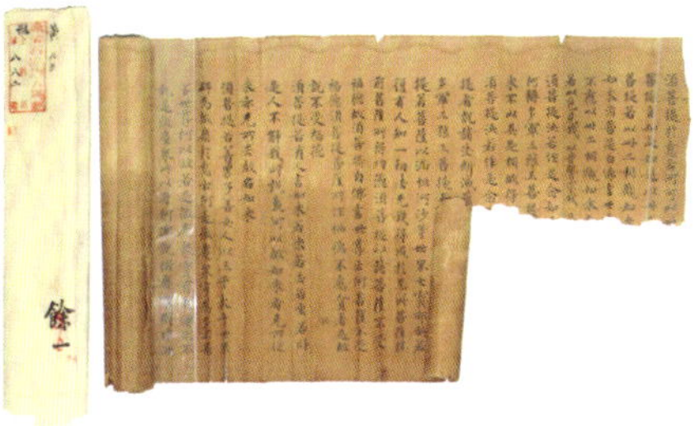

图5-4-14　无轴断裂

三、敦煌遗书在不同时期的修复及技法

在对敦煌遗书修复前，我们对国家图书馆所藏敦煌遗书进行了一个初步调查。调查发现，大约三分之一的遗书在不同时期进行了不同程度的修复与装帧。

（一）古人对敦煌遗书的修复

在对馆藏敦煌遗书修复的过程中，我们发现，最早的修复痕迹是在破损断裂处以麻绳进行缝合、连缀。以麻绳缝合的方式对破损经书进行修复的方法见于“潜九”和“人七七”等写卷中。用麻绳对经卷进行修复，是因为早期的纸张非常珍贵，甚至堪称战略物资。唐时，河西的归义军地方政权就专门设立军资库司负责纸的管理和支用。判断此种修复方法产生的年代，大致应不晚于唐末，但肯定要早于五代至宋时期用纸修复经卷及文书。

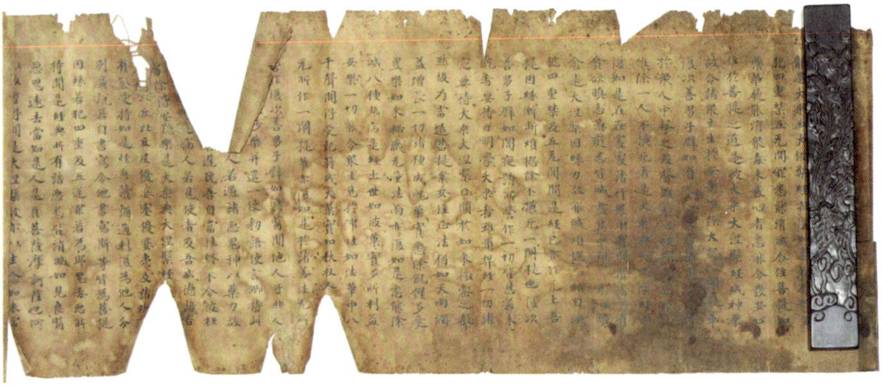

图5-4-15 “潜九”修复前

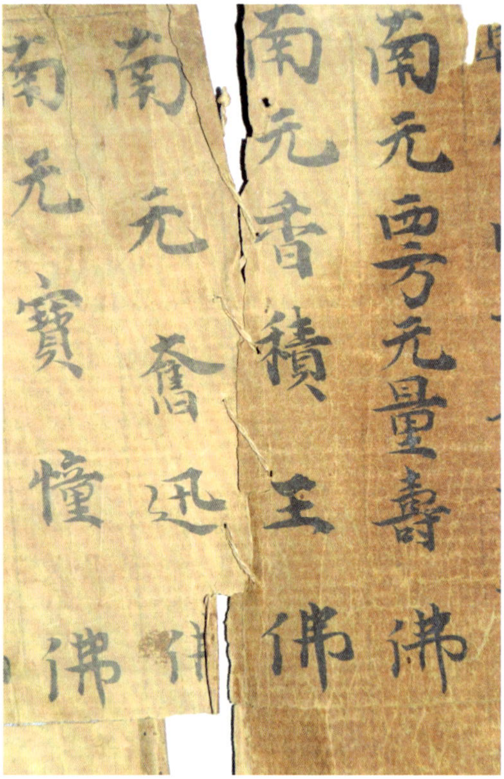

图5-4-16 “咸八”前人修复痕迹（麻绳连缀）

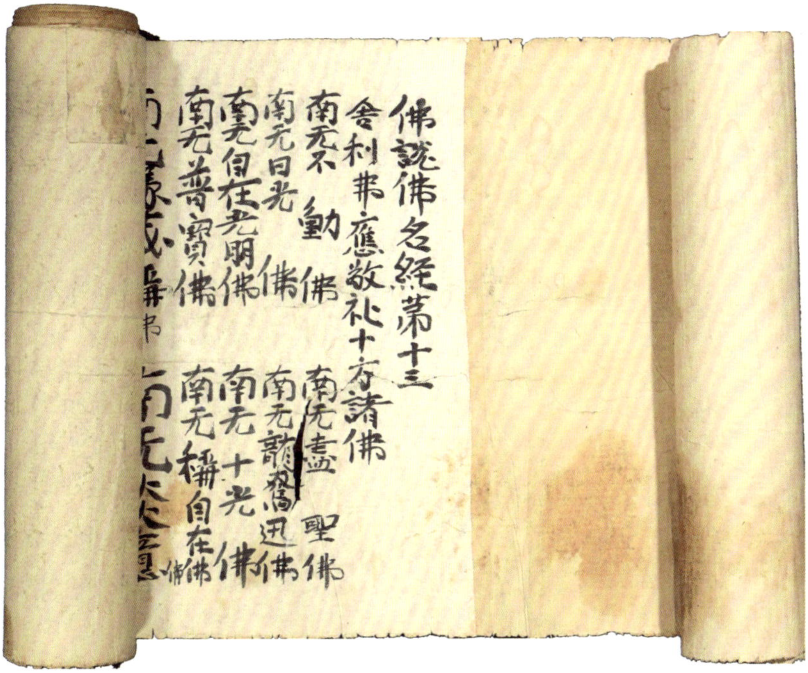

图5-4-17　《佛说佛名经》卷13（BD05788）（卷首）

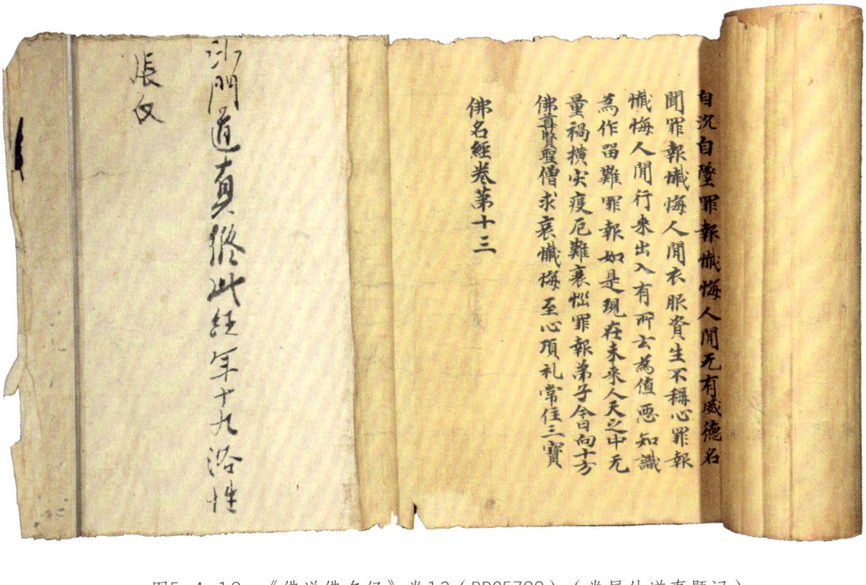

图5-4-18　《佛说佛名经》卷13（BD05788）（卷尾处道真题记）

图5-4-19　敦煌遗书前人修复痕迹（残片）

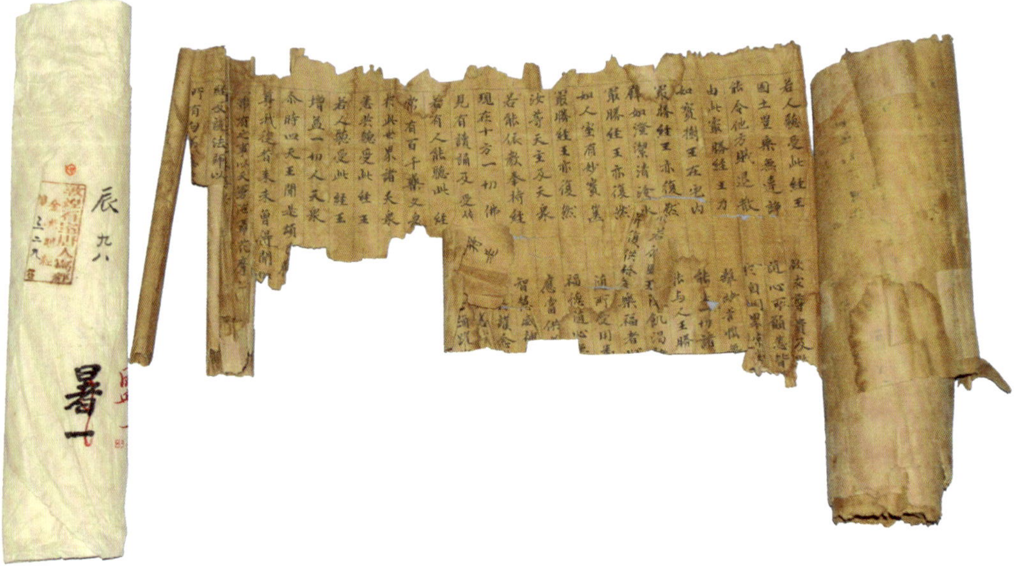

图5-4-20　“辰九八”尾部（正面）

存在于敦煌遗书众多的修复痕迹实物中的最有影响且留下修复者姓名的是道真和尚。道真是五代、宋初敦煌三界寺管理佛经的僧人。据统计，在敦煌遗书中与道真修经有关记载的卷子有52件，其中，国家图书馆有6件。如唐写本《佛说佛名经》卷13（BD05788），黄麻纸，尾纸为白麻纸。尾纸上书有“沙门道真修此经，年十九，浴（俗）性（姓）张氏”的道真题记，是已发现的有关道真修书的最早记载。

看这些痕迹就能发现，道真修书所用补纸多为废弃的文书残纸、佛经残片及素纸。他的修补方法，一是在头尾残缺部分补出，并在补出位置补抄缺失的文字；二是对卷子中出现的破损，一般用大块补纸在背面进行裱补。裱补亦称“打补丁”，在敦煌遗书中，这是最常见的古人修补方法。

图5-4-21　“辰九八”背补纸（前人修复痕迹）

（二）近现代人对敦煌遗书的修复

1.按照书画装裱法进行修补、装裱

在对敦煌遗书的修复过程中，近现代出现了以中国字画中的手卷形式对敦煌遗书进行修复的案例。以唐开元六年（718）写本《无上秘要》（BD5520）为例，通卷按书画装裱中手卷方法修整托裱，加装黄地花卉人字纹包首，引首为豆绿云纹绫子，隔水为米色云纹绫子，拖尾等并配象牙别子，上、下镶边（拖尾处钤有“故宫博物院修整组修

图5-4-22
《无上秘要》（BD5520）外观

复”）并研磨，为20世纪50年代故宫博物院所修复。

手卷的装裱方法复杂，装裱后，外观平整、光亮、美观。但此种方法运用到敦煌遗书的修复中，也有不妥之处。如在装裱过程中要经过削卷，削卷后，敦煌遗书的原大被改变。在装裱过程中，还要往书叶及托裱纸上刷胶矾水。矾的主要成分是硫酸铝，硫酸铝遇水可产生水解反应，呈酸性。故涂了胶矾水的纸张纸质和pH值都会发生改变，时间一长，必然影响敦煌遗书的寿命。

还有一种类似手卷的修复装裱形式。以“大谷收集品”为例，采取的办法为通卷托裱，但与《无上秘要》等手卷形式相比，除了在卷首加装了包首，在卷尾加装了地杆和轴头，卷子上、下不镶边。如《妙法莲华经》卷7（BD13811），本卷就属于“大谷收集品”，在20世纪20年代前后，对其进行了通卷托裱。包首为黄底团龙云纹织锦，引首为洒金纸，配以水晶轴头。

另如三界寺《见一切入藏经目录》（BD14129），是道真和尚寻访与修复后三界寺所藏藏经目录的草稿。本卷亦属于“大谷收集品”。

综上，无论是《无上秘要》手卷形式，还是上、下不镶边的“大谷收藏品”，采取的办法都是通卷托裱，在这个过程中，还要把经卷纸张搓薄，这就影响了对遗书纸张的完整展现及阅读遗书背面文字。所以，书画装裱形式并不适合于敦煌遗书。

2.丝网加固方法

以英国国家图书馆为代表，曾以丝网加固的方法对一些残破经卷进行修复、加固护持。但经丝网加固一段时间后，效果不太理想。主要是丝网老化变硬，使得一些卷子很难舒展，且边角容易损坏。同时，丝网加固也

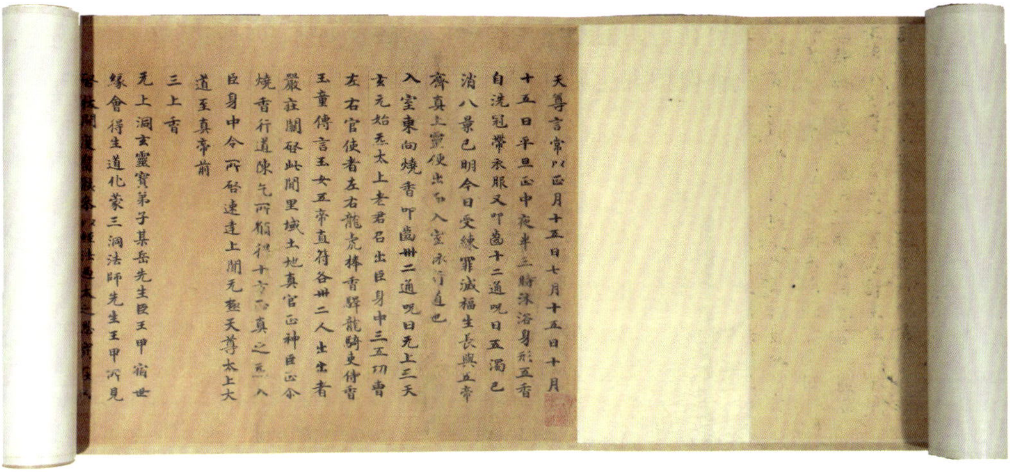

图5-4-23　《无上秘要》（BD5520）卷首

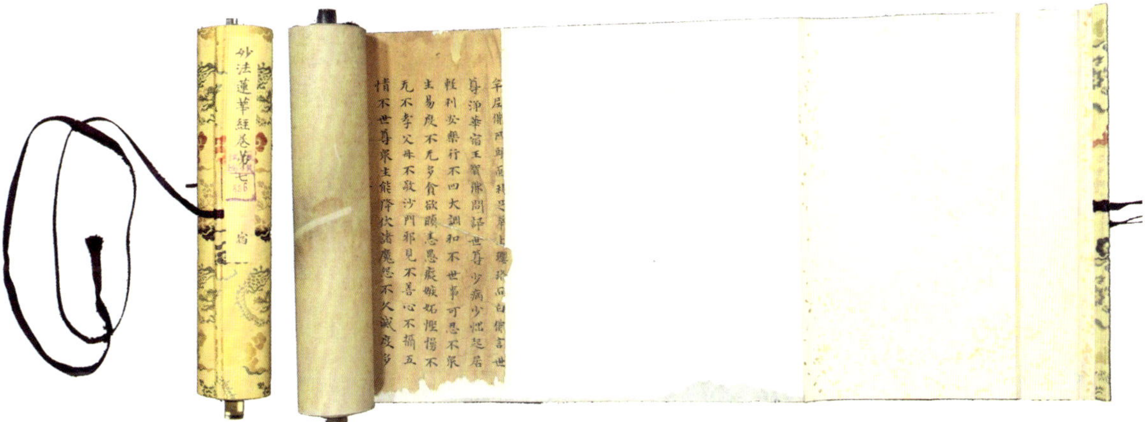

图5-4-24　《妙法莲华经》卷7（BD13811）外观及卷首

会遮挡住经卷表面文字，在识别内容时，易造成困难。后来，英国同行又采取过将残片夹放在透明的塑料硬膜中，用硬膜夹持的方法。据方广锠先生实地观察，此种保护方法易出现水汽、硬膜反光等现象，保护效果似乎也不太理想。

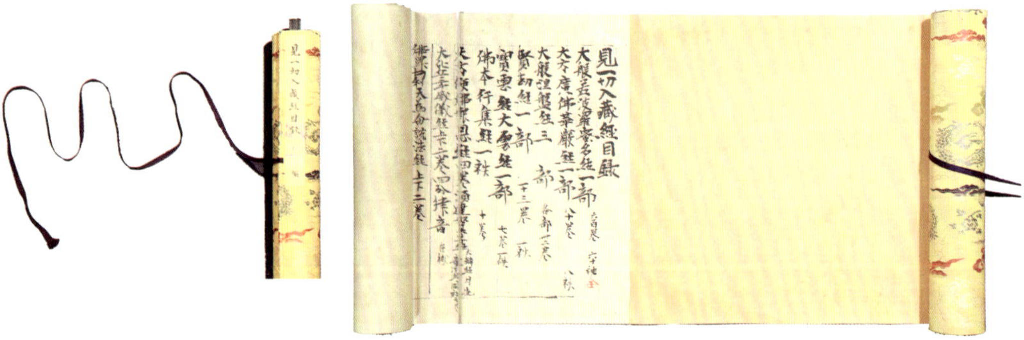

图5-4-25　三界寺《见一切入藏经目录》（BD14129）外观及卷首

（三）国家图书馆对敦煌遗书的修复

国家图书馆对馆藏敦煌遗书的正式修复始于1991年，在此之前的1985年前后，国家图书馆尝试修复了几个敦煌卷子。可惜在修复方法上仍然沿用了将经卷纸张搓薄、整卷托裱的传统手卷装裱方法。修复后，各方都不满意，敦煌遗书的修复工作也就停了下来。1989年，又曾经开展过对一些敦煌遗书残片的修复工作。以上工作实践的开展，为1991年大规模开展对敦煌遗书的修复积累了经验。同时，国家图书馆在正式开始修复前制定并完善了修复方案及具体的修复技法。

1.修复方案的制定

在敦煌遗书修复方案制定时，首先确立了应遵循的修复原则，即严格按照“整旧如旧”原则开展对敦煌遗书的修复，尽可能保持原貌、维持其修复前的原始状态不变。基于此，在制定修复方法时，摒弃了传统的通卷托裱的修复方法，根据经卷的实际情况，只对破损的部分进行局部加固、修补，而对其它部分的现状不予干预和改变。

在制定修复方案时，又提出“抢救为主、治病为辅”原则作为开展对敦煌遗书的修复的指导性原则之一。在方案制定之初，考虑到敦煌遗书的藏量巨大，而破损程度又不相同。我馆版本目录学专家冀淑英先生提出了此项原则，就是要集中修复力量，优先对破损严重的敦煌遗书进行抢救性修复。做到修复有重点、有先后。

2.在外观处理效果上

补纸的颜色要与原件有明显的差别，确保原件的真实性，不应因修复而受到干扰。同时，也为补纸的颜色变深留下空间。

3.对修复过程的要求

要求整个修复过程可逆，即现在的修复不会对原件内外原始形态造成不可逆转的变化，将来如果有更好的修复技术出现，便可以清除目前的修复状态，恢复原样，而这个过程不应对原件造成破坏。

4.对待前人修复痕迹

前面提到，敦煌遗书中有很多前人修复的痕迹，对待这些修复痕迹，我们采取的办法是尽量保留。比如用麻绳进行缝合的痕迹，在修复时并没有去除。

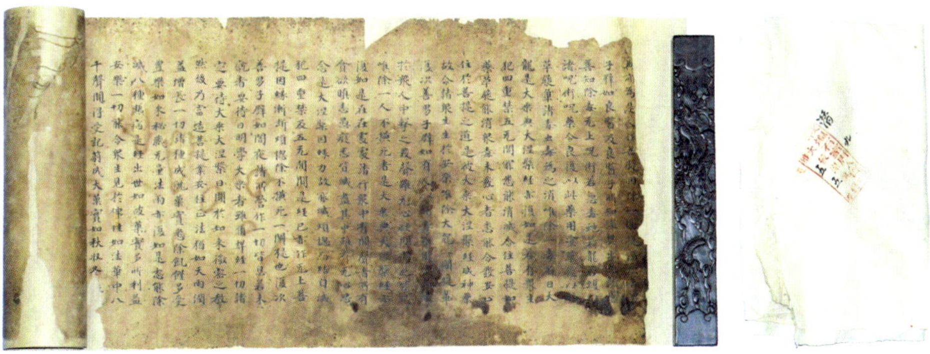

图5-4-26　“潜九”修复后（保留前人缝线痕迹）

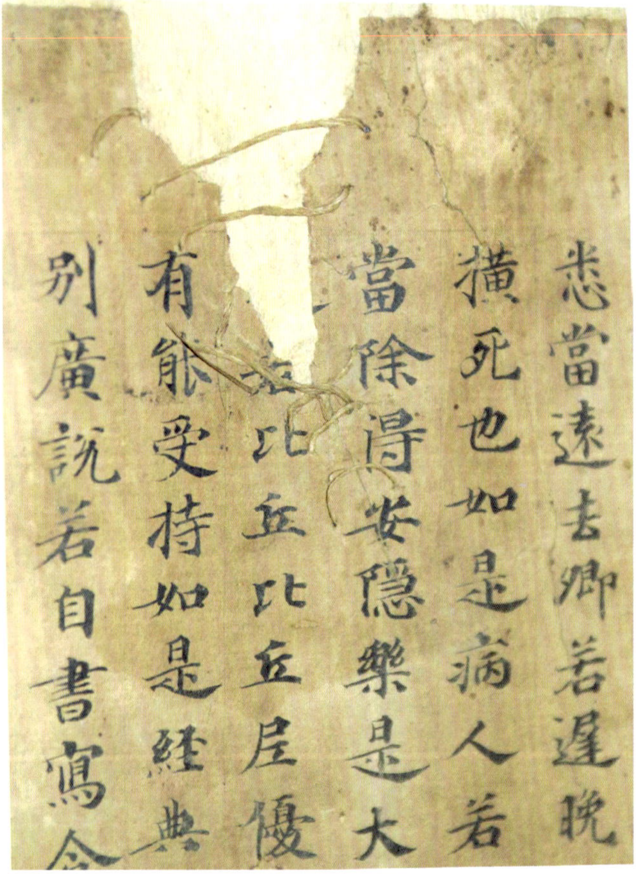

图5-4-27 “潜九”修复后（保留前人修复痕迹）（局部）

存在于敦煌遗书中的大量修复痕迹，都是非常随意的，以打补丁的方式裱补在经卷背后的。前人在裱补时，使用糨糊大多十分黏稠，裱补后，纸张僵硬且大都皱褶不堪。在修复这些带有前人修复痕迹，又有破损的卷子时，我们在处理方法上是尽量保持原状。采取的办法是揭下补纸，去除上面多余的糨糊，展平卷子，经补破后，再把原补纸复原。

带有文字的补纸，如有重要价值，修补卷子的同时，揭下补纸，记录出处，单独保管。

图5-4-28　“秋六六”背面带有文字的补纸

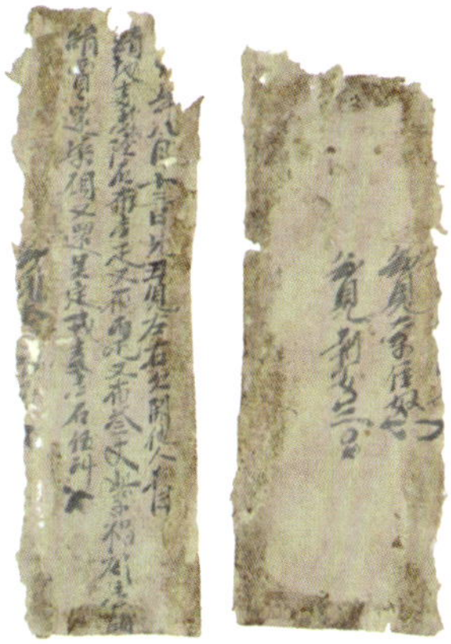

图5-4-29　“秋六六”揭下的补纸

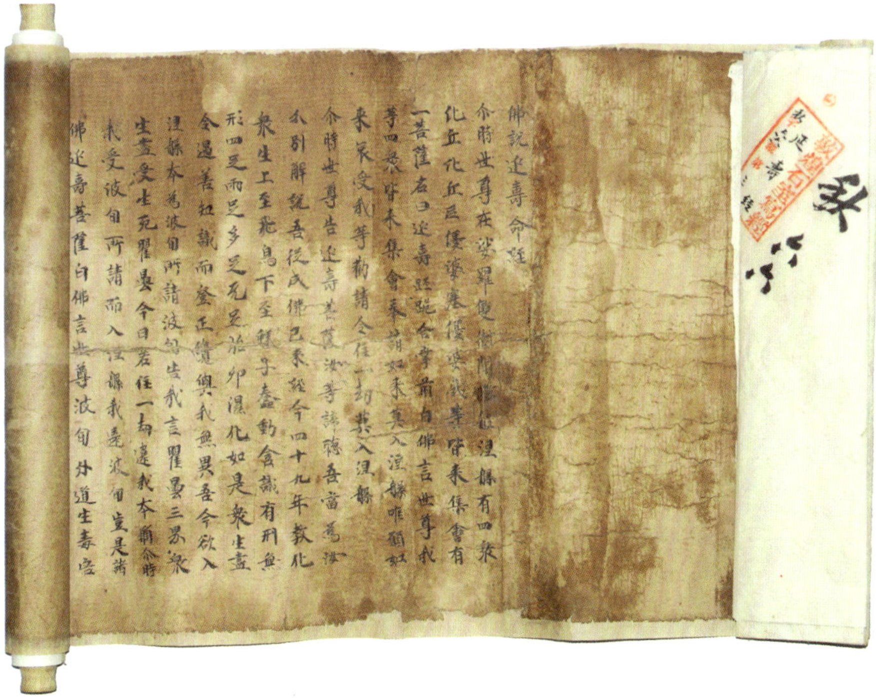

图5-4-30　“秋六六”修复后

图5-4-31　“往八九”修复前状态

图5-4-32　“往八九”揭下多余补纸，另行保存

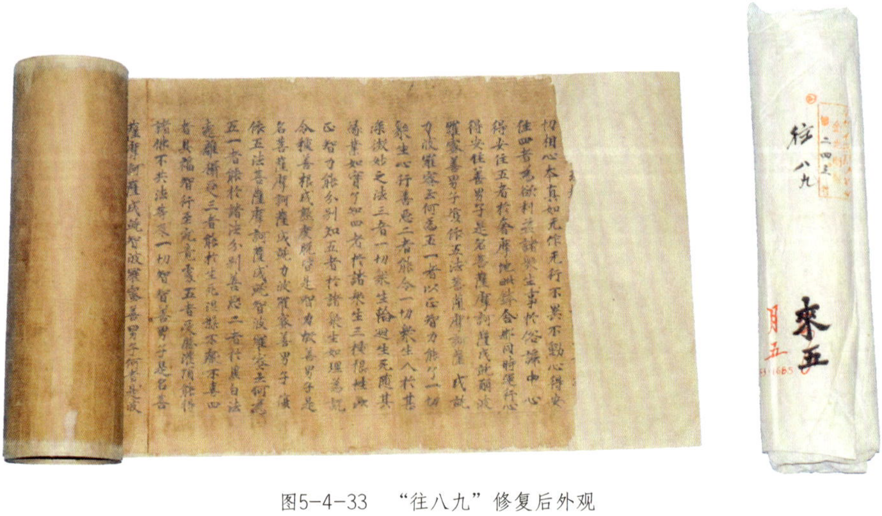

图5-4-33　“往八九”修复后外观

如果原补纸过于硬厚，或者卷子历经多次、多层裱补，影响卷子的卷起与打开，则要揭下原补纸（记录其出处，单独收藏保管），恢复卷子纸张的柔软。

5.敦煌遗书修复技法

在对敦煌遗书修复时，根据破损位置、破损情况不同采取不同的修复技法。对卷中部位出现的断裂，用皮纸条连缀修补。具体为用毛笔沾水沿所取纸条边缘划出水线，以水线为界撕出带毛茬儿的纸条。修补时，用带毛茬儿的补纸边缘与经卷破损边缘粘连。对硬黄纸修复时，使用的糨糊要稠一些，更要随补随压，确保粘贴牢固。

卷中糟朽、脆化，也是常见的破损情况。通常的加固方法只适用部分敦煌遗书，经卷中的硬黄纸如遇污物侵蚀后，常变得脆硬，难以正常舒展开。遇此情况，应以热水浸泡，去除污物并使卷子柔软。前辈们把此种方法称作“去焦”。“去焦”时应控制好用水量及范围，以避免黄檗涂层颜色变弱。这也是我们在修复敦煌遗书时，对原有水渍痕迹不进行单独处理的原因。

对待边缘破损，一般采取多层修补的办法。修补时，先把卷子正面朝下铺在工作台上，喷水展平。接下来沿破损边缘涂抹糨糊。随后粘贴皮纸，并沿破损边缘把多余补纸撕掉。在此基础上，补第2层，涂抹糨糊后，补纸要错开第1层搭口，这样补出来比较平整，不会出台阶。通常情况下，敦煌卷子补两层就可以了。但也有很厚的卷子，如硬黄纸，补两层后，还显单薄，就要根据情况在背面或者正面再补上一层，保证补纸厚度与卷子纸张厚度相一致。修补头、尾破损处时，为保护正文，大都有意识地多补出一些余纸，起到包首的作用。补后，喷水压平。干后，用裁刀裁齐。

6.敦煌遗书的装具

敦煌遗书陆续修复完成后，为更好地保管好这一珍贵典籍，2002年，财政部调拨专款为馆藏敦煌遗书建立专藏书库及制作装具。作为专藏书库，新书库面积有200余平方米。

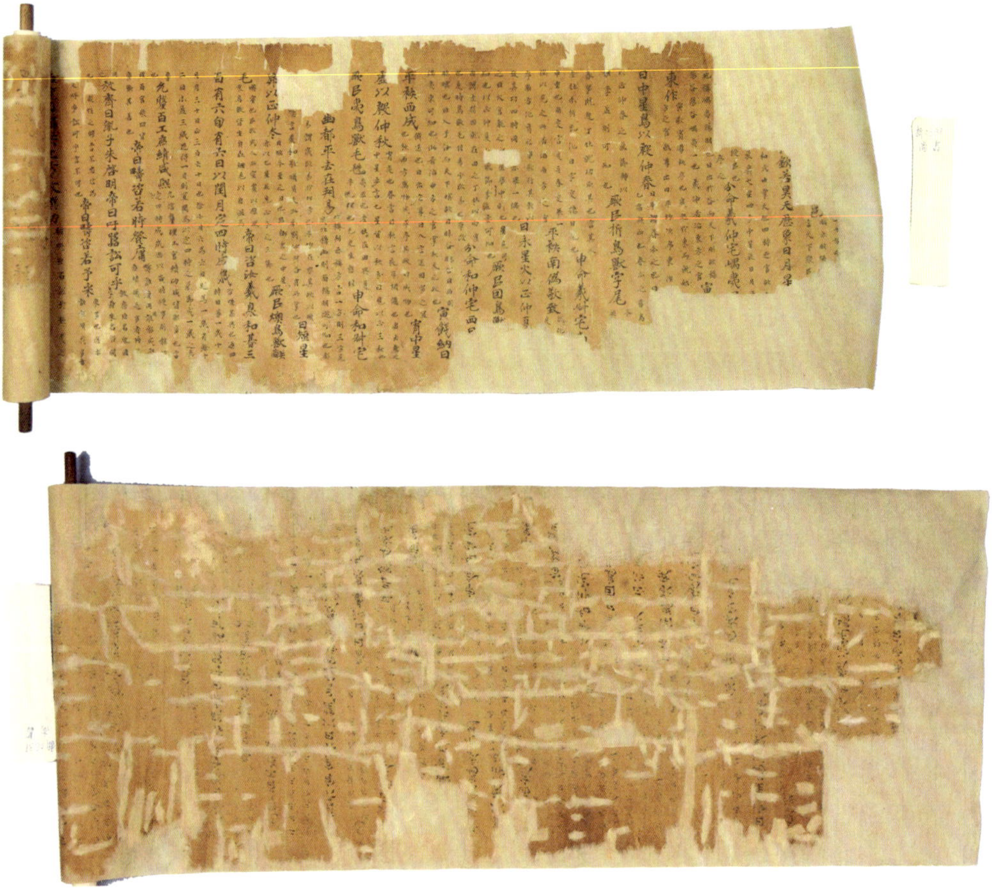

图5-4-34 《尚书》（BD014681）修复后正、背面

图5-4-35 “收五〇”背面（修复后）

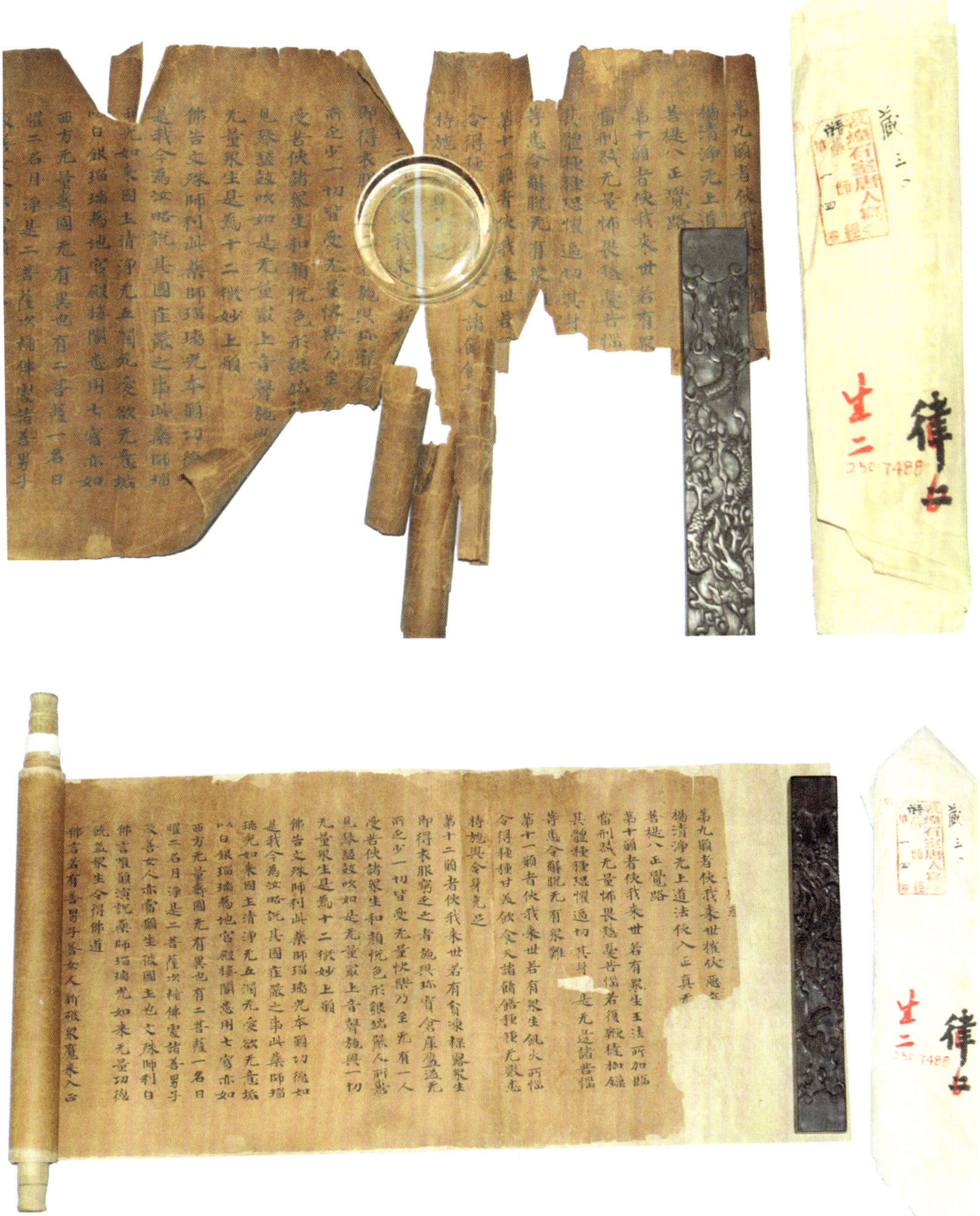

图5-4-36　“藏三〇”修复前、后（脆化）

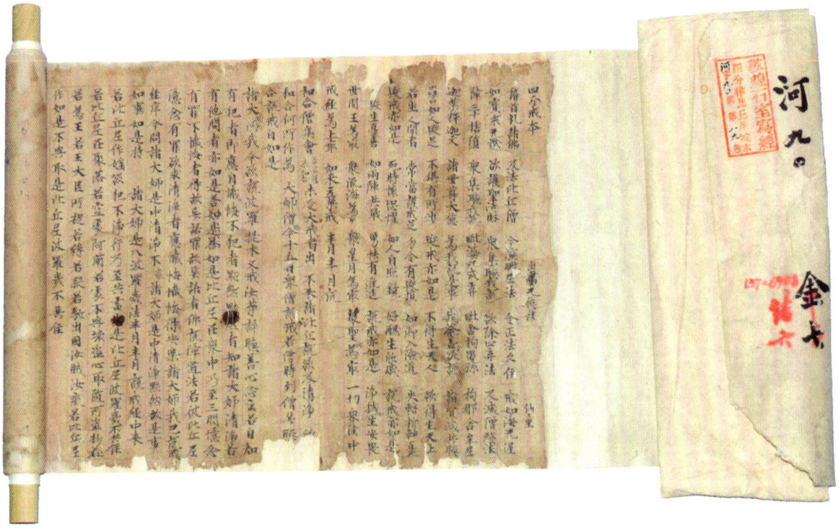

图5-4-37　“河九〇”修复后

图5-4-38　原敦煌遗书特藏库

图5-4-39　现敦煌遗书特藏库

装具由书柜及书盒组成。书柜的底板及背板采用樟木，其余部分为楠木材质。书柜为统一规格：高180厘米、宽100厘米、厚60厘米。内设14层隔板，每层摆放10个木盒。书盒的底部为樟木，其余为楠木。按照经卷的大小，分为3种尺寸。盒内配置木轴及木支架。经卷放入盒后，由支架支起，成悬空状，不会受到任何挤压。

图5-4-40　敦煌遗书书柜外观

图5-4-41　敦煌藏经卷盒

一些尺幅较大的单幅敦煌遗书，修复后，也按其大小制配了合适的装具。如我在对破损十分严重的唐五代间纸底彩绘本《千佛像》（BD13772）修复后，为了保存好这一幅尺幅巨大（高113.5厘米、宽56厘米）的藏品，特为其制作了装具。装具外形如夹子，里面则四边镶框。把千佛像放置在框里。此幅《千佛像》修复已经20多年了，现在看，仍平整如初。这其中，装具对其的保护，起了很大的作用。

图5-4-42　敦煌千佛像及装具（BD13772）

7.修复案例

此案例为唐写本《妙法莲华经》卷4（BD1594）。此经为残经，仅存3张纸相连。通长101.4厘米，高26.3厘米。前纸长25厘米（残），中纸长47.8厘米，后纸为28.6厘米（残）。

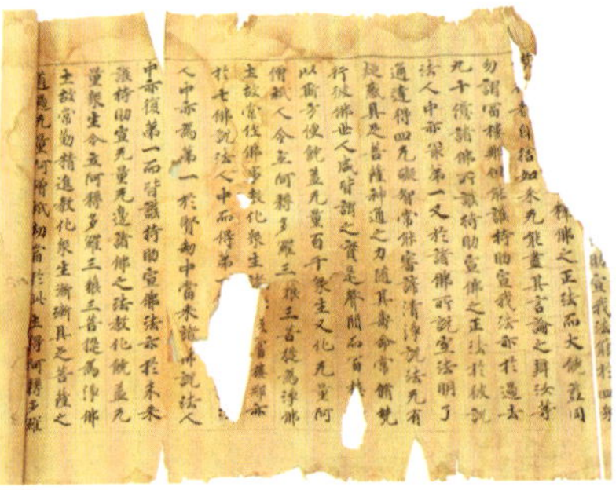

图5-4-43　唐写本《妙法莲华经》卷4（BD1594）

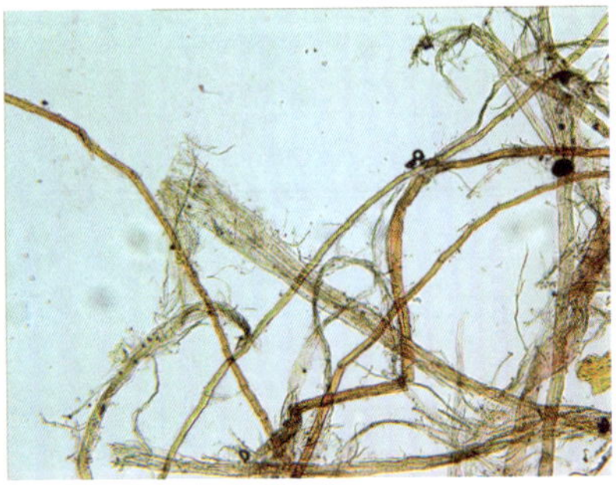

图5-4-44　纤维检测图

此写本用纸为麻纸，正面有黄檗涂层。敦煌遗书中所用的纸张，很大一部分在写、刻之前经过“入潢”处理，“入潢”的方法既有正反两面“入潢”，也有一面（正面）“入潢”。其中，对正反两面“入潢”时，当时的“装潢手”们采取的方法可能是“浸染”，也可能是“拉染”，又可能是“刷染”。但一面“入潢”时，采取的办法一定是“刷染”。

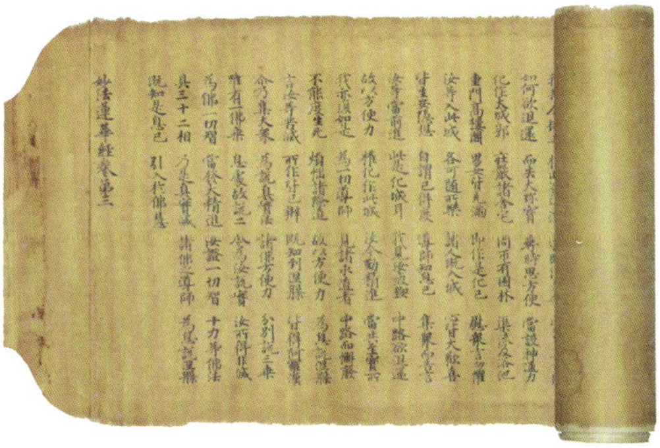

图5-4-45　正、背面皆“入潢”的敦煌经卷

8.主要修复过程：

（1）修补端尾

a　修补端部1

b　修补端部2

c　修补端部3

d　修补端部4

e　修补端部5

f　修补端部6

g　修补端部7

h　修补端部8

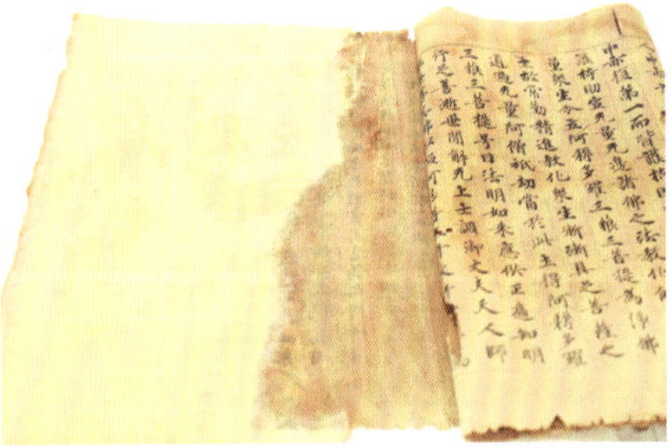
i　修补端部9

j　尾部修复10

图5-4-46　修补端尾

（2）脆化部分的去焦与加固

此经破损情况除了上下边缘破损、鼠啮、头尾，另有局部脆化（pH值5.17）。

a　去焦

b　加固

图5-4-47　脆化部分的去焦与加固

（3）上、下边的修复

a　下边修复1

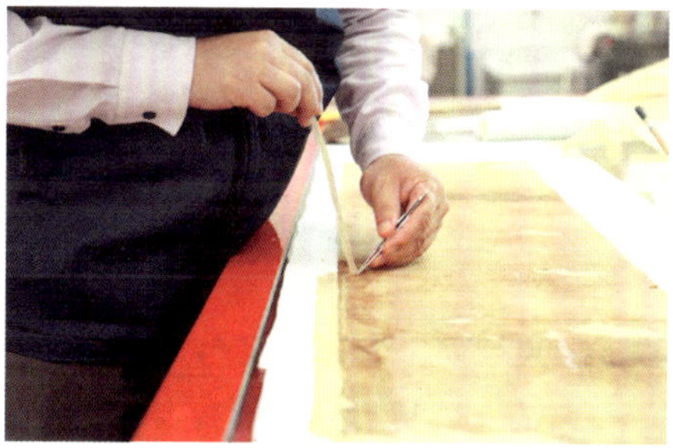

b　下边修复2

c　下边修复3

d　下边修复4

图5-4-48　下边修复

（4）揭取前人修复痕迹

在第三纸与第二纸相连处有一处断裂，在其后面有前人修复痕迹。字迹错位，补纸褶皱。

a 揭取1

b 揭取2

c 揭取3

d 揭取4

e 揭取5

f 揭取6

图5-4-49 揭取前人修复痕迹

（5）前人修复痕迹（字迹及补纸的复原）

a 错位字迹复原1

b 错位字迹复原2

c　褶皱补纸复原1

d　褶皱补纸复原2

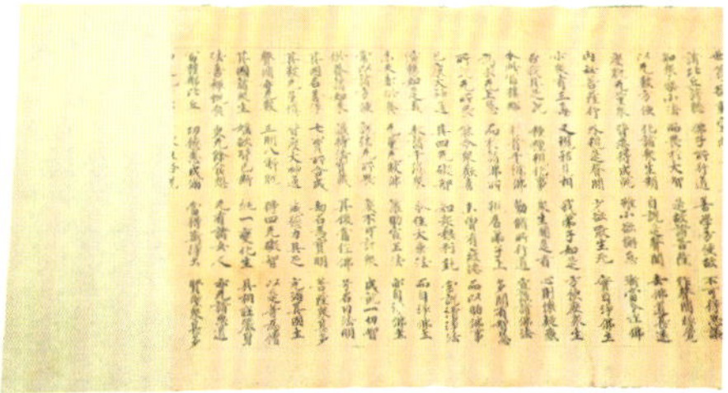

e　前人修复痕迹复原后效果（整体）

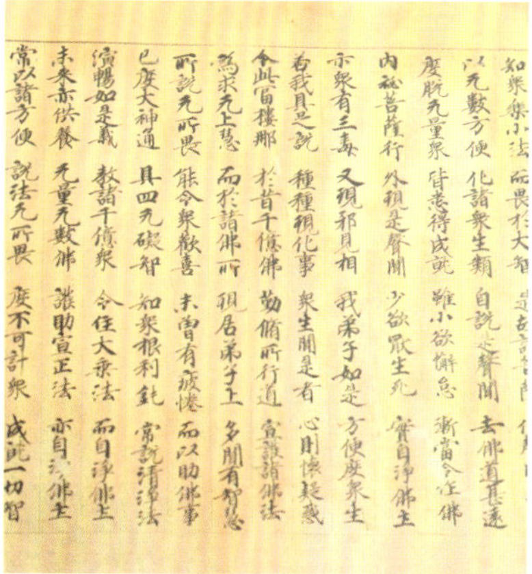

f　前人修复痕迹复原后效果（局部）

图5-4-50　前人修复痕迹（字迹及补纸的复原）

（6）压平

a　压平（喷水）

b　压平（放置压石）

图5-4-51　压平

（7）裁齐

a 裁齐

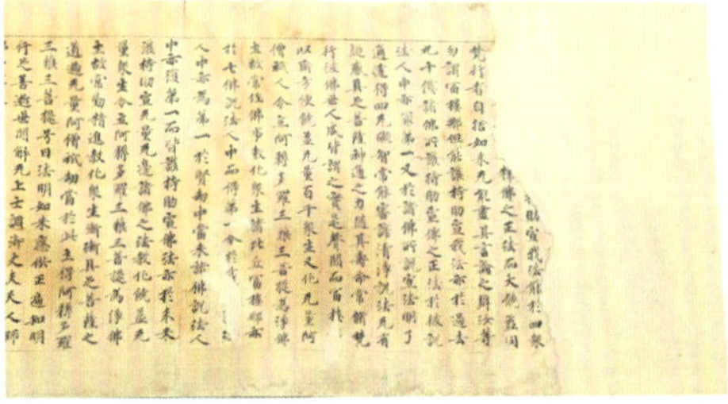

b 裁齐后效果

图5-4-52 裁齐

（8）卷收

a 卷收1

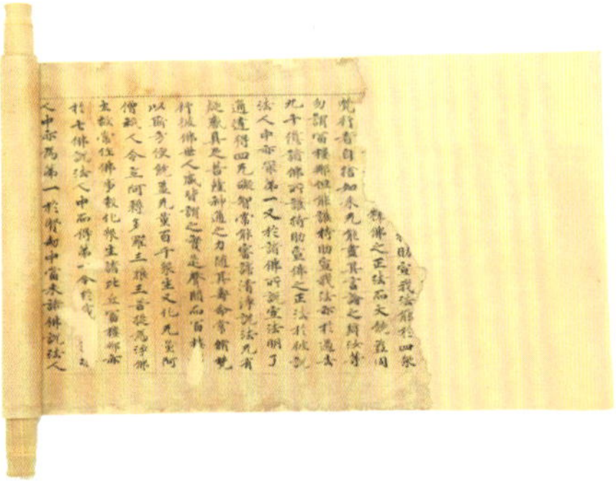

b 卷收2

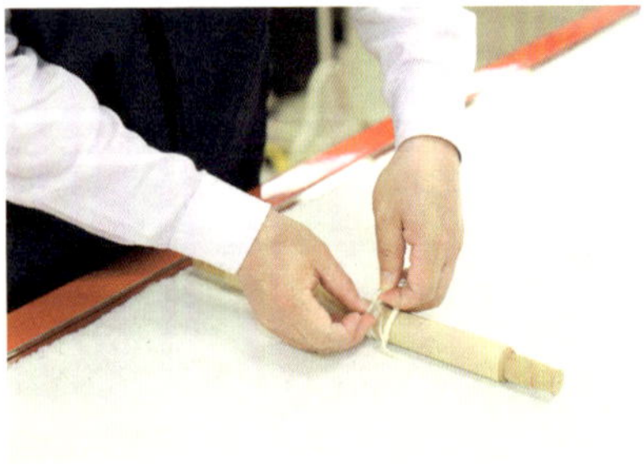

c 卷收3

d 卷收4

图5-4-53 卷收

以上为中国国家图书馆在修复和保护敦煌遗书时，采用的一些主要方法及措施。在我馆，对敦煌遗书的修复工作已近尾声。但对敦煌遗书的保护是一项长期的工作。今后，在对修复措施及成果进行整理的同时，应该拓展保护新思路，开展诸如对敦煌遗书的保护环境、保护技术、遗书管理、纸张及墨的研究等工作。以上这些工作的进行，将是我们建立“敦煌遗书修复学”的重要工作，也将是“敦煌保护学”的重要组成部分。在开展这些工作时，中国国家图书馆愿与各位同仁就开展以上工作时采取的措施、取得的经验进行交流，让我们共同努力，让敦煌遗书得到更好的保护。

第五节　几种修复后的特殊装帧形式

本节主要讲一讲几种修复后的特殊装帧形式。

一、修复后装帧为线装形式“金镶玉”

作为一种特殊的装帧形式，“金镶玉”装帧与我国书籍装帧形式的产生过程不同，它是古籍修复者在对古籍修复时，根据古籍的现状和破损情况而采取的一种装帧形式。“金镶玉”还有两个名词——“惜古衬”和“袍套装”。据说此法始于明代。

（一）关于“金镶玉”装的镶衬用纸

“金镶玉”装的镶衬用纸宜选用安徽泾县宣纸中的棉连和单宣两种。之所以选用宣纸作为“金镶玉”装的镶衬用纸，是与它使用的原料和精细制作方法分不开的。宣纸的主要原料是青檀树皮和稻草。制作过程是先将青檀皮和稻草分别进行浸泡，再施以剥皮、灰腌、洗涤等多道工序处理，生产周期长。采用以上原料和工艺生产出来的宣纸具有质地柔韧、洁白平滑、细腻匀整、色泽耐久的特性。用其作金镶玉装的镶衬用纸，能起到保护书叶的作用，使书叶免受损坏，间接地增加原书叶的柔韧度，从而延长古籍的保存和使用年限。需要指出的是，现在有的人把各地生产的手工书画纸，都叫作“宣纸”，如四川、浙江、广西、河北、福建等地的书画纸，这是很不妥当的。因为这些地方生产的所谓“宣纸”，不论是其使用的原料，还是制作工艺，都与泾县宣纸不尽一致。如有的地方生产的“宣纸”，使用原料是毛竹，用毛竹为原料生产的纸张与以檀皮和稻草为原料所生产的宣纸相比，没有宣纸独有的特性，质地略脆、韧性差。有些书画纸的材料为龙须草，以龙须草为主要原料的书画纸与宣纸相比，差距还是比较明显的，这主要体现在使用寿命上，由于龙须草的纤维在拉力和强度方面较弱，稳定性差，很难长期保存。因此，在进行"金镶玉"装帧时，选择纸张应特别注意。

（二）哪些古籍适合做"金镶玉"装

采用"金镶玉"装帧形式镶出的古籍极具美感。黄色的书叶在洁白绵韧、质地细腻、有如白玉般温润的棉连纸衬托下，更显其古朴、庄重。书叶镶好后，装订成册。在书的外部装帧上，采用瓷青书衣，配以明亮的米色绢签、包角和丝线，通过明暗对比变化和搭配，使书籍外观和谐，给人一种赏心悦目的感觉。

虽然"金镶玉"装帧形式深受大家喜爱，但也不是所有古籍都适合这种装帧。因为，一是此种装帧费工、费料，操作起来比较复杂。二是不能为了追求美观而废掉原有装帧形式。经过多年的实践，我认为以下几种情况适合做"金镶玉"装。

1.局部有轻微糟朽发脆的古籍

一部古籍虫蛀、糟朽、焦脆非常严重时，就要进行托裱。也有一些古籍，只是局部有轻微糟朽、发脆，而位置又处在书的四边，本着能不托裱就不托裱的原则，对于这些局部糟朽程度并不严重的古籍，采取"金镶玉"装的形式比较适宜。2004年，我在对馆藏善本《芥子园画传》修复时，就采用了"金镶玉"装帧形式。这部书号为13117的善本，纸质为棉连，随着岁月推移，四边泛黄，并有脆、糟现象。采用"金镶玉"装，就把直接暴露在外的书叶四边镶在了里面，从而阻断了含有二氧化硫等酸性物质的气体对书叶四边的继续侵害，减缓书叶本体的水解氧化进程。同时用宣纸衬、镶在书叶周围，也间接增加了书叶的柔韧性和强度。

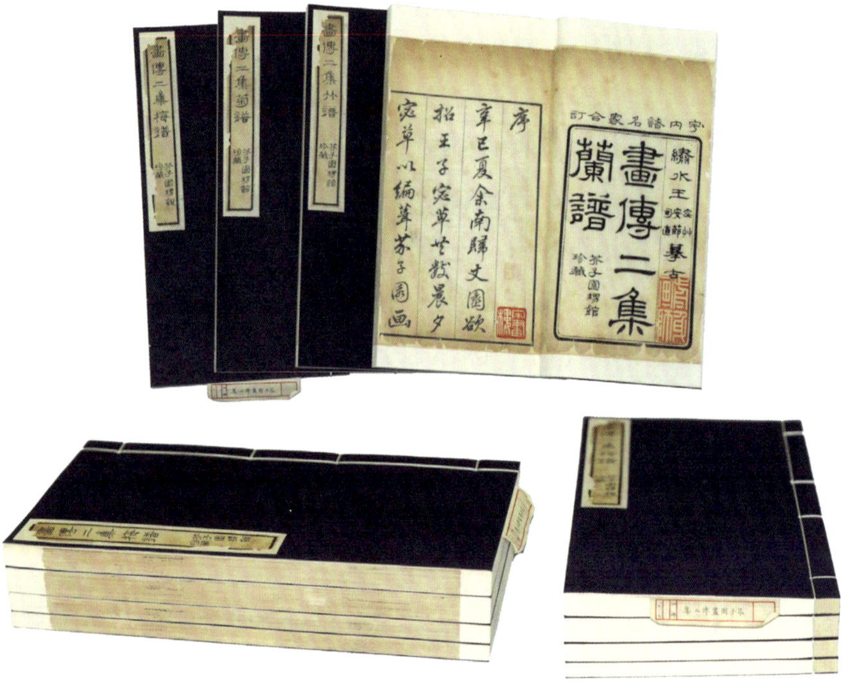

图5-5-1　国图藏《芥子园画传》修复后装帧为“金镶玉”

2.书品太小的古籍

这里所说的书品太小是指古籍的天头、地脚以及左右栏以外的空白处，也就是书脑过于狭小。古人进行书籍装帧时，认为上栏之外的空白处是天，下栏之外的空白处是地，而天又大于地。这种认识继承了中国古代天大于地的思想。此天地观体现在书叶版面上，形成了书品宽大的形式。这种形式给人一种疏朗、从容大气的感觉。同时，书品的宽大，也起到了保护栏线之内文字的作用。但由于种种原因，如因经济条件有限，刻印书时，为了节省纸张，而造成成书后书品过小。或书籍流传过程中经修整、裁切，使原本宽大的书品变小了，故流传下来的古籍并不都是书品宽大。太小的书品，给人一种局促感。如果左右栏之外的空白处狭小，经过订捻、线后，造成夹字，更直接影响了阅读。如施以“金镶玉”装，则狭小的版面立显绰余，展卷阅读时，就会感觉到一种从容和舒展。如由恩师张士达先生修复的原藏于广东省立中山图书馆的宋刻本《杨诚斋集》（现藏于中国国家图书馆）就因书脑狭小，修复后做了“金镶玉”装帧。

1961年8月10日，《人民日报》一篇文章报道称：文化部副部长郑振铎先生从广东访到一部宋刻本《杨诚斋集》，是南宋大文学家杨万里的诗文集。杨万里字廷秀，号诚斋。江西吉州人，南宋大诗人。绍兴二十四年（1154）进士。此书辑录了他的若干诗文，十分珍贵。可是由于年久腐烂和两经俗手（“俗手”一词，在业界泛指古籍修复技术水平不高的人）不够规格的修补，已经破烂不堪。经由张先生等人修复，才恢复了原来面貌。此篇报道是我为撰写此文，查找资料时偶然得到，为张士达先生修复此书提供了佐证，弥补了老一辈古籍修复专家修复档案缺失的遗憾，尤显珍贵。

图5-5-2　南宋刻本《杨诚斋集》第一叶（装帧为“金镶玉”装）

我曾有幸近距离瞻仰先生修复的此部南宋刻本。是书为“金镶玉”装，22册。书中夹有一纸，开头写有“诚斋先生集二十二册，宋淳熙、绍熙间递刻本”，另写有每卷叶数等内容，为张士达先生以铅笔写就。先生修书，有一习惯，就是把待修的善本书叶的每叶第一字和最末一字记在笔记本上，以防错叶。还要把本书的具体卷数、叶数、破损情况等记在一张纸上。然后，或贴在护叶上，或夹在书中。修复之用心，可见一斑。我

图5-5-3 朝鲜版《三国志演义》修复后（装帧为“金镶玉”）

2011年修复的朝鲜刻本《三国志演义》亦修复后装帧为“金镶玉”装。此书刊刻于1560年前后，为韩国现存《三国志演义》刊本中最古老的一部。此书为韩国送修，修复后考虑到书脑太过狭小，并应韩方请求，对此书进行了“金镶玉”装帧。

3.天头有批注文字的古籍

我们在古籍修复时会发现，书籍的天头、地脚等栏线以外的地方是最易破损和发生糟朽的，而批注文字大多在天头处并紧顶书头。批注文字所处的这一位置，对于它的保存极为不利。采用“金镶玉”装等于把天头等易破损的地方镶了个框，并起到了延长天头的效果。实践证明，这对于保护有批注文字的书籍是有效的。

除此之外，在一些古籍修复的书籍中，提到哪些古籍适合做“金镶玉”装时，大多提到毛装书，认为它也适合做“金镶玉”装，理由是其参差不齐。在此问题上，我认为，在对毛装进行修复与装帧时，应尽量保持这种装帧形式的古朴与自然，不能为了美观，整齐划一而改变原有装帧风格，从而失去了古籍的原有风貌。故毛装适合做“金镶玉”装这种说法值得商榷。

4.开本大小不一的文献资料

文献资料开本大小如果不一，可考虑用“金镶玉”的办法进行装帧。如我在1996年为周叔弢先生装帧的“捐赠善本书籍清册”中的装箱目录，就属于此类文献。

周叔弢先生闻名海内外，是集访书、藏书、校书、刻书为一身的古籍收藏家和鉴赏家。先生毕生藏书4万余册，其中不乏宋元旧本、明清佳椠。对于所藏古籍先生认为“实天下公物”“不欲吾子孙私守之”。生前陆续将经数十年精力所聚之图籍文物捐赠公藏单位。为纪念周叔弢先生向国家图书馆捐赠善本古籍60周年，2012年5月，国家图书馆举办了“书香人淡自庄严——周叔弢自庄严堪善本古籍展”。展览包括“弢翁生平”和“善本撷英”两大部分，共分为生平简介、藏书概括、天下公物、承继黄杨、宋元珍要、鉴藏异趣六个单元。展品中有一套“周叔弢先生捐献善本古籍清册”及部分捐赠相关函件。我与这些文件数据有些因缘。16年前，我对此批资料做了装帧工作。1996年初春，周叔弢先生的亲属周景良先生送来周叔弢先生捐赠国家图书馆的古籍目录及一些珍贵的书札等数据，希望我们对其进行装帧成册。冀淑英先生和时任善本部主任的黄润华先生委托我做此项工作。

其中装箱目录两册开本为一大一小，书叶为双叶。对这两册采用挖衬显然不行。认真考虑后，决定采用“金镶玉”装帧方法比较好。用“金镶玉”的方法可以使大小不一的两册装帧成大小一致。故最后把两册装箱目录装帧成线装“金镶玉”。

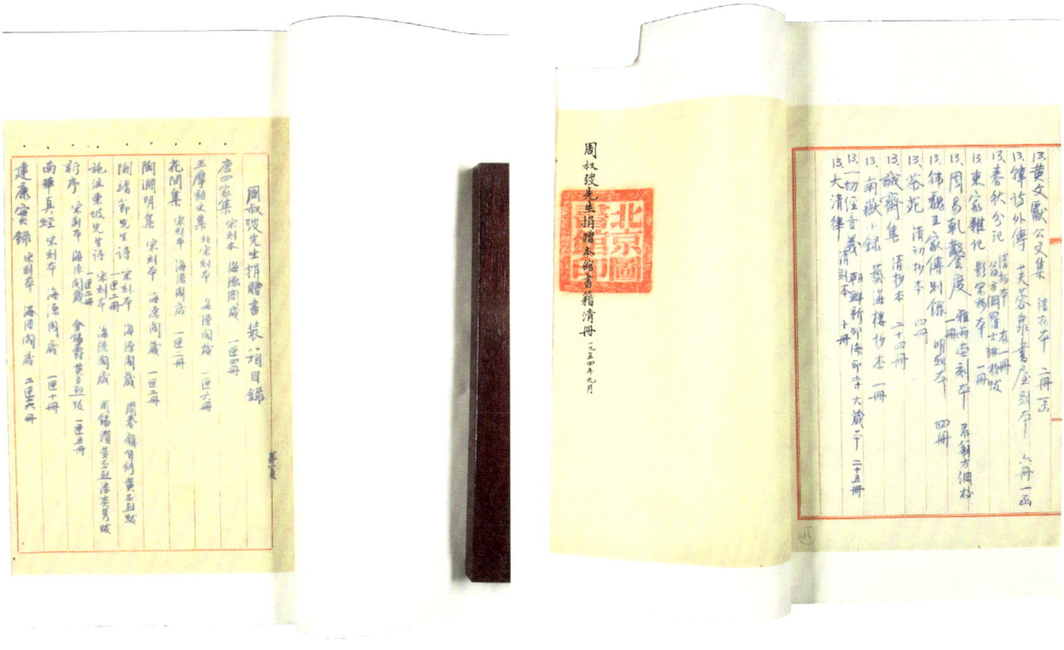

图5-5-4　周叔弢先生捐赠书装箱目录（“金镶玉”装帧）

（三）与修复原则相一致的装帧方法

近年来，修复界对“金镶玉”装帧有一些争论和不同看法。通过“金镶玉”装帧的古籍，其风格、形式与原书截然不同，面貌焕然一新。于是有人认为，这种装帧形式违背了古籍的修复原则，而不应采取。然而，我不认同这种看法。

众所周知，我们在进行古籍修复时，所坚持的一项最重要原则就是“整旧如旧”原则。整旧如旧，就是在对古籍的修复过程中，尽量保持古籍的原始面貌。而“金镶玉”装则是通过对原书的再装帧，使面貌焕然一新，这似乎有违“整旧如旧”原则。但是，我认为对“整旧如旧”原则的理解要完整、准确。我们在古籍修复中坚持“整旧如旧”原则，其目的就是尽量保护古籍的文物价值和资料价值不受损失。这就要求我们在进行修复中所采取的保护措施和修复手段，都应该是对古籍自身价值的再保护。“金镶玉”这种装帧形式，就是本着具体问题具体分析的态度，根据古籍的实际情况采取的保护措施和修复手段，其目的就是通过一些具体的措施和手段，使原书延长寿命，长久保存。由此可见，“金镶玉”装帧的目的与“整旧如旧”原则所要达到的目的是一致的。

（四）“金镶玉”装帧时不应采用的几种做法

近年来，随着对古籍修复理念的不断认识，以及对修复原则、内容的补充与完善，我认为，在古籍修复过程中，应放弃以下两种装帧方法：

1.粘镶法

粘镶法的具体做法是：在书口处和书叶破损处抹上糨糊，再铺粘上一张大于书叶的新纸，然后将天、地、背三方镶宽。此种连粘带镶的方法，省去了补书的环节，是一种取巧的办法。但是，此种装帧法对书叶的破坏极大。由于书叶为旧纸，衬纸为新纸，新旧纸张韧性不同、强度不同，几经翻动，粘接处就会出现断裂现象。同时，由于破损处粘有糨糊，也为后人的再修复增加了难度。

2.裱镶法

裱镶法又称托镶法，就是把所要镶衬的纸直接托镶在书叶上。此种方法破坏了原有书叶的厚度。它与“金镶玉”装的镶衬法的最大区别在于，采用镶衬法装帧的古籍是可逆的。就是当需要拿下衬纸时，可以随时拿掉。而经过裱镶法装帧的古籍，要想取下装裱过的纸就不那么容易了。

上面两种装帧，或没有对原书叶起到保护和延长寿命的作用，或对古籍的原貌造成了不可逆的后果，这也就违反了古籍的修复原则和修复目的，故应抛弃。还应强调的是，在装帧过程中的每一项环节，都应坚持古籍修复中所应坚持的原则。如果有哪一项违背了古籍修复原则，就应改正。如在对前面提到的《芥子园画传》的装帧过程中，对书叶补破后裁齐这一环节，本人就采取了与前人不同的方法。前人在这一环节上大多采用上刀裁齐原书天头、地脚的方法。这样既省事，镶出的书又美观。但是，采用上刀裁齐书叶就破坏了原书的书品。虽然装帧过程可逆，但书叶却回不到原来的样子了。本着“整旧如旧”原则，我在对这部画传进行装帧时，采用了不裁原书，以原书叶大小为标准剪齐补过的书叶，而后进行装帧的方法。采用手工剪齐书叶方法镶出来的古籍，虽然在外观上不如上刀裁齐镶出来的古籍美观，但却最大限度地保持了古籍原貌，我以为，这是符合“整旧如旧”原则的。

（五）具体装帧步骤

1.选纸。镶书最好选用与原书叶薄厚相同的纸，一般多用棉连、单宣等。

2.裁纸。要大于书叶，以备回折，喷水压平，四边裁切成齐口。

3.确定位置。如天头镶2厘米，回折2厘米，这就是4厘米，还要余出2厘米下刀。故天头至少镶出6厘米。接下来用针确定四角。

4.铺纸。书叶正面朝下，衬纸正面也朝下，对应四角位置铺纸。

5.折边。就是把大于书叶的衬纸四边回折，并与书叶四边相碰。

6.折叶。齐书脚，就是齐地脚的边缘。

7.订捻。订两组双捻儿，每组都是一眼打在书叶上，一眼打在衬纸上，两组呈八字形。

8.裁书。镶后的书高、宽的尺寸按六四比进行裁切。

9.包角。包角的材料最好用绢，也可用绫。绢的长度为书宽的十分之一加上书高的十分之一；绢的高度为书的厚度加1厘米。

10.扣皮、订眼。扣皮一般选用瓷青皮。然后用纸做一直角，制作确定书眼位置的制子。按制子订书眼。

二、修复后装帧为蝴蝶装形式的“金镶玉”

（一）传统的蝴蝶装形式“金镶玉”

蝴蝶装简称“蝶装”，始于唐末或五代，盛行于宋元。其装帧特点是以有字的一面相向而折，背面向外，折口处向右集齐，作为书脊，书背用糨糊粘连，再用一张书皮包裹书背，外观形似包背装。翻阅时书叶像蝴蝶展翅飞翔，故称“蝴蝶装”。“金镶玉”装帧形式又称“惜古衬”，是把宣纸衬在古籍书叶的背面，同时把天头、地脚及书脑处用宣纸加宽，也就是把三者各镶出一个白边来，从而起到保护古籍的作用。镶衬后，书叶正折，也就是无字的一面相向而折，有字的正面向外，如同线装折叶方法，折后装帧为线装，此种装帧形式也可以叫作线装形式的“金镶玉”。此外还有一种“金镶玉”，就是“蝴蝶装金镶玉”，是对书叶连衬带镶后，折叶方法如同蝴蝶装的折叶方法，即有字的一面相向而折，背面向外。折后装为外似包背装的装帧形式。由于折叶方法的不同，装后打开书册，呈现在眼前的是如蝴蝶装样的整版书叶，书叶的四边即天头、地脚、左右书脑都镶有白边。

古籍修复后，如果装帧为“蝴蝶装金镶玉”，首选的是采取“连衬带镶”的方法。首先是衬一张大于书叶四边的衬纸，然后在大于部分镶条，镶条固定过程完全以点糨形式完成的。观察前人装帧的“蝴蝶装金镶玉”，大都是在书叶四周镶边，然后整体托裱，此种方法造成书叶柔韧性被改变，恢复原状也非常困难。后来清代藏书家黄丕烈注意到了这个问题，他是非常厌恶托裱的，所以现在看他的藏书中装帧为“蝴蝶装金镶玉”的部分，大都是先接镶出四边，然后再衬纸。这样镶出来的书，就柔软得多了。另外，黄丕烈也把此种方法运用到线装上，如国图藏元刻本《稼轩长短句》12卷，为黄氏原藏，采用接镶后，装帧为线装。但黄式的“蝴蝶装金镶玉”中的接镶，是直接镶在书叶上，且用糨糊固定，而“连衬带镶”的方法，则不是直接镶在书叶上，而是以点糨的形式镶在衬纸上。我以为，此种方法更为符合古籍修复中应坚持的“可逆性”原则。

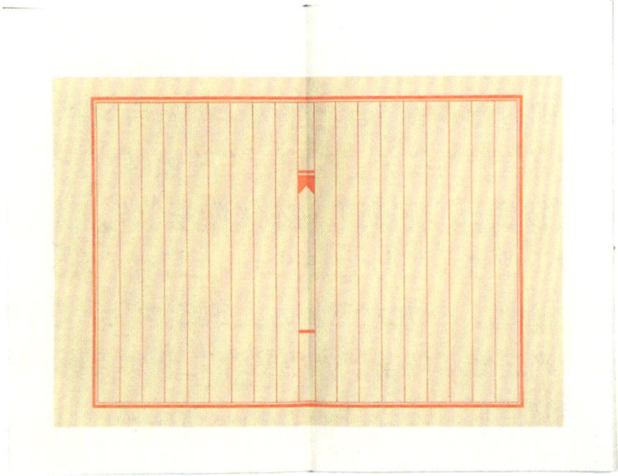

图5-5-5　“蝴蝶装金镶玉”

（二）张氏蝴蝶装金镶玉

张士达先生结合以上线装形式“金镶玉”、传统蝴蝶装形式“金镶玉”两者的特点，首创了蝴蝶装“金镶玉”的另一种方法，我为其冠以“张氏蝴蝶装形式金镶玉”之名。其特点是在“线装金镶玉”装帧的三面镶的基础上，发展为另一种“蝴蝶装金镶玉”装帧的四面镶形式。

两种“蝴蝶装金镶玉”最大不同有两点，一个是在书叶固定方面，前者是在每叶书叶中缝背面抹糨并与衬纸相连并折叠成册后浆背，然后裹皮装帧。此种固定方法，从保护书叶角度看并不可取。在翻阅过程中，由于是局部固定，稍有不慎，书叶与衬纸连结固定处极易断裂分离（为防断裂，可在中缝背面溜口后再抹糨）。为了避免此种情况的发生，张先生对“蝴蝶装金镶玉”进行了改革。就是不直接在书叶中缝背面与衬纸抹糨固定，而是用一纸“拉手”与书叶中缝背面相连，而“拉手”也不与衬纸相粘固定，而是订捻固定。纸“拉手”的作用，是把局部固定的书叶变为一活动的书叶，起着一种如活页夹子一样的效果，翻阅自如而不伤书脊。装帧后打开书，里面还是蝴蝶装的折叠方式。这样，既保持了古籍的原始装帧形式蝴蝶装，同时，由于采用了四面镶的装帧方法，避免了由于光照、人为翻阅时接触书叶、灰尘等极易造成书叶受损状况的出现。特别是采用了纸“拉手”这一创新，从而达到对善本古籍最大限度的保护。

二是在装帧的外观方面，前一种“蝴蝶装金镶玉”的外装帧形式，只能是一种形式，即包背装式。而经张先生创新后的“蝴蝶装金镶玉”既能装成包背装，又可装帧为线装。这样，在装帧时，就有了可选择的余地。张先生把此创新技法，应用到宋刻本《陶靖节先生集》的修复实践中。是书为战备库藏，馆签（书号为15789）上写有“郑8988”，为郑振铎旧藏。又写有“原一册，一九六三年六月改装两册”字样。护叶上贴有一纸，上写：“宋刻递修本陶靖节先生集存九十个半叶（残破），又抄本目录两个半叶，藏章半叶，六四年八月增入卷三第一叶一叶。”[①]字体为张士达先生以铅笔手书。

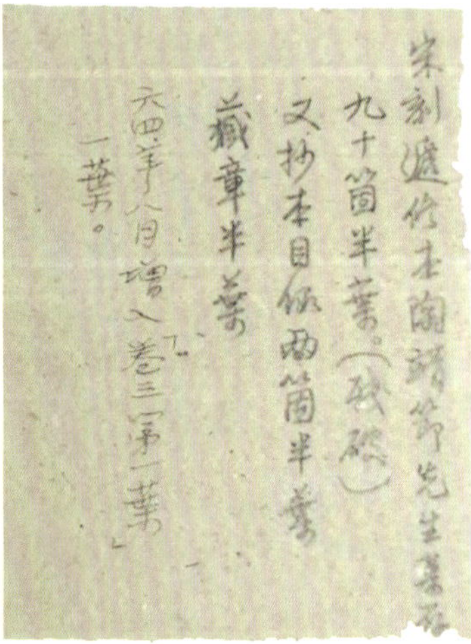

图5-5-6　宋刻《陶靖节先生集》护叶上有张士达先生题写的修复跋文

① 原文如此。

是书为两册，包背装帧，库瓷青皮。打开为“蝴蝶装金镶玉”，但并非传统意义上的“蝴蝶装金镶玉”，乃为张先生首创的带“拉手”的”蝴蝶装金镶玉”。观之，中缝背面粘有“拉手”，“拉手”距书脊大约不到1厘米。据先生讲，此装帧方法得到赵万里先生首肯，并首次运用在此书的装帧上的。

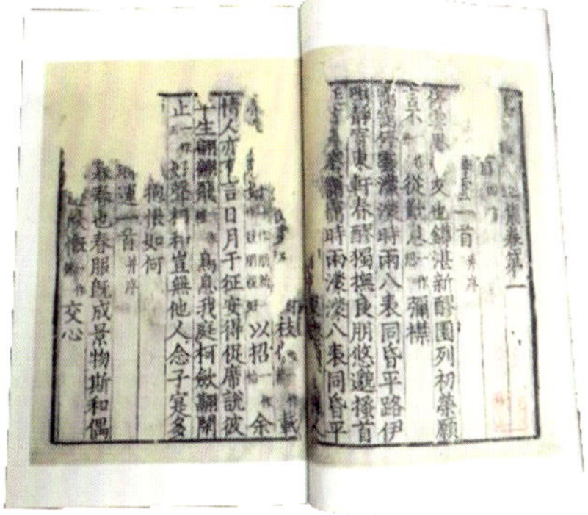

图5-5-7　宋刻《陶靖节先生集》首叶

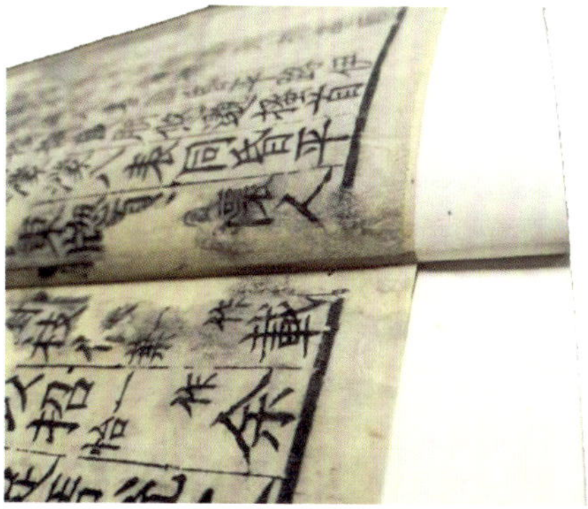

图5-5-8　宋刻《陶靖节先生集》书叶中缝背面贴有“拉手”

三、“挖衬”装帧

所谓挖衬，是先把棉连或单宣纸裁成大小一样，折成双叶后拿出一张放在裁板上，再取一叶所要装帧的单叶资料放于其上并固定好中心位置。用铅笔沿资料等周边画与资料大小一致的线之后，用裁刀把所画线条以内的白纸裁掉。然后把裁好的此叶白纸套在另一张完整的白纸之内，最后把所要装帧的资料粘在挖去的地方。周而复始，把所有要装帧的资料全部按以上步骤完成。最后撴齐、裁齐并装帧成册，这就是挖衬。

前面提到的1996年，我曾为周叔弢先生“善本古籍捐赠清册及书札等资料”进行了装帧。此批捐赠资料共计50册（件）。名目如下：

表2　周叔弢先生“善本古籍捐赠清册及书札等资料”统计表

1	1949年8月9日华北高教委致唐兰信
2	华北高教委收据（捐宋本《经典释文》）
3	华北高教委谢函
4	1952年9月11日天津文化局收据（捐宋人写经、元明人书画）
5	同上，清单
6	1952年8月29日文化部社会文化事业管理局函（捐宋元明善本，派赵万里等联系）
7	1952年9月15日郑振铎致周叔弢函
8	同上
9	1954年2月25日文化部社会文化事业管理局致周叔弢先生谢函（捐善本715种）
10	印刷发展史展览邀请函
11	1954年9月17日北图致周叔弢先生谢函（捐《说苑》等32种）
12	1954年7月5日天津图书馆临时收据
13	1955年3月14日天津图书馆收据
14	1955年5月21日天津图书馆致周叔弢先生谢函
15	同上
16	1954年8月27日南开大学致周叔弢先生谢函
17	同上，清单
18	1954年9月15日北大历史系谢函
19	1954年10月26日天津医学院致周叔弢先生谢函（捐周学海手批医书）
20	同上，清单
21	同上，清单
22	1955年3月3日文化部社会文化事业管理局致周叔弢先生谢函（捐瓦当等28件）
23	同上，清单

续表

24	同上，清单
25	1955年4月11日天津文化局收据（捐曹寅字轴）
26	1955年4月11日天津文化局致周叔弢先生谢函
27	1956年7月5日北图致周叔弢先生谢函（捐《秦襄毅公年谱》）
28	1958年4月28日北图致周叔弢先生谢函（捐乔勤恪公手书诗稿）
29	1959年5月12日北图致周叔弢先生谢函（捐《篁斋书札》4册）
30	1957年10月3日天津中医学校致周叔弢先生谢函（捐《周氏医学丛书》）
31	1961年6月23日天津文化局致周叔弢先生谢函
32	1961年6月24日天津文化局收据
33	1961年12月29日天津艺博收据（捐元玉牌）
34	1961年12月30日天津艺博致周叔弢先生谢函
35	1962年10月29日天津艺博收据（捐袁尚之书画）
36	1963年2月21日天津艺博收据（汪士慎刻草书臂搁）
37	1963年6月15日天津艺博收据（捐悫厂刻本）
38	1963年5月21日扬州文管会谢函（捐《韩江雅集》）
39	树峰来函
40	1972年11月3日天津市革委会文件
41	1973年8月17日天津市文化局革委会收据
42	1973年8月17日天津市文化局革委会收据
43	1981年3月8日授奖大会请帖
44	1981年3月11日展览请帖
45	1981年7月13日中国佛教图书文物馆谢函（捐憨山大师书法）
46	装箱目录2册
47	清册3册

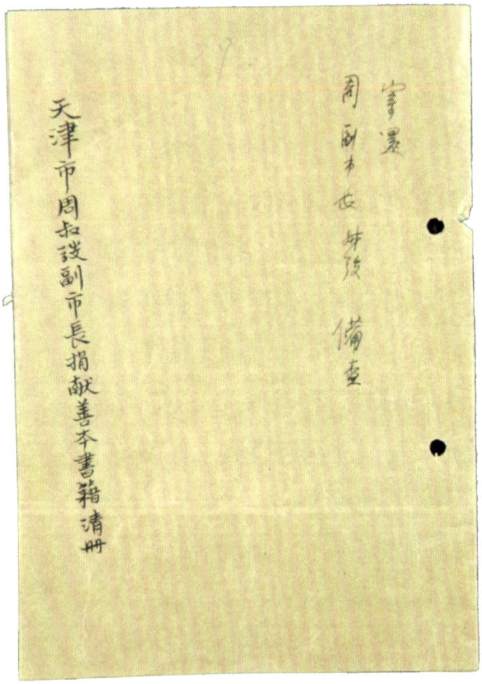

图5-5-9 捐赠资料原封面

从内容可以看出，此套资料共分两部分。

第一部分为，1949年8月8日至1981年7月13日间一些名人写给周叔弢先生的书札（如郑振铎致周叔弢先生函，胡厥文、胡子昂致周叔弢先生函等）、有关单位给周叔弢先生签发的收据、谢函、清单、请帖等单件资料。这一部分的特点是资料大小不一，大张的如信纸般大小，小张的只有一两寸般大小。如何把这些大小不齐的资料集为整齐划一的册子呢？考虑再三，觉得采用挖衬的办法对这一部进行装帧比较好。用此方法把第一部分的收据等资料装帧为挖衬包背装1册。

第二部分为装箱目录2册，清册3册。其中装箱目录2册因为是双叶，故做成了“金镶玉”装。这一部分还有清册3册，此3册虽然整齐，但都为单叶，做普通线装、“金镶玉”均不成。而用第一部分所采用的挖衬较妥。故把此3册装帧为2册挖衬包背装。

图5-5-10　胡厥文、胡子昂致周叔弢先生信札（挖衬装帧）

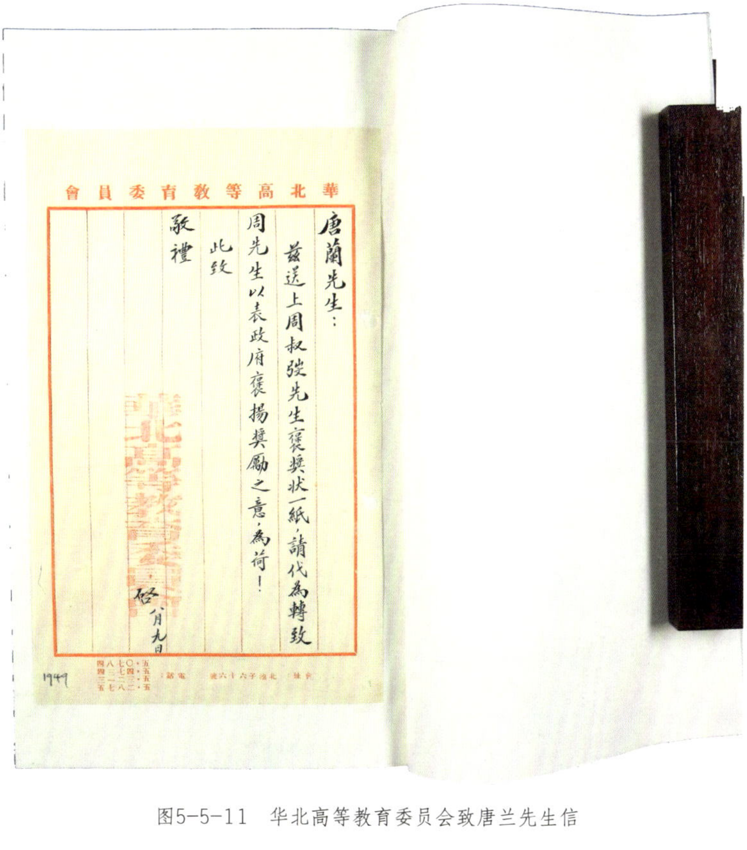

图5-5-11　华北高等教育委员会致唐兰先生信

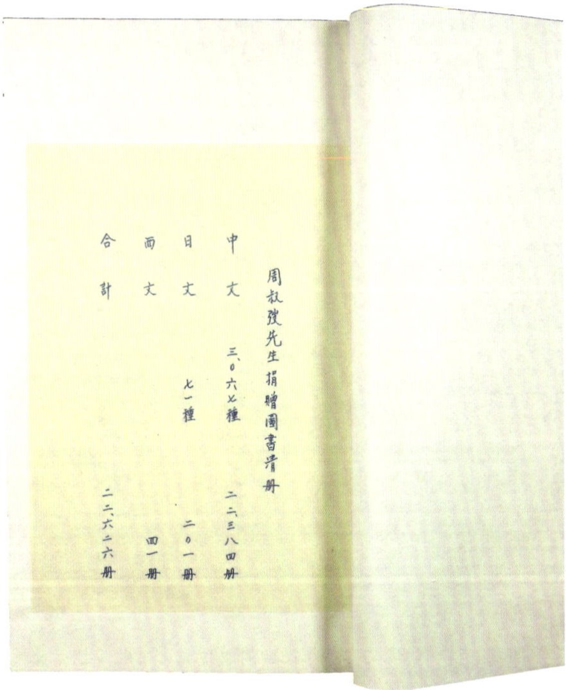

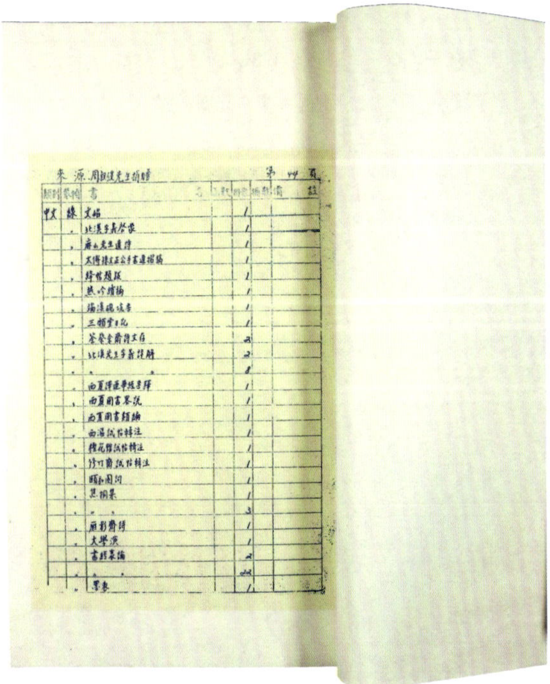

图5-5-12 装箱清册（挖衬）

由对周叔弢先生“善本古籍捐赠清册及书札等资料”进行装帧可以看出，“挖衬”这种装帧形式适合对一些信札、收据等大小不一，且为单叶的资料进行装帧。如2013年，我在对冯友兰先生手稿《新理学答问》修复中，由于此部手稿均为单叶，故而也采取了“挖衬”的装帧方法进行了装帧。

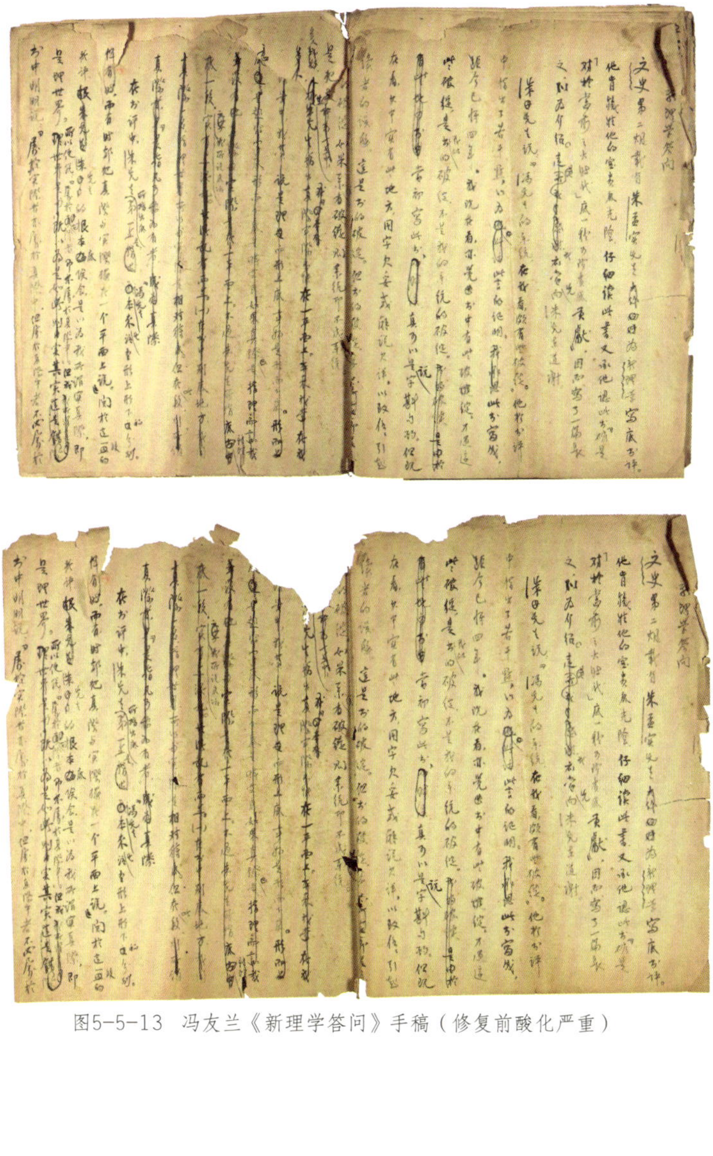

图5-5-13　冯友兰《新理学答问》手稿（修复前酸化严重）

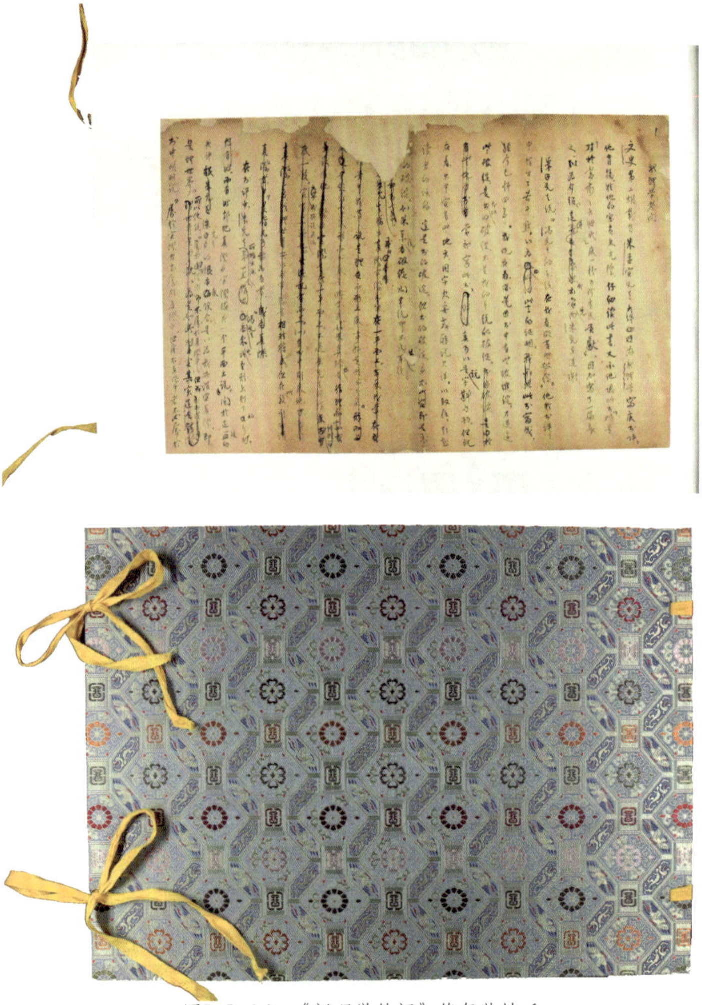

图5-5-14 《新理学答问》修复装帧后

对一些单页的报纸，修复后如果也要采用“挖衬”的办法进行装帧，就要考虑其大小是否可以做“挖衬”。如2012年，我在修复馆藏新善本《平津学生周报》的过程中，就曾因其尺寸太大，而没有进行“挖衬”。在对其破损处去酸、补破后，用纸板制作成类似活页夹子装的装具，将其固定在夹子里。这样既利于展阅，也利于收藏。故制作适宜的装具放置报纸，也可起到保护作用。

图5-5-15 《平津学生周报》去酸、补破前状态

图5-5-16 《平津学生周报》修复后

关于“挖衬”，有人称之为“挖镶”，那么这两种叫法中，哪一种更准确呢？我以为，从装帧的步骤及方法来看，称之为“挖衬”应是更准确的。也有把“挖衬”与“镶衬”说成是一种装帧形式的，其实两者虽然名称相近，但装帧的手法是不相同的。两者相比，“镶衬”是在书叶四周接镶纸条，然后再在书叶背面衬纸，而“挖衬”则不需要接镶纸条。两者在糨糊的使用方面，“挖衬”用的更少一些，如有需要，可更容易去除装帧痕迹。

四、装裱式册叶

此装帧形式，又称“册页”。所谓“册页”，实为装裱技艺中的叫法，但如果在古籍装帧中也沿用此叫法，就容易造成一种混乱。经常有学生提到一个问题，中国的书籍形式不是“册叶制度”吗？在这个制度中，一页书的“页”，就应该是“叶”，而不是“页”，那我们在讲中国书籍装帧时，怎么又出现了“册页”一词？虽然我向学生解释这是书画装裱中的用语，但这种解释似乎也不太有底气。因为在图书馆，“册页”几乎都是划到古籍类，而不是书画类中。故为了与书籍的“册叶制度”相适应，为其起个名，与书画中的“册页”相区别，还是有必要的。考虑到这种装帧形式确实是把一叶一叶的书叶式的叶子经托裱后形成的册子，于是起名为“装裱式册叶”，以此称呼作为古籍装帧的一种形式，似乎更为恰当。

（一）一般装裱式册叶制作步骤

1.尺寸的确定

尺寸视画心大小而定，其高一般在画心的基础上加高10厘米左右。上、下边为6：4。半叶宽为画心宽加6.3厘米（分心宽不大于1.3厘米，竖边5厘米左右）左右。

2.制作开身纸（面纸）

开身一般选用单宣或罗纹纸染色（国画色），色纸经常用米黄色或淡灰色。用墨稍加点赭石、藤黄。墨少呈米黄色，墨多呈淡灰色。

颜色调好后，为防止染得不均，并起到固色作用，需要在调好的颜色里稍加一点水胶，但胶不宜过多，否则纸性发脆，易破损。染时，用排笔蘸上颜色，自左向右一排笔、一排笔地竖刷，力求刷色均匀。刷色前，先用一点稠糨糊将白纸粘在晾纸杆上，刷好一张，即晾在架子上。也可在刷染一张后，再叠加白纸，进行刷染。刷色时，切记不要多次重复揉刷和漏刷隔白处，否则纸色不一。色纸晾干后，加托成双层上墙贴平待用。

3.托墩子

视画心的大小，由5至9层单宣制成。配料时注意留出不少于2厘米的余边做贴墙之用。托册叶的墩子时，还应注意为折叠及确定位置方便，不管由几层纸托成，必须把第2层裁开，即将整叶裁成2个半叶，裁去分心1厘米，如托9层，先托7层整叶纸，第8层托2个半叶，中间断离1厘米宽，然后上面再托第9层整张纸。垫吸水纸排实后，一边口刷糨，贴在墙上，飘干待用。

4.托画心

此步骤与制作挂轴方法一样，但老师傅们在托册叶的画心时，一般要放点胶矾，以防画心着湿后吸到墩子上，影响“投”。另外，在托裱开身纸时，也要加些胶矾。但我是不主张放胶矾，因为胶矾放多了，纸质发脆，影响册叶的保存。不放胶矾，手法上就要掌握好，做到“稳”和“准”，掌握好技巧，“投”时，一般是不会受到影响的。

画心与开身纸干透后，一起下墙，将开身纸根据画心大小及册叶大小，按统一规格与画心一起裁方整齐。开身裁后对折，折叶处压平，全部折好后墩齐，在折口两端用快刀切去一个小斜角，作为分心的标志记号。

5.摆

把开身纸铺平摊开，将画心按尺寸分好上、下天头及地脚，左、右外边口及分心。画心定好位置后，在其背面点3个糨点与开身纸固定。按此办法将全册每一开都摆正固定好。

6.挖

全部摆好后，接下来就要一开一开地挖了。挖时，用快刀把画心与开身一起挖掉，然后取出画心，把粘在画心背面的面纸去掉。挖时，要注意裁刀的控制，切不要挖过，形成十字刀，影响美观。

7.投

把干透的墩子用水润潮，使其舒展滋润后，再上匀糨糊。接下来，首先将开身的折缝处对准墩子分心中缝，用手抚平。再将画心嵌投在开身挖掉的位置，随着嵌投的继续，画心四边与开身四边同步碰缝对齐，用手抚平。整个“投”的过程中，只可用手“挤”或“展”来调整，而不能放下后再提起来调整，以避免墩子之间糨糊的分离。投完后，在墩子的废边上垫纸条防粘，将闷潮后的另一开墩子衬在正面，翻过来排实。四边刷糨后，上墙贴平。

8.折

册叶上墙后，一个星期左右即可下墙。折之前，最好砑一下。砑完后，将正面向上，并在分心折缝的底下垫1.5厘米左右宽的半干半湿纸条，用木尺按住正面分心折口处，用竹启子沿中缝划一道印，沿这道印折叠，对折后，在折口背面衬一张干纸，用竹启子蹭砑。全部折完，一起墩齐后上压平板及重物。

9.裁、装

压一星期左右，取出并将每开展开，裁齐下边，然后统一墩齐折缝处及下边，在折口一边压上重物，按顺序掀起对应一边，在每开背面点糨固定，全部粘连后压干，最后按册叶尺寸，将除折口外的三边裁齐。最后，配制册叶封面并与册叶连接。

以上为装裱式册叶，也可称为蝴蝶装式装裱册叶。另外，还有一种推蓬式册叶。推蓬式册叶的打开形式为上下打开，每一开上面为空白叶，下面为画心。或者上面为诗文，下面为画心。画心上边紧挨着分心，离中缝1.3—1.5厘米左右。画心下面边宽5厘米左右，两边边宽4—4.5厘米左右，制作步骤同上。

（二）拓片装裱式册叶

传拓与装裱是我国独特的传统工艺，据考证约始于唐代初年，宋代盛行，跨越元明清直至民国都不曾衰竭。在装帧方面，整体裱最能体现原碑尺寸与风貌。但它只能铺在案上或挂在墙壁上观看，研读和临摹实在不便。于是便有了拓片剪裱。也称“拓本”“裱本”“蓑衣裱”。清末叶昌炽写道：“今人藏帖，皆用剪裱。丰碑直行，分条合缝，联缀无痕，世谓蓑衣裱。”[①]剪裱有册叶式和五镶经折式两种装帧形式，虽然对应的都是拓片的装裱，但其装裱手法是不同的。两者不同之处是册叶装为两幅画心为一开，而五镶经折为多幅画心（通常为5、7、9等单数）裱在一起为一

① 黄濬著：《花随人圣庵摭忆》（附补编），上海古籍出版社，1983年，第400页。

开。册叶是在方过的开身纸上挖投画芯，而五镶经折装都是用裁好的纸张镶在画心四边及分心处。

拓片装裱式册叶的制作步骤与一般装裱式册叶制作方法基本相同，但有几点不尽相同。

1.裁条

根据拓本的规格，把拓本裁成若干条。

2.摆帖

依事先定好的尺寸，用毛笔蘸稀糨糊边点刷边固定，这个过程为摆帖过程。操作时，条与条之间搭口应控制在1毫米之内，四周空缺处以相同墨纸补全。不可将字口刷变形，摆帖固定后，托心方裁。为防止拓片跑墨，裁条前，应包上皮纸并套上保鲜袋上屉蒸15—20分钟，起到固色作用。

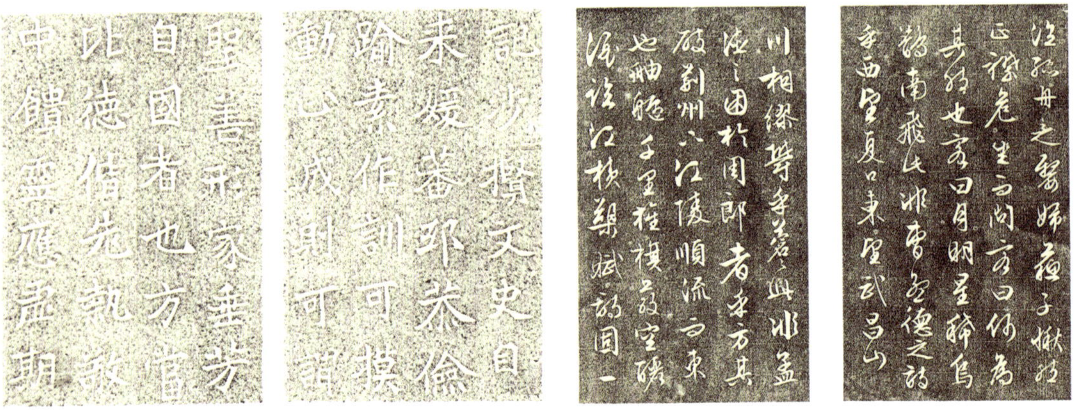

图5-5-17 拓片装裱式册叶（嵌投）

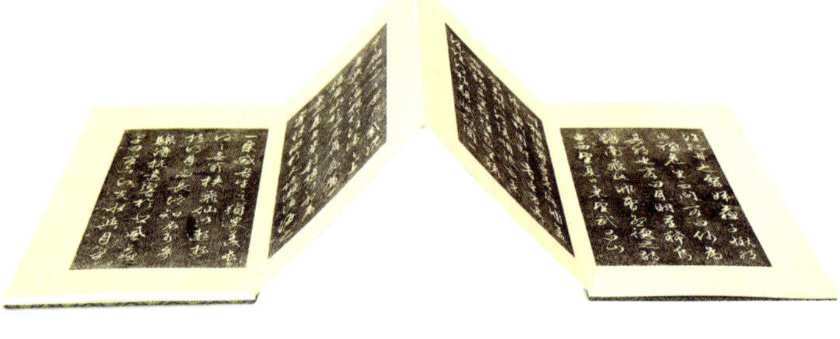

图5-5-18 拓片装裱式册叶（平开、嵌投）

拓本的内容，大都以碑帖文字为主，如法帖等，但也有以图为主的拓本。如国家图书馆收藏的一幅《大清万年一统地理全图》，即为一部被分切合裱的拓本。此图为清黄千人原绘，清佚名增补，清嘉庆拓本。关于此图的其他版本，国图与有关单位亦有收藏，如国图收藏的清乾隆三十二年（1767）刻两幅，装帧形式为挂轴形式。《中国嘉德2011春季古籍善本拍卖会图录》第78号拍品与国图所藏为同一版本，全图分为8条，未经装裱。北京大学图书馆收藏的亦为嘉庆版，被装帧为8轴。

国家图书馆所藏此件佚名增补版《大清万年一统地理全图》，当初也应为8幅卷轴装。该图的图首题记中有“已见此图久经镌版行世，兹特刻为屏幅”之语句，可见此图最早的装帧形式为挂轴形式，后为了便于携带和观览，改为了现在所看到的分切合裱为整幅的状态，打开为一整幅的全貌，合上则为册叶形式。

2014年9月10日，国家典籍博物馆开馆首展“国家图书馆馆藏精品大展”（包括9个展览）正式开展，其中，“咫尺天下一舆图”展上展出了此件舆图。2016年元月，由中国国家图书馆与澳大利亚国家图书馆联合举办的“大清世相：中国人的生活（1644—1911）”大型展览也选中此图。当时在对此图布展时，颇费了一番周折，因为要想看到此图的全貌就要挂起来，但此图装帧为分切合裱册叶式，没法如同画轴那样悬挂，在布展之前，中澳双方布展团队反复讨论了此图上墙后如何固定。我提出，要尽可能地少用磁石，而且磁石位置要准确，不能伤及画心。澳方布展团队对磁石的吸力反复进行了实验，最后确定了适合的磁石。经过双方努力，完成此图的上墙固定。

五、拓片类五镶经折装裱步骤

所谓“五镶经折装”，是以每两幅之间用5个绫子条或纸条接镶在一起，故称“五镶”。又因采用古籍经折的装帧形式，故称“五镶经折装”。具体步骤为：

（一）拟定裱本大小

根据拓片的规格、字数，计算拟定裱本的开本大小，每开的行数及每行的字数。由于经折装外观为长方形，故“五镶经折装”仍应为长方形式。尺寸视帖芯大小而定，如以2帖为1幅，假设帖芯为高20厘米，宽为10厘米，则镶边的具体尺寸通常为，分心为3厘米（共），天、地、竖三边大致为5厘米、4厘米、6厘米（共）。

图5-5-19 2018年5月，作者在第七期全国古籍修复技术培训班暨第二十一期江苏省古籍保护工作培训班上讲授“五镶经折装”

（二）制作裱本纸样

根据拟定的裱本开本大小及帖芯和镶边的大小，用宣纸画出裱本的纸样。一般以单数的5帖、7帖、9帖（保证折叠时左、右一般高）作为1开。如以5帖为1开计算，纸样需画6个摆放帖芯的框子，以方便镶帖。画时，先确定并画出天、地的位置（要留出裁切的余边），然后按顺序分别画出分心、帖芯、竖边、帖芯、分心、帖芯、竖边、帖芯、分心、帖芯、竖边、帖芯、分心。

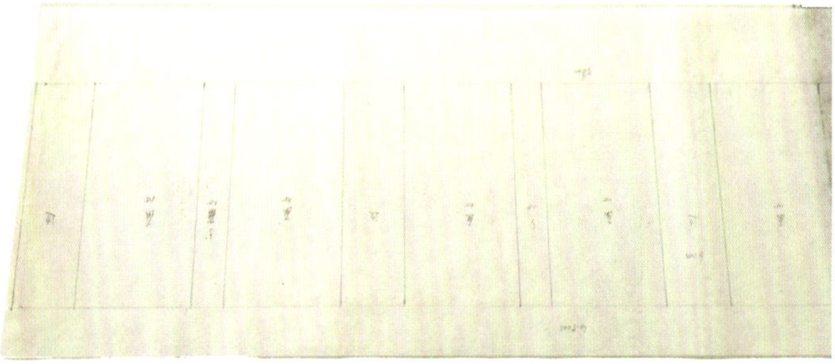

图5-5-20　裱本纸样

（三）开条

将整张拓片裁成纵向长条，再按拓本规格裁成小段。裁时，要确保字体的完整。

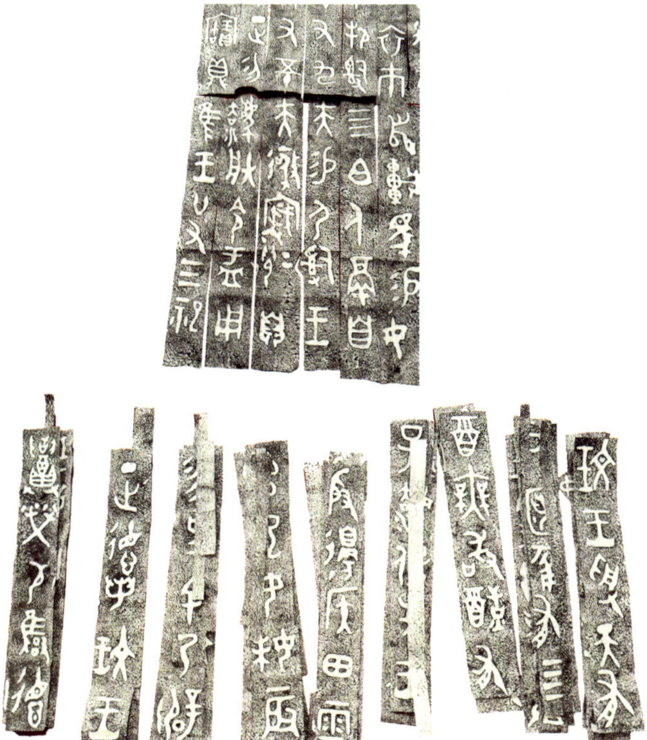

图5-5-21　开条

（四）裁帖芯镶条

根据拓本的大小，用原拓片余纸裁出3—5毫米宽的纸条。再裁一些镶上边、下边、分心、竖边的宣纸条。

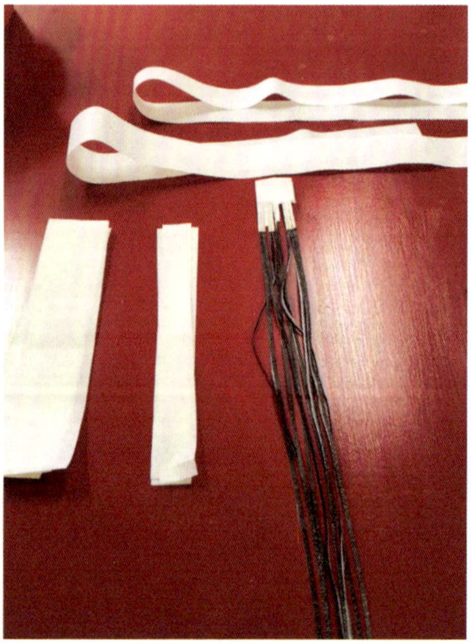

图5-5-22 裁帖芯镶条

（五）镶帖

将画好的拓本纸样展平放置在裱案上，上面覆1层塑料布，固定纸样。第1开从左边竖边开始，按顺序用宣纸条镶上、下边以及竖边和分心并以毛笔蘸稀糨糊固定。然后在帖芯四边位置镶帖芯黑色镶条（镶条的作用是为了拓本的美观）。纸条镶好后开始从左往右，在帖芯的框中以毛笔蘸糨糊将开好条子的拓片按顺序点糨固定。固定时不能刷糨，一刷字口就没了，以点糨的形式固定，是确保字口不变的手法。镶帖时，条与条之间稍搭一点（托裱后不露白）。第1开镶完后，第2开以拓本纸样左边分心处开始镶帖，手法和步骤同上。

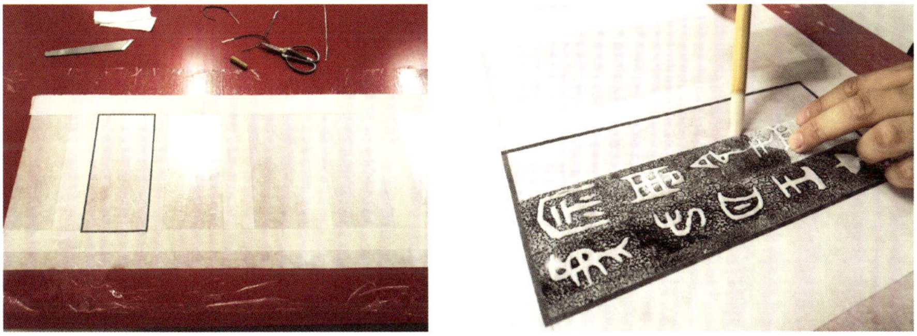

图5-5-23　镶帖

（六）托背纸

根据拓本的大小，托3到5层单宣。复背后，揭起并放置一会儿，稍后排实、上墙。

图5-5-24　托背纸

（七）折帖

找到第1开最右边分心位置，用尺板压住用启子划1道，内折，形成一边。由此边到第一竖边的中缝为拓本的宽，找到此竖边的中缝，外折，以此类推，直到折完。

图5-5-25 折帖

（八）粘接

将折好后的帖按顺序顿齐，在耳子处点糨粘接在一起，压实。

（九）裁切

按设定的尺寸，裁切上下，装封面，贴签。

图5-5-26 裁切

第六章

古籍修复人才培养

第一节　培养途径

古籍保护分“原生性保护”和“再生性保护”两类。“原生性保护”包括古籍修复、库房建设（包括藏书环境，除尘、杀菌、防虫等），“再生性保护”包括古籍的数字化、影印出版等化身千百、服务社会的工作。这其中不论哪项工作都离不开人才的培养。现阶段我国古籍修复人才的培养为师带徒、培训班、高校学历教育三位一体的机制。

古籍修复和保护是一项与时间赛跑的事业，随着全国古籍普查工作接近尾声，全国2700余家公藏单位的3000万册左右古籍中，约三分之一存在不同程度的破损，其中不乏珍贵古籍。按照现有古籍修复人员力量和不断增加的破损古籍数量估算，完成修复仍需数百年。基于此，古籍的保护、修复人才培养和技艺传承等工作就变得非常迫切，是亟待加强的一项重要工作。

一、传统的师带徒机制

长久以来，在国家图书馆等古籍收藏单位，古籍的人才培养机制都是以师徒相承、口手相授的方式传承和发展的。此种传承方式，使得这项技艺绵延不断、流传至今。在国家图书馆，老师傅带若干个徒弟并手把手地教授是以前古籍修复技艺传承的主要方式。中华人民共和国建立之初至二十世纪五六十年代，国图第一代古籍修复师是孙长振、张士达、肖振邦、李道之、肖振棠、肖顺华等老先生。这其中大部分先生都是从琉璃厂走出来的修复大家，代表人物就是张士达先生。20世纪70至90年代的修复师，是国图的第二代。2000年后进组的年青人是国图修复古籍的第三代传人。

中华人民共和国建立以来，一代代国图的修复师们勤奋工作，为古籍的保护做出了巨大的贡献。而国图最具代表性的修复师无疑是我的恩师，被誉为“一代国手”的张士达先生。

图6-1-1　张士达先生（1902—1993）

张士达先生，字俊杰，1902年出生于河北武邑。16岁时，来到北京琉璃厂肆雅堂书店学徒。清末民初，京城古籍修复以肆雅堂、肆文堂最为著名。当时，京城修复高手均出自这两大书店（1958年，肆雅堂归属中国书店）。在肆雅堂学习和工作7年后，先生又开设了“群玉斋”书店。在琉璃厂期间，张士达先生的修复技术誉满京华。这期间，许多文化名人都慕名来找张先生修复古籍，如鲁迅、郭沫若、冯友兰、郑振铎、李一氓等先生。

中华人民共和国成立后，北京图书馆古籍修复人才匮乏。1956年，借公私合营之际，张士达先生来到北图工作，引荐人就是我国著名版本目录学专家赵万里先生。赵先生对张士达先生的修书技艺非常欣赏，尊称先生为“国手”，并推荐先生为北京市宣武区政协委员。在北图的10余年间，先生为北图修复了许多古籍善本，每每遇到好的版本，如宋元古籍善本等，赵万里先生更是指明请张士达先生来修，足见对先生的器重。如原藏于广东省立中山图书馆的宋刻本《杨诚斋集》（现藏于中国国家图书馆）和南京图书馆的南宋刻本《蟠室老人文集》等。《蟠室老人文集》为宋葛洪撰。葛洪，字容父，号蟠室老人，浙江东阳人。南宋淳熙十一年（1184）进士。历任工部尚书兼侍读，端明殿学士。绍定元年（1228）十二月任参知政事，封东阳郡公，嘉熙元年（1237）任观文殿学士。卒赠

图6-1-2　作者与老师张士达先生合影（1983）

太师，封信国公，谥“端献”。著有《奏议杂著文》《蟠室老人文集》《涉史随笔》等。此书原藏东阳葛氏祠堂，后散出，仅剩两卷，为海内孤本。在《中国版刻图录》中有书影和介绍，现藏南京图书馆。

图6-1-3　《蟠室老人文集》外观

图6-1-4　《蟠室老人文集》修复后配置的楠木书盒

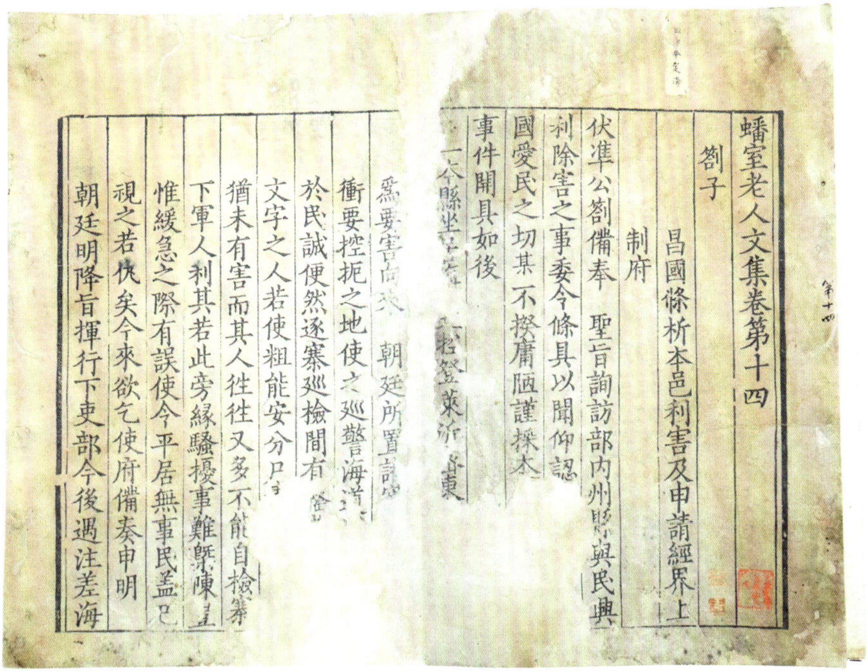

图6-1-5 《蟠室老人文集》卷14首叶

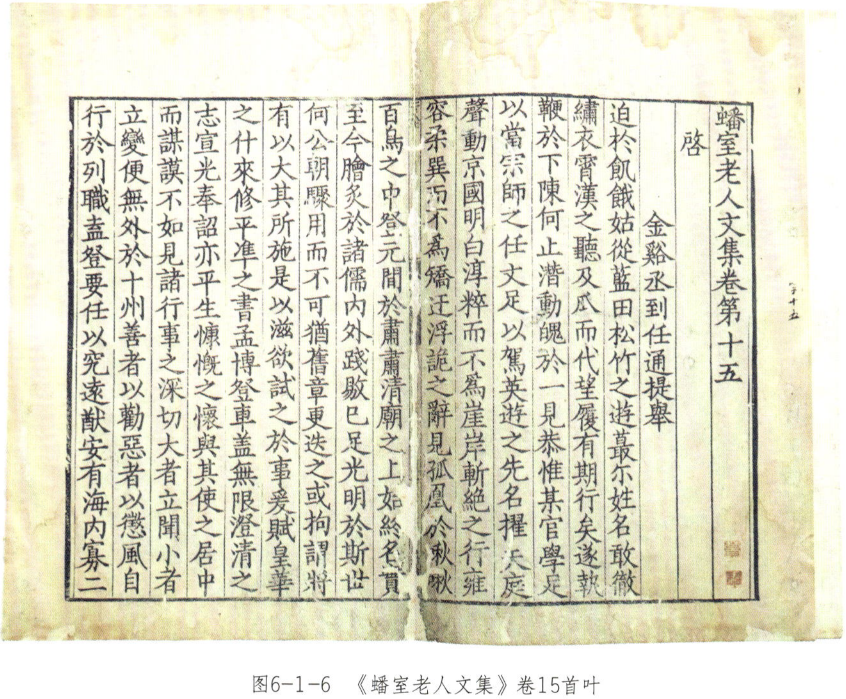

图6-1-6 《蟠室老人文集》卷15首叶

关于对此书的修复，据先生言，1957年，赵万里先生为编《中国版刻图录》在全国重点图书馆搜集善本时，发现这部南京图书馆的镇馆之宝已破损不堪。赵万里先生与南图协商，把此书带回北图，请先生对此书进行修复，修复后，装为黄装，并配置了楠木书盒。修复完成后，在第一册护叶中间写有“一九五九年一月张士达装”跋文。先生回忆道：“楠木盒是用原故宫造办处的楠木料做的，而跋文是赵万里先生为我写的，写好后由我自己粘贴上去的。”前几年国图有同事出差到南京图书馆，回来后跟我说：“看到你的老师修的一部书。”我想指的就是这部书。

图6-1-7 赵万里先生题写跋文的护叶全貌

图6-1-8　赵万里先生题写跋文的护叶局部

图6-1-9　作者在南京图书馆观看张士达先生修复的《蟠室老人文集》

张士达先生不但是一位技艺高超的古籍修复大家，还是一位深谙版本目录之学的高手。著名版本目录学家黄永年先生早年在国图做“古籍版本漫谈”讲座时曾经说过，懂版本能鉴别的有两种人，一种是卖书的，一种是买书的。另外加上一种人即是在图书馆工作的，这后一种人如赵万里、顾廷龙、冀淑英先生等。卖书的主要指旧社会自己开旧书铺的。他们一般没有上过正规学校，一般在私塾接受教育，学历大概相当于小学，最多初中。十几岁到旧书铺当学徒，老板，也就是师傅，教他们背《书目答问》等工具书，慢慢地训练他们收书、卖书。满师后，有的留下来当伙计，有的自行开店经营，张士达先生走的就是这条路。这个行业里，不论老板、学徒，都必须迫使自己学好古籍鉴别本领，否则把明版当宋版收进，或者宋版当明版卖出，过不了一年半载，店铺就得关门，学徒就得卷铺盖走人。

讲到学徒期间的艰辛，先生曾回忆到：“我十六岁来到北京，托人介绍到一家古旧书店当学徒，我是非常愿学。在那个时期，各家用煤油灯。

我师傅的孙子很好，他劝我在夜晚人们睡觉后，自己不睡，买根烛，不用柜上的灯，自己花钱买灯油，晚上用功写书目，一面练字，一面学习书目的内容。这样进步得快。夜间我是时常抄写书目，用过苦功的。”版本目录学家孙殿起先生在《琉璃厂小志》一书中，多次提到张士达先生，称其为：“颇通目录学，并善装订古书。”[①]孙先生将颇通目录学放在张先生两大专长之首，足见对张士达先生版本之学识的认可。

说到此，想起与张先生相处的日子，当时与恩师学艺的地点安排在前门外香厂路国务院第六招待所的一座楼里。《中国古籍善本书目》编委会也设在这座楼里。编委会的老先生们如冀淑英、丁瑜、魏隐儒等先生经常过来坐一坐，与张先生聊聊天。有一段时间里，先生更从编委会借来《中国版刻图录》一书翻阅。师有宽先生曾回忆到：“师傅鉴别古籍版本的知识和鉴别纸张的经验非常丰富。我经常看到赵万里先生和冀淑英先生拿着古籍图书和先生共同鉴赏，师傅从纸张质地、字体墨迹、印章、题跋等方面一一细述，滔滔不绝，论理清楚，判断合理。赵万里先生称赞：‘张先生说得很对啊！’”[②]

提到魏隐儒先生，想起前几年看到的一本书，书名叫《书林掇英——魏隐儒古籍版本知见录》。魏隐儒先生是著名的版本目录学专家、书画家，早年师从李苦禅先生，是苦禅先生的入室弟子。中华人民共和国成立后，调入中国书店，后又调入北京市文物局，从事书画及古籍的鉴定整理工作。1978年，国家成立《中国古籍善本书目》编辑委员会，开始编纂《中国古籍善本书目》，魏隐儒先生被聘为编委。《书林掇英》是其半生古籍版本研究的总结性成果。本书有一特点，就是作者记录了一些访书经过、收售书价等。书中讲到明万历刻本《居东集》时，记录了一段书林趣闻：1943年北京书肆白廷智从民间购得一部《居东集》。白对此书不甚了解，以低价收进，找同行李纯如看过，认为是丛书本，经查丛书

① 孙殿起著：《琉璃厂小志》，第119~120页。

② 师有宽：《在北图学习的回顾——追忆恩师张士达先生》，见国家古籍保护中心编：《古籍保护研究》第1辑，大象出版社，2015年，第198页。

目录查不到，后又找群玉山房主人张士达审定，张知此书传世甚少，因问其值。白廷智索价50元，张出价40元成交。持书回家，恰隆福寺修绠堂孙助廉来访，问收购何书，张举书请看。孙请其转让，索价800元，少一分则作罢，言无二价，书归孙氏。孙助廉持书至宝铭堂找李叔谦，巧遇白廷智在座，问其购价，如实告之，转瞬间增值20倍。白廷智顿感不识版本之苦，相对唏嘘。[①]张士达先生还从白处购得《三国志辨疑》，也是如此情况。

有关张士达先生收购善本书的记载，还可见雷梦水先生《琉璃厂书肆四记》一文。文中记载："九经阁……曾于1937年与群玉斋伙购吴廷燮先生藏书一批，……其中善本如：明万历二年平湖陆氏刊本《宪章录》一部，计四十七卷。"雷梦水先生在评价此书时说道："此书禁书总目已著录，传本罕见。"[②]

对于坊间的这些访书、售书活动，杨殿珣先生给予了高度评价。他认为："古旧书籍的来源，大都由采访所得……才得流通。将所访获，转售公私图书馆，科研单位及科研工作者，许多古籍得以保存并发挥应有作用，他们在古籍流通上对文化界的贡献，可谓功莫大焉。"[③]2018年4、5月，我到南京讲学期间，与徐州图书馆的王仁同先生相识，他向我介绍说徐州图书馆有一部《古今图书集成》，此部大书中钤有一印，经考证为民国期间琉璃厂一家书铺店主。此书经琉璃厂而最终收藏于徐州图书馆，现为徐州图书馆的镇馆之宝，故杨殿珣先生以上的评价是恰当的。

魏隐儒先生在《书林掇英》中记录的这段书林趣闻，以及雷梦水先生

① 魏隐儒著，李雄飞整理、校订：《书林掇英——魏隐儒古籍版本知见录》，国家图书馆出版社，2010年，第449页。其中，白廷智为琉璃厂善成堂主人李永昌的弟子，李纯如为纯华阁店主。

② 雷梦水著：《书林琐记》，人民日报出版社，1988年，第55页。雷梦水为《贩书偶记》《琉璃厂小志》作者、版本目录学家孙殿起先生的弟子。吴廷燮为江苏江宁人，曾任袁世凯秘书，1947年应聘南京国史馆纂修。"九经阁"为琉璃厂书肆，店主为谷九经。

③ 魏隐儒著，李雄飞整理、校订：《书林掇英——魏隐儒古籍版本知见录》，第7页。杨殿珣先生，著名学者、版本学专家、金石专家、国家图书馆资深研究员。

关于群玉斋贩书的例子，从一个侧面佐证了张士达先生不但是一位古籍修复国手，而且是一位精通版本目录之学的专家。

在修书的同时，张士达先生为古籍修复技艺的传承也做出了巨大贡献。张先生桃李满天下，遍布北京、上海、西北、东北等地。1980年，我到馆工作时，北京图书馆的古籍修复面临着青黄不接的局面。当时北图的有识之士朱家源、徐自强先生请来了退休于江西的张先生到北京，选派我和另外两位同事跟随张先生学习古籍修复技艺。张先生在80岁高龄之际，为北图的古籍修复事业付出了最后的心血。中华人民共和国成立后，有迹可循的古籍修复技艺的传承至今不过三四代人。然而，不管顺着哪条脉络追溯，近代古籍修复技艺的源流都绕不开张先生。所以说，张先生是我们这个集体最具代表性的人物。

建立在故宫博物院的故宫图书馆，藏书以流传有序的清代宫中旧藏为主。它的古籍修复始于解放前的肖福安。肖曾在琉璃厂“文友堂”做学徒，1947年就职于故宫图书馆。肖福安的第一个徒弟是杨淑芳，70年代古籍修复技艺传承人是朱赛虹，80年代是郭金芳，90年代是李英。

在上海图书馆古籍修复人才传承方面，20世纪60年代之前为黄怀觉、曹有福。之后是第二代，以赵嘉福、潘美娣为代表。第三代为张品芳、邢耀华。

以传统的师带徒形式培养出的修复人才，由于是师傅就在旁边，徒弟可随时请教，所以一般基础打得比较牢固，并有一定的实践积累，从而确保古籍修复技艺原汁原味地得到传承。但长久以来，在我国古籍保护领域中，高水平的、专家级的古籍修复师非常稀缺，且分布不均，这种局面影响了“师带徒”的传承。为了改变这种局面，国家古籍保护中心对古籍修复技艺中的人才培养方式进行了创新。2013年，文化部非遗司在国家图书馆成立“国家级古籍修复技艺传习中心”，进行古籍修复技艺传习。同时，在全国陆续建立“国家级古籍修复技艺传习所”，聘请古籍修复专家担任导师。至今，已在全国建立了32家传习所，聘请传习导师28人，收徒241人。“传习中心”及“传习所”是扩大版的“师带徒”形式，目的就是充分利用老专家的技术和经验，加快培养古籍修复人才。

二、培训班传承机制

以师带徒形式培养古籍修复人才，是存在时间最长，且最主要的培养机制。但单一的培养模式，以及培养周期长、出人才比较缓慢的状况，已经无法与中国古籍保护的现状相适应。

回想中华人民共和国建立初年，我国古籍修复人才严重匮乏，修复技艺濒临中断。为抢救传统技艺，1959年，作为人大代表的周叔弢先生与另一位人大代表，我国著名版本目录学家、古文献研究专家徐森玉先生联名提出一项议案，建议设立古籍装帧技术培训班。培训班以两年为期，结业时，要求学员能够较为全面地掌握古籍修复技术，使传统技艺得到继承发扬，并后继有人。议案获得通过，以文化部的名义举办，学员由各省、市图书馆选派，在北京图书馆与中国书店各设一个培训班。老师就出自北京图书馆与中国书店。北京图书馆的老师主要有张士达、肖振棠、肖振邦等先生。从1962年到1966年初，共有两期培训班结业。培训班培养出了一批古籍修复的人才。他们中的大部分都成为各自所在图书馆古籍修复的中坚力量，如师有宽、赵家福、潘美娣、郑静文等，并使古籍修复技术得到了传承。在这之后，由于众所周知的原因，我国古籍修复技艺的传承与培养工作中断。1989年，文化部图书馆司委托国家图书馆举办了“古籍修复技术培训班”，为本馆和10余家图书馆培养了近30名古籍修复人才，古籍修复人才短缺的情况得到了一定缓解。但此种培训机制并没有得到很好的延续。

2006年，国家图书馆受文化部委托，举办了名为“文明的守望”大型古籍保护展览。为了配合这次展览，国家图书馆就古籍修复人才状况在全国公藏单位中做了一个调查，调查结果显示，全国专业古籍修复人员不足100人，古籍修复人才已经严重青黄不接，成为古籍修复工作的瓶颈。为扭转这种局面，2007年1月，国务院办公厅《关于进一步加强古籍保护工作的意见》出台，“中华古籍保护计划”开始实施。同年5月，中国国家古籍保护中心在国家图书馆挂牌，开始履行对全国古籍的全面保护与实施职责，组织开展了诸如摸清中华古籍的家底、开展“国家珍贵古籍名录及全国古籍重点保护单位”的评审、通过各种方式改善古籍人才匮乏状况、全面开展破损古籍修复、通过古籍数字化等方式实现古籍的再生性保护、提升古籍保护科学水平等项工作。

“中华古籍保护计划”全面实施以来，围绕以上内容开展了卓有成效的工作，古籍修复人才短缺局面有了很大改观。2008年，“古籍修复技艺”列入国家级非物质文化遗产保护项目。2009年12月，文化部在全国设立了12家“国家级古籍修复中心”。2014年6月，建立了12家“国家级古籍保护人才基地”。二者成为加大修复人才培养力度的重要平台。这其中，大部分“修复中心”亦是“人才基地”，两者互为依托。“修复中心”设置在不同的古籍重点收藏单位，承担着国家珍贵古籍的保护与修复责任。同时，也是培养和输出人才的基地。据统计，至2019年底，国家古籍保护中心在“修复中心”及“培训基地”举办了古籍修复类培训班64期。其中，汉文古籍培训班38期，西文古籍修复培训班10期，民族古籍修复培训班11期，碑帖拓片修复培训班3期，宗教古籍修复班2期。10年来，修复人才从100人左右达到了现在的近1000人，可以说修复人才的增加，培训班这种形式功不可没。

图6-1-10　作者在第七期全国古籍修复技术培训班暨第二十一期江苏省古籍保护工作培训班上讲授糟朽古籍的修复技法

但是，培训班只能达到一个量的水平，质的水平则很难通过短期培训来达到一定高度。以已举办的64期培训班为例，培训时间大部分为15—30天。传统的培训班给学员修复实践的时间太少，要想在这么短的时间内掌握古籍修复技术和知识，是很困难的，更别说提高技艺了。结业后，仍然很难承担和满足古籍工作岗位的实际需要。在古籍修复中，技法与经验是通过师徒传授，在日积月累、潜移默化的实践中传承的。当经验达到一定程度了，能够独立处理棘手问题时，也就可以出师了。所谓“修复十年功”，讲的就是这个道理。

至此，一种新的培养模式——“传习性培训”模式出现了。所谓“传习性培训”就是附于传习所培训班的功能，传习所所在单位依托丰富的馆藏古籍以及传习导师的经验开展珍贵古籍修复和技艺传承，在实际工作中提升学员的水平。在这方面，国家图书馆作为“国家古籍技艺传习中心”，不仅担负着国家图书馆古籍修复人才的培养，而且依托国家图书馆古籍馆文献修复组的行业地位、师资、场地、设备、材料等优质资源及教学条件，肩负着培养本行业古籍修复人才的重任。近年来，在培训与传习模式上进行改革与探索，自2018年开始，连续三年开展了国家古籍保护中心主办，国家图书馆古籍馆承办的“第九期全国古籍修复技术与工作管理研修班”、国家非物质文化遗产保护专项资金支持，国家图书馆古籍馆承办的“法帖修复技艺传习专项研修班”、国家非物质文化遗产保护专项资金支持，国家图书馆古籍馆承办的“印谱修复技艺传习专项研修班”的研修与传习项目的工作。

以上研修班在具体实施过程中有如下特点：一是所收学员对象，皆为各省级图书馆的技术骨干，学员的高层次构成，保证了研修项目的开展；二是结合每一期的内容，聘请相关领域的专家进行授课，拓展学员的知识面；三是注重培训的连续性，培训以系列的形式进行。每一期的内容不同，培养学员应对各种破损情况，掌握全面修复能力；四是注重实践，以国家图书馆正在开展的修复项目和修复专题为对象，在实践中传授经验，提升技术水平。如在2018年举办的研修班上，研修内容是围绕古籍馆正在开展的清宫旧藏“天禄琳琅”修复项目开展的。学员参与“天禄琳琅”项目的修复，每人领一册，从建立档案、确定修复方案一直到修复完成。在研修过程中，以国图的标准、国图的理念要求学员，注重在修复过程中传授技艺。研修班结束后，每位学员提交论文一篇，结集成册。学员普遍觉得，技艺、理论都上了一个台阶。近年来，这种传习+培训的模式在全国陆续展开。如云南省图书馆支持迪庆州开展的“纳格拉洞藏文佛经”修复项目、陕西省图书馆开展的《古今图书集成》修复项目等，都是这种形式，用项目带动技艺提升。通过以上举措，古籍修复人才队伍青黄不接的状况得到扭转，应用型的人才队伍建设初见实效。

不管是师带徒及培训班的传承方式，大都是一个师傅带一个徒弟或多个学员，并在一定的范围之内传授技术。每个地方的师傅对修复理念的理解、掌握技艺的手法都不同，这里边有对的，但也有不尽然的地方。故对修复技艺中的每一道工序进行标准化、规范化的疏理，这就需要对经验进行总结，对与修复原则相符的加以完善，提升为理论体系。这是完善师带徒及培训班培养机制的重要工作。古籍保护人才的培养是一个系统工程，一个古籍修复师，要想从事这项工作，要在进入这个行业前打好基础，就应具备与之相关的基本修复技能和理论知识，而不是在进入这个行业后，再来了解这些内容。这一阶段的培养，自然应由培养人才的平台——高校来完成。

三、高等院校培养机制

近年来，随着对古籍保护认识的提高，大家认识到古籍保护与修复是一个掌握综合知识的工作，它涉及很多领域，如历史、文献学、美术、化学、造纸、印刷等众多学科，所以古籍修复现在需要的是复合型人才。而复合型人才的培养，以师带徒和培训班等形式来完成，是不现实的。于是，这个任务便落在了高校，由高校承担这一重任。为此，2003年教育部、文化部联合下发了《关于开展培养古籍修复人才试点工作的通知》，通知要求“加大古籍修复人才培养力度，建立一支结构合理的修复队伍。培养古籍修复人才，可以采取‘分层培养，长短结合’的原则，以培养技术熟练和操作人员为主（主要是高职层次），适当培养一些高级修复人才（主要为本科层次），同时应注意对在职职工的短期培训，力争用十年左右的时间，在全国造就一支数量和质量基本满足要求的古籍修复队伍”。2007年1月，国务院办公厅又颁布《关于进一步加强古籍保护工作的通知》，将古籍修复工作和修复人才培养列入工作重点，应对此种新思路、新观点。近年来国内一些高校陆续开设了与古籍保护与修复相关的专业学科。

据统计目前开设古籍修复相关专业的学校中，培养研究生学历的有6家，培养本科生学历的有6家，培养专科、高职、中专学历的有13家。如中国社会科学院、复旦大学、中山大学等高校，培养相关专业的本科及硕士研究生，这是一个正确的方向。但是古籍保护及修复在高校设立专业、成为学科还有很多路要走，还要有很多问题需要解决。首先，关于学科建设问题。古籍保护自落户高校以来，关于古籍保护的学科建设的讨论就一直在进行中，自2007年，“中华古籍保护计划”实施以来，我国古籍保护事业进入了一个空前繁荣的阶段，与此相对应，社会迫切需要古籍保护方面的人才。一门以培养古籍保护人才为目的，涵盖社会科学的知识范畴，又涉及自然科学的研究方法，更具鲜明的实用特征的独立新兴学科——古籍保护学便应运而生了。古籍保护学的概念出现后，就有关的专业属性问题，陈红彦曾指出：“古籍保护学不属于目前已有的任何学科，其独立成为一级学科已经是一种发展趋势，更是事业发展的需要。”[1]高校要想达到培养复合型人才的目标，就应该设置独立学科。

但是，成为独立学科必须要有理论基础，有核心课程。现在古籍修复方向课程只包含有古籍文献学、古籍修复等，但这不足以支撑独立学科的

① 陈红彦著：《对古籍保护学学科建设的思考》，见国家古籍保护中心编：《古籍保护研究》第2辑，大象出版社，2016年，第166～177页。

确立。独立学科的确立，必须有完备的课程体系，而这一体系最核心的内容就是教材。而教材的编制恰恰是我们这个行业的短板。这种局面是有其历史原因的，中华古籍浩如烟海，在传世的过程中，大都历经坎坷，出现破损。长久以来，一代又一代的古籍修复师靠着一双巧手，保护或抢救性地修复了大批珍贵典籍，古籍的生命得以延续。老一代修复师经验丰富、技艺高超，但文化水平普遍不高。以国图为例，中华人民共和国建立后的五六十年代，第一批古籍修复师的学历普遍是小学到初中水平。七八十年代古籍修复师文化水平普遍为高中到大专水平。文化水平低，造成了这一代古籍修复师在工作中不善于总结、归纳，更没有记录修复案例的习惯。这就是二十世纪五六十年代开展的《赵城金藏》修复项目，虽历经16年，但没有留下任何修复记录的原因。另外，技术的传承也没有教材，靠的是“口传心授”。直到20世纪80年代，才有了第一本以专著形式出版的《中国古籍装订修补技术》一书。在此之后，又有杜伟生的《中国古籍修复与装裱技术图解》和张平的《古籍修复案例述评》等专著零星问世，但数量有限，且也有与教材编纂所要求的科学化、标准化、规范化等要求不相吻合的地方。而学科及学科中课程建立，没有核心教材是不行的。教材是支撑古籍保护独立成学的重要条件之一，编写教材的责任，就责无旁贷落在了高校。

在教材的编写过程中，需要高校与古籍保护专家合作，对古籍保护实践工作中形成的经验进行梳理和总结，形成理论性的论述。梳理古籍修复流程的标准，使之更规范，形成教材，要开展与古籍保护有关的材料学、环境学等的研究，并作为古籍保护学的重要内容。所有这些教材编写工作完成后，将极大促进学科建设及教学开展。全国高校古籍整理研究工作委员会秘书长杨忠教授在第三届古籍保护学科建设研讨会上指出：“应论证古籍保护是否已具备形成学科的基本条件，应建设科学系统的课程体系，注意规范教学内容与课程的基本内容，采用学界公认的成果组织编写质量较高的教材，设置一些学科前沿的讲座和研讨班。”由此可见，古籍保护专业要想在高校中立足，还有很多事情要做。教材的编写，无疑是重中之重。

还有关于学科归属问题。目前，我国研究生学科专业分为3个层级，即学科门类、一级学科和二级学科。目前，古籍保护学作为一门独立学科的地位还没有得到学界的认可。古籍保护仅仅作为一个方向设置在中文、历史、管理等不同学科之下。以中国社科院研究生院为例，2015年，中国社科院研究生院（现为中国社会科学院大学）与国家图书馆古籍馆合作办学，在“历史学”门类之下设立相当于一级学科的“文物与博物馆专业”，在此学位类别下设置文物鉴定与修复方向（现已改名为文物研究与保护）、博物馆策展与研究方向、中国非遗与传统技艺保护方向、故宫学方向。其中在“文物鉴定与修复”方向下又设古书画、古陶瓷、古籍、古青铜、古玉器、佛教艺术6个子方向。在“文物与博物馆专业”类别下设置“古籍研究与保护”研究方向，具有一定的合理性，因为古籍也是可移动文物。

但这种设置也存在一定的缺陷。即古籍的研究与保护方向不能自主设置体现本专业特点的课程。如在古籍研究与保护子方向的课程安排上有《文物学概论》《考古学通论》《博物馆概论》等“文物学”“博物馆学”的课程。但这些课程并非古籍保护所需的核心课程。另外，在管理学门类下的图书情报专业学位类别下设置古籍保护方向专业，必修的专业基础课程中，图书馆学与情报学也位列其中。这就造成了学生要用很大的精力和时间学习与本专业没有太大关系的课程，而影响了对核心课程的掌握。基于此种现状，建立明确归属的二级学科和相对独立的一级学科，以及完整的体现古籍保护的学科特点的教学体系，是当前古籍保护学科建设中的一个重要工作方向。

面对学科的归属现状，姚伯岳提出了在大力建设古籍保护二级学科的同时，增设“文化遗产保护”门类，将“古籍保护”设为一级学科的远景目标。此方案借鉴了国内外学科设置的先例，如法国将古籍保护设在遗产保护教育之下，中山大学专门设立文化遗产管理部门，开展包括古籍保护在内的国家文化遗产与文化发展的研究机制，复旦大学、南京艺术学院、中国社会科学院大学与非遗及传统技艺有关的研究方向及学科设置等。按照姚伯岳的设想："按照一级学科需要配备三个以上二级学科的标准，在'古籍保护'一级学科之下，则可设立古籍保护理论、古籍鉴定编目、古籍保藏修复、古籍再生传播四个二级学科。"[①]姚伯岳的设想，是根据我国古籍保护学科建设的实际情况而提出来的。在现有的学科门类基础上，增加一个"文化遗产保护"门类，在此门类下，将"古籍保护"设立为一级学科，是基于培养复合型人才的需要而提出的设想。应该说，古籍保护学是一门社会科学，但又要掌握一些自然科学的知识，是一门文理兼容的新兴独立学科。法国高校的遗产保护与修复的课程设置就体现了这一特点。如著名的巴黎国家遗产学院的书籍修复师专业课的设置中即包括修复理论、艺术史等社会科学知识，又有微生物学、材料科学等自然科学的知识。如果在国内现有的学科门类下设置古籍保护一级学科，很难体现这一学科特点。在文化遗产保护门类下设置独立的一级学科后，课程编制完全自主，并为培养复合人才而设置。在招生方面，也将有更大的自主性。从近年的招生情况看，由于学科建设的滞后，高校招收古籍保护方向的研究生不能独立地进行，本专业所录取的学生，都是由教育部安排的统一考试。考试过程完全不涉及体现相关的专业素质的技能，更谈不上具备工作经历了。

古籍修复这项工作，对专业素质要求非常高。比如，修复师要有极强的动手能力，古人要求做这项工作的人，要有一双"补天之手"，就是要具备女娲补天的一双巧手。但每个人的动手能力不同，统招来的研究生中，有相当一部分并不适合这项工作。古籍修复师这项工作对心理素质要求极高。我们面对的都是破损不堪，修复技术难度和文物价值极高的古籍。工作中，往往给修复师带来极大的心理压力。生活中，也面对着各种压力。以上压力，需要修复师有一个良好的心态去调节，做到心静如水、心无旁骛。极高的心理素质要求，保证了修复对象的安全。

---

① 姚伯岳、周余姣：《任重道远、砥砺奋进——我国古籍保护学科建设之探索与愿景》，《中国图书馆学报》2019年第4期，第46~62页。

但这种极高的心理素质要求，并不是每一个人都具备的。这是近些年来，参与研究生教学中，我切身感受到的问题。解决以上问题，可有针对性地进行考核及面试。考核可根据对象不同，采取不同的办法。对于有修复背景和经历的考生，考生要提供修复作品。没有修复背景的考生，可参考工业设计及艺术设计等专业做法，加试动手能力的测试。以上工作的开展，目的就是招收到真正具有古籍修复潜力的应用型、技能型学生。而要开展这些工作，建立古籍保护独特和完整的学科教育培养体系是前提和条件。

关于学生毕业后的问题，也应是高校培养古籍保护人才机制的重要一环。从全国来看，从事修复工作的人数太少，人员缺口比较大。但从此前的经历来看，毕业生找不到本专业的工作。这里有聘用体制问题，也和毕业生的自我选择有关。这里还存在着培养人才的高校与用人单位对接的问题。学校要让地方上的人事部门知道学校的人才培养计划，争取把高校的古籍保护专业人才加入当地人事部门招聘目录中去，这些工作也需要学校去推介及沟通。

以上，为我国古籍保护“三位一体”的培养及传承模式。与古籍保护和修复一样，古籍修复的人才培养也是一项与时间赛跑的工作。修复人才的培养和技艺传承任重道远，永远在路上。

第二节　教学相长

经过多年的探索与发展，我国古籍修复技艺已经初步形成了传统的师带徒及扩大版的传习所、培训班、高校三位一体的传承机制。这为古籍修复技艺的传承确立了方向，但好的制度是要靠高水平的教学来完成的。过去，古籍修复的传承中，我们强调的大都是一方面，也就是强调学生要掌握什么技能。现在看来，这是不全面的。古籍修复技艺传承的主体由老师与学生共同组成，学生如何学习，老师如何教授，在这个过程中，老师与学生的关系如何，诸如此类问题，以往我们说得不深、研究得不多。但这些问题，是维系古籍修复技艺传承机制的重要内容，有必要进行深入探讨。

一、关于教师方面

（一）老师要有过硬的专业水平

在古籍修复技艺的传承中，老师承担着重要的责任，老师的专业水平，直接影响着传承的质量。为确保古籍修复技艺在高水平的状态下传承，老师是否具有过硬的专业素质就显得尤为重要。具备过硬专业水平的老师应在如下几个方面突出表现：

1.扎实的基本功。学生向老师学习，始于学生对老师的模仿，模仿哪些，就是模仿老师的基本功。传承过程中，老师的一招一式，被学生所模仿，拿到实际修复中“如法炮制”，但学生学到的这些招式正确、规范与否，这很大程度上考验着老师的专业基本技能是否过硬。记得几年前到一家图书馆讲授古籍修复，看到学生正在染纸，由于方法不得当，染出的纸都花了，根本没法用，问他们为什么这么染，回答是老师就是这么教的。这显然就是老师在教授染纸的基本功时方法就不对，学生学到后，不能应用到实际工作中去，这显然是老师基本功不过硬造成的。

2.具有丰富的经历。这一方面，我觉得最能体现老师专业水平高低。讲到老师，古人说“师者，所以传道受业解惑也”，其中“解惑”，就是解决疑难问题，有此能力的便可称老师。在古籍修复的传承中，学生有了疑惑，便要请教老师，老师“解惑”的能力来源于实践，来源于成功与失败的经历。在学习之路上，学生每前进一步，如果都是在一条笔直大道上前行，就不会跑偏，确保采取的措施从开始就处在正确的道路上。这就需要老师具有丰富的经历做保障，指引学生少走弯路。

3.具有不断总结提高的能力。这体现在两方面，一方面，老师经过多年的实践积累了很多的经验，这里既有成功的经验，也有失败的教训。老师要不断总结，去伪存真，使技术更加精到，在总结的同时，促进理论水平的提高。另一方面，古籍修复的理念和技法随着社会的发展而进步，老师要与时俱进，随时关注古籍修复中出现的新问题、新理念、新技法、新材料、新设备等，不断更新知识，完善教学内容。古人云：“天行健，君子以自强不息。”作为君子，应该有坚强的意志，永不止息的奋斗精神，努力加强自我修养，卑以自牧，完善并发展自己的学业或事业。

（二）老师还应具备谦虚的品质

老师间要互相学习，要虚心交流，取人之长，补己之短，共同提高。对待学生要保持一颗谦逊之心，要心平气和对待学生，不能端着架子，高高在上。古人云：“闻道有先后，术业有专攻，如是而已。”讲的是接受道理有早有晚，技艺上各有专长，如此而已。要放下身段认真倾听学生提出的问题，耐心给予解答。在言行上要慎言、慎行。《论语》中有：“君子欲讷于言，而敏于行。”讲的是君子做事情不要夸夸其谈，要脚踏实地。

（三）老师要有博大的胸怀

古籍修复不能仅局限于老师把技术原汁原味地传给徒弟就算传承了，要“青出于蓝而胜于蓝”，应是一种“兼容并蓄”的传承。在古籍修复中，每位老师擅长的领域不一样，有的擅长修复古籍，有的在拓片方面有专长，有的则可能在裱画方面有特别技巧。同样一种技艺，手法也有不同。师傅要鼓励自己的徒弟去向不同的老师请教，集各家之长。看到学生的技艺得到了提高，或者超过了老师，老师应该欢喜，这说明老师的教授成功了。如果传授、培养后，学生都不如老师，那是老师教学的失败。在此问题上，老师要有大格局、大眼光，如此，有利于学生的成长，也有利于古籍修复事业的发展。

二、学生方面

（一）要有好的学习态度

学好古籍修复技艺，态度非常重要。讲到态度，首先应是喜欢这项工作。讲到喜欢这项工作，想到了我的恩师张士达先生。在追随先生学习古籍修复技术的两年多时间里，我深深感到作为一代国手，先生技艺的精湛。究其原因，我觉得最重要的是源于先生对古籍修复事业的热爱。先生曾说：“我十六岁进书店，学了这门手艺，一开始完全是为了生计，但越做越觉得有意义，也就一直做下来了。”对来看望并劝他注意身体的朋友们，他说：“修补破书是我最喜欢做的事，我修复古籍时，身心感到非常愉悦。如果离开古籍修复这个行当，身体也就不振作了。我若能为国家多修几本好书，使古老文化继续传承下去，才是最幸福的。”从先生的言谈话语中，我们不难看出先生对古籍和古籍修复事业是多么的热爱。先生能成为大家，最重要的是对古籍工作的热爱，喜欢做这项工作，并从中感受幸福和乐趣。正因为如此，先生晚年虽已八旬高龄，但仍以饱满的热情投入到教学工作之中，并以他的精神感染着我们。关于学习的态度，先哲孔子在《论语·雍也》中讲道：“知之者不如好之者，好之者不如乐之者。”即真正爱好它的人、为它而快乐的人才能真正学好它。由此可见，追求学问首先在于爱学、乐学，这是关键。

（二）要脚踏实地，不断进取

在《论语·述而》篇中，有句话是：“默而识之，学而不厌。”意思就是学习要有一种踏踏实实的精神，默默地记住所学的知识，努力学习而不满足。讲到做学问时，强调要有“板凳要坐十年冷，文章不写半句空”的态度。意思说要沉下心来，耐住寂寞，踏实地做学问。做学问是这个态度，学习古籍修复技艺同样如此。古籍修复技艺，不是一朝一夕就能掌握的，过程是漫长的，有时是乏味的，要有坐十年冷板凳的勇气。

（三）在学习方法方面

善于补他人之长，补己之短。在《论语·述而》中孔子讲道：“三人行，必有我师焉。择其善者而从之，其不善者而改之。”讲的是学无常师，要善于随时向他人学习，取人之长，补己之短。在古籍修复的学习之路上，修复师技艺的提高是靠不断的实践来达到的。这其中，不可能面面俱到，每个人的实践经历大都不太相同，领悟的心得也不相同，相互交流心得体会，往往起到事半功倍的效果。要“敏而好学，不耻下问”，这对提升技艺大有益处。

（四）学习范围方面

学习范围要博，要广，要兼容并蓄，不能偏颇。在这方面，我的领会是，首先要有重点，下大功夫，精钻一门技术，比如说古籍修复，并把它作为自己的专长。在此基础上，再去了解新的技术，比如说装裱。做到有侧重，而不能为了追求全面，哪项技艺都想学，但下的功夫都不够，结果是哪项技术都没学好，技术平庸。

（五）学习的目的方面

学习的目的，就是要掌握古籍修复技能。掌握了技能，还要做到学以致用，成为一名实用型人才。把学到的知识运用到具体的工作中去，那才是真正学到了技术。孔子在《论语·子路》中讲道：“诵《诗》三百，授之以政，不达；使于四方，不能专对；虽多，亦奚以为。”意思是说，即使熟读《诗经》三百篇，交给他政治任务，却办不成；派他出使到外国，又不能独立做主应对；虽然这样书读的很多，又有什么用处呢？这其中讲的就是学以致用的道理。要想达到学以致用的目的，就是要多实践，在这个过程中，理论知识要学习，且很重要。但我认为，最重要还是实践。理论学习代替不了实践。在古籍修复中，实践是积累经验、提升动手能力的唯一途径。强调实践，并不是说理论不重要，但学习理论一定要与实践联系在一起。实践从老师教授修复技能开始，学生掌握了技能后，要通过不断的实践来理解和提升。讲到此，想起一本书，就是明代思想家王阳明的《传习录》，其书名源自《论语·学而》篇中曾子提出的“三省”，曾子曰：“吾日三省吾身：为人谋而不忠乎？与朋友交而不信乎？传不习乎？”其中“传不习乎”讲的意思就是老师所传授的知识有没有时常温习、练习呢？相似的名言还有同样出自《论语·学而》篇中孔子所言的“学而时习之，不亦说乎”句。这些都是古代圣贤为我们指出的学习的好方法。故在学习古籍修复的过程中，学生们从老师那里学到了技能，体验到了学的过程，这还不算真正学到手了，还必须要有“习”的过程，把学到的运用到了、熟知到了，才能体会到古人所说的那种“不亦说乎”的欢悦之妙处。故要正确理解“传习”的内涵，通过不断地实践和运用，最终锻就成一名合格的、实用型的古籍修复人才。

三、教学相长方面

教学相长这一重要教育原则在我国很早就提出来了，《礼记·学记》

曰："虽有佳肴，弗食不知其旨也；虽有至道，弗学不知其善也。是故学然后知不足，教然后知困。知不足，然后能自反也。知困，然后能自强也。故曰教学相长也。"意思是说，即使有美味的食物，但是不吃就不知道它的味道；即使有最好的道理，但是不学，就不知道它的好处。因此，学的人通过学习知道自己不足，教的人通过教别人知道自己还有难点，然后都再去进一步钻研，所以无论学的人还是教的人都能通过教学过程得到提高。

孔子终生诲人不倦，学而不厌，是教学相长的典范。他的博学源于平时的好学与善学。同时，也在教学中提高了学问。由此可见，教学是教与学的交往互动，师生双方相互交流、相互沟通、相互启发、相互补充，在这个过程中，教师与学生彼此间进行情感交流，从而达成共识、共享、共进，实现教学相长与共同发展。作为一位老师，要想做到教学相长，还要注意几个方面：

一方面，要不断地夯实自己的专业基础知识，还要随时关注本专业前沿动态，不断更新自己的专业知识，将新动态、新知识及时融入课堂教学，开拓学生的思路和视野，提高教学质量和效果。同时，教师也在教学的实践中提升了自己的专业水平。《论语·为政》篇中，孔子讲到："温故而知新，可以为师也。"意思是说温习旧知识，从而得到新的理解和体会。人们的新知识、新学问往往都是在过去所学知识的基础上发展而来的，之前的知识，过一段时间后，知识没变，但你的阅历和看问题的视角变了，读到和体会的就不一样了。我以为，这就是所谓的"知行合一"，此段时间，你又积累了一些"行"的阅历。又有了新的感受。在这点上，我的体会是非常深的，比如在教学的过程中，每学期之前，我都要整理一遍讲过的讲义，每次都有新的内容加进去。故我深深地体会到，教学的过程，也是老师提升的过程。

另一方面还要加强教学方法的研究与学习，多听取学生的意见和建议，将他们的好意见和好建议吸取到今后的教学过程之中，不断改善教学方法，提高教学技巧，通过教授不断优化授课内容与方式。不仅要教给学生专业知识，还要吸引学生，提高学生的学习兴趣。这就需要老师用更科学的手段，更浅显的方式快速教会学生。讲到这里，讲一个教授南图学生云套的实例。云套是古籍装具中制作比较复杂的函套。过去老师傅在教授时，大都是给一个样子，学生根据实际尺寸的需要反复涂改，不断调整后才能手绘成。绘制的过程费时，绘成后的云套纹样比例往往也不对。在南图传习所教学期间，学员希望讲授云套的制作方法，并提出纹样的绘制是否有规律，这就促使我产生了思考。找来不同大小尺寸的云套，记录云纹的各部分数据，反复比较、总结，找出了不同大小的纹样定位规律。几个关键的点位就出现了，然后用弧线将点位相连，一个云纹函套的大致形状就出现了。化繁为简，即使是名新手，也可以轻松地快速掌握。学生掌握了新的技术，老师也提升了总结、归纳的能力。

再一方面，老师在教授技艺的同时，也可向学生请教。在这一点上，我的体会是，老师的经历毕竟是有限的，而他面对的学生，则大多有着不同的学习阅历。这几年，国图进了很多新人，有学化学专业的，有学美术专业的，还有其它专业背景的。这其中，大部分都是老师不擅长的，在很多方面，老师都可向学生请教。比如，我的徒弟是学习美术史专业的研究生，受过色彩学方面的训练，在古籍修复中的染色环节，做得非常好。我们在常规情况下，染色液配好后，先用小纸条染，待干后对比再调整。她在这个环节，基本可以做到颜色未干就能判断颜色对不对、缺哪一种颜色。在教她染纸的过程中，我也从她身上学到了很多，让我可以走出传统经验的束缚，更多地从色彩相互作用的原理去思考颜色的变化规律，更快地染出自己需要的纸张颜色。再比如，面对纸张酸化、絮化、霉变时，过去我们只是做一些表面的、直观的描述，缺乏实验和数据的分析。这些工作，由于引进了化学专业背景的学生，文献载体损毁、纤维老化及霉变等机理性的研究得以开展起来。这些工作是他们的强项，老师应虚心请教，教学相长，共同提高。想来，《师说》中所言“弟子不必不如师，师不必贤于弟子”，讲的大概就是这个意思。

参考文献

专著

〔汉〕司马迁著：《史记》，中华书局，1982年。

〔汉〕班固著：《汉书》，上海古籍出版社，2003年。

〔晋〕葛洪著，王均宁点校：《肘后备急方》，天津科学技术出版社，2005年。

〔南朝宋〕刘义庆撰，〔南朝梁〕刘孝标注：《世说新语》，上海古籍出版社，1982年。

〔南朝宋〕范晔著：《后汉书》，中华书局，1965年。

〔北齐〕颜之推撰，王利器集解：《颜氏家训集解》，中华书局，1993年。

〔北魏〕贾思勰著，石声汉校释：《齐民要术今释》，中华书局，2009年。

〔唐〕李百药著：《北齐书》，中华书局，1972年。

〔唐〕李林甫等撰，陈仲夫点校：《唐六典》，中华书局，1992年。

〔唐〕韩愈著，屈守元、常思春主编：《韩愈全集校注》，四川大学出版社，1996年。

〔唐〕张彦远撰：《历代名画记》，京华出版社，2000年。

〔唐〕陈子昂撰，徐鹏点校：《陈子昂集》（修订本），上海古籍出版社，2013年。

〔宋〕李昉编：《太平御览》，中华书局，1960年。

〔宋〕朱熹撰：《四书章句集注》，中华书局，1983年。

〔宋〕宋祁著：《宋景文公笔记》，台湾商务印书馆，1986年。

〔宋〕罗愿撰，石云孙点校：《尔雅翼》，黄山书社，1991年。

〔宋〕陈骙著，张富祥点校：《南宋馆阁录》，中华书局，1998年。

〔宋〕张邦基撰：《墨庄漫录》，中华书局，2002年。

〔宋〕费衮撰：《梁溪漫志》，三秦出版社，2004年。

〔宋〕陈师道撰，李伟国点校：《后山谈丛》，中华书局，2007年。

〔宋〕周密撰，黄益元校点：《齐东野语》，上海古籍出版社，2012年。

〔宋〕欧阳修等撰：《归田录》（外五种），上海古籍出版社，2012年。

〔宋〕苏易简等著，朱学博整理点校：《文房四谱》（外十七种），上海书店出版社，2015年。

〔宋〕沈括撰：《梦溪笔谈》，中华书局，2015年。

〔元〕陶宗仪撰：《南村辍耕录》，辽宁教育出版社，1998年。

〔元〕王恽撰：《玉堂嘉话》，中华书局，2006年。

〔元〕王士点、商企翁撰：《秘书监志》，国家图书馆出版社，2012年。

〔明〕沈德符撰：《万历野获编》，中华书局，1959年。

〔明〕陈继儒撰：《陈眉公集》，上海古籍出版社，2002年。

〔明〕周嘉胄著，田君注译：《装潢志图说》，山东画报出版社，2003年。

〔明〕祁承㸁等撰：《澹生堂藏书约》（外八种），上海古籍出版社，2005年。

〔明〕宋应星著，潘吉星译注：《天工开物译注》，上海古籍出版社，2012年。

〔明〕屠隆撰，秦跃宇点校：《考盘余事》，凤凰出版社，2017年。

〔明〕高濂著，王大淳点校：《遵生八笺》，浙江古籍出版社，2017年。

〔明〕方以智撰，孙显斌、王孙涵之整理：《物理小识》，湖南科学技术出版社，2019年。

〔清〕黄丕烈著，潘祖荫辑，周少川点校：《士礼居藏书题跋记》，书目文献出版社，1989年。

〔清〕黄丕烈著，屠友祥校注：《荛圃藏书题识》，上海远东出版社，1999年。

〔清〕黄丕烈撰，余鸣鸿、占旭东点校：《黄丕烈藏书题跋集》，上海古籍出版社，2015年。

〔清〕叶德辉撰，漆永祥点校：《书林清话》（外二种），北京联合出版公司，2018年。

雷震撰：《新燕语》，新中国图书局铅印本，1914年。

孙毓修著：《中国雕版源流考》，商务印书馆，1918年。

余嘉锡著：《余嘉锡论学杂著》，中华书局，1963年。

马衡著：《凡将斋金石丛稿》，中华书局，1977年。

肖振棠、丁瑜编著：《中国古籍装订修补技术》，书目文献出版社，1980年。

邱陵著：《书籍装帧艺术简史》，黑龙江人民出版社，1984年。

施廷镛著：《中国古籍版本概要》，天津古籍出版社，1987年。

雷梦水著：《书林琐记》，人民日报出版社，1988年。

罗树宝著：《中国古代印刷史》，印刷工业出版社，1993年。

冀淑英著：《冀淑英文集》，北京图书馆出版社，2004年。

施廷镛著，李雄飞校订：《古籍珍稀版本知见录》，北京图书馆出版社，2006年。

钱存训著：《书于竹帛》，上海书店出版社，2006年。

李国庆编著，周景良校定：《弢翁藏书题跋》，紫禁城出版社，2007年。

张志清、陈红彦主编：《古籍保护新探索》，浙江古籍出版社，2008年。

李明君著：《历代书籍装帧艺术》，文物出版社，2009年。

黄永年著：《古籍版本学》，江苏教育出版社，2009年。

李致忠主编：《中国国家图书馆馆史：1909—2008》，国家图书馆出版社，2009年。

刘仁庆著：《中国古纸谱》，知识产权出版社，2009年。

潘吉星著：《中国造纸史》，上海人民出版社，2009年。

魏隐儒著，李雄飞整理、校订：《书林掇英——魏隐儒古籍版本知见录》，国家图书馆出版社，2010年。

孙殿起著：《琉璃厂小志》，上海书店出版社，2010年。

刘蔷著：《天禄琳琅研究》，北京大学出版社，2012年。

翁连溪著：《清代内府刻书研究》，紫禁城出版社，2013年。

［意］切萨雷·布兰迪著，陆地编译：《修复理论》，同济大学出版社，2016年。

马衡等著：《古书的装帧：中国书册制度考》，浙江人民美术出版社，2019年。

工具书

汉语大词典编辑委员会编：《汉语大词典》，上海辞书出版社，1986年。

中国社会科学院语言研究所词典编辑部编：《现代汉语词典》（第7版），商务印书馆，2016年。

论文及刊物

张宗祥：《我所知道的鲁迅》，《图书馆》1961年第4期。

李希泌：《鲁迅与图书馆（1912—1919）》，《北图通讯》1979年第1期。

李致忠：《古书“旋风装”考辨》，《文物》1981年第2期。

吴利明：《万年红防蠹纸》，《档案学通讯》1981年第6期。

从事历史文物建筑的建筑师和技术人员国际议会（ICOM）第二次会议通过的决议，陈志华译：《保护文物建筑及历史地段的国际宪章》，《世界建筑》1986年第3期。

杜伟生：《从敦煌遗书的装帧谈“旋风装”》，《文献》1997年第3期。

张秀民：《袁同礼先生与国立北平图书馆》，《北京图书馆馆刊》1997年第3期。

高宜君：《善本古籍的保存修护——以清宫天禄琳琅藏书〈渊颖吴先生集〉为例》，《故宫文物月刊》2009年第317期。

刘仁庆：《论万年红纸——古纸研究之十八》，《纸和造纸》2012年第3期。

王传龙：《“开化纸”考辨》，《文献》2015年第1期。

姚伯岳、周余姣：《任重道远、砥砺奋进——我国古籍保护学科建设之探索与愿景》，《中国图书馆学报》2019年第4期。

曾纪纲：《古籍“开化纸”印本新考》，《文献》2020年第2期。

后记

1980年初秋，我结束了在学校的生活，来到北京图书馆（国家图书馆前身）工作，被分配到善本部古籍修整组。到馆没多久，即被分配了一项学习任务，跟随当时已近80高龄的古籍修复大家张士达先生学习古籍修复。自此，我便开始了与古籍相伴的学习和工作生活，弹指间已经有42年了。

我的老师张士达先生是享誉一代的古籍修复名家。早年间，先生由河北武邑来到北京，在琉璃厂“肄雅堂”学习古籍的版本与修复知识。七年后，先生又在琉璃厂创办“群玉斋”，直到中华人民共和国成立。在此期间，先生的古籍修复技术誉满京城，被称为“古书郎中”。许多文化名人都找过先生修书，这其中就包括鲁迅、郭沫若、冯友兰、郑振铎、李一氓等文化名人。

中华人民共和国成立后，北京图书馆古籍修复人才匮乏。1956年，借公私合营之际，经有关部门批准，北图引进了3位技艺高超的古籍修复人才来馆工作，其中一位，就是在京城古籍修复界鼎鼎大名的张先生。而说到先生来馆，就应提到一个人，那就是著名的版本目录学家赵万里先生。先生曾说：“我来北图，赵万里先生是引荐人。”赵先生是古籍版本专家，经常出入于琉璃厂古籍书店。他在访书、购书的过程中，与先生相识。赵先生对先生的修书技艺非常欣赏，不但介绍张先生到北图工作，还尊称先生为“国手”。先生到北图后，在善本部装订室做善本古籍的修复工作。每每遇到好版本的古籍，如宋元等善本，赵先生都指名请先生来修，足见赵先生对先生的器重。

跟随恩师张士达先生学习，是一段难忘的经历。记得一开始，“古籍修复”是什么样子，我不知道；“古籍修复”怎么做，我也不知道。只知道能跟大家学点技艺是件很好的事儿。先生知识渊博，古籍修复技术的精良更是得到公认。在向先生学习技艺的同时，先生的品格也深深地影响着我。先生性格沉稳，为人谦逊，底蕴深厚，耐心细致，不事浮华。先生常说：“古籍修复有上百道工序，常用的大致也得十几道。如果这道差一点，那道再差一点，那出来的活儿就没法看了。”他常叮嘱道：“在技术上要叫别人能想着你，而不要自己去说自己的技术如何如何……”先生的言行及处处体现出的精益求精的工匠精神，影响了我的一生。前几年，一家平面媒体的记者来做有关古籍修复的采访工作，她在修复组采访了3天。采访结束时，她对我说：“修书时，没看您说过几句话。”后来，她就以《沉默的书医》为题，发表了这篇采访记。可以说，先生的言行，深深地烙印在古籍修复领域的一生坚守之中。我以为，这是我追随先生学习古籍修复技艺之外获得的最大收获。

1983年春，近3年的学习结束了。我回到了修整组报到，正式成为一名古籍修复师。记得当时，善本部对我们年轻人的学习抓得非常紧。时任主任是任金诚、徐自强，二位先生亲自给我们讲授理论课，冀淑英和丁瑜二位先生为我们讲授版本方面的知识，李致忠先生为我们讲授书史、古汉语等方面的知识。现在回想起来，那真是一段“谈笑皆鸿儒，往来无白丁”的奢侈时光。

记忆中，刚开始修复古籍的经历并不美好。古籍最初给我的印象，绝不是华美精致。记得工作没多久，接手修复了一批彝文书，由于曾经的保存条件不好，书上沾了不少动物的排泄物，时值盛夏，刚一打开书卷，骚臭味儿就扑面而来。明板《阙里志》的纸张已经絮化，一打开书叶就往外飞毛毛，大家全都中招，不停打喷嚏，还长了一脸的红疙瘩。另外，古籍的各种疑难病症，如酸化、粘连等，每一种都不好对付，实在修得闹心了，就放下手里的活儿，到院子里走一走。当时，修整组在文津馆的东北角，与北海公园仅一墙之隔。每每这时，抬头望一望琼岛上的白塔，心情就平静下来了，回到桌前，接着修书。当古籍在自己的手里修完了，看着原本糟朽不堪、破损严重的书，在自己手中恢复光彩，变得干净、平整、叶面完好时，成就感油然而生，继续坐下修书，就变得没那么难了——就像打坐一样，静下心来就能心无旁骛地修下去了。

北京图书馆的馆藏善本非比寻常。早在其前身京师图书馆创立之际，就以清代内阁大库所藏的历代藏书为其基础。这批书继承了南宋皇家缉熙殿藏书、元代翰林国史院、国子监崇文阁、明代文渊阁等历代收藏的宫廷藏书，以及中华人民共和国成立后几十年的收集入藏，是一份从数量到质量都无与伦比的珍品古籍，是民族记忆，也是我们的精神家园。但是，由于历史上的天灾兵变、聚散转手，再加上古籍本身材质的不易保存，造成了很多古籍的损坏，传承下来，实属不易。

我一向认为，珍藏在国家图书馆善本书库的每一部古籍都有着不平凡的经历。我们应该善待它们，保护好它们，“片纸只字”都要认真对待。“修合无人见，存心有天知”，要用心修复和守护好我们的古籍。由此，想起赵万里先生曾说：“一部书进馆，从装修到做好书匣或书套，就是为书办好了‘后事’，一百年内当无问题……”书修好了，又能一代代传下去了。对修复师来说，这是一种责任，更是一种使命担当。

国家图书馆的古籍修复历史悠久。中华人民共和国成立后，国家图书馆陆续启动了《赵城金藏》、敦煌遗书、《永乐大典》、西夏文献的修复工程。但在以往的修复工作中，为古籍修复过程建档一直是一个薄弱环节。以修复《赵城金藏》为例，在长达16年的修复过程中，竟然没有留下一份详细的修复档案，只留下一册《赵城金藏修理簿》，登记了每次从书库提取了几种、几卷、经名、归库时间等内容，而后期的记录也只登记了每次提取几种几册，连经书的题名都没有了。除此之外没有留下任何记录修复工作的文字资料，非常可惜。基于此，我们在2014年开始的“天禄琳琅”专藏修复工作中，修复团队在为古籍“续命”的同时，秉持“为修复存史”的理念，特别注重了档案的留存。记述修复的全过程，让后人有据可查，为古籍保护工作积累了更多的宝贵经验。我以为，作为古籍修复的国家队，我们应承担起这个责任，而修复案例、实录等就体现了这一责任。这也是我写此书的目的。书中也有对古籍修复的一些思考，我也希望这些案例及思考在同行的修复工作中能起到参考和借鉴的作用。

此书所写的内容，一些是我近些年来在中国社会科学院大学研究生院、北京大学、首都联合职工大学讲授古籍修复的一些讲义，一些是我在江苏、山东等地“传习”期间做的讲座，还有一些是以前发表的文章，此次一并结集出版。在此，我首先要感谢古籍馆陈红彦馆长，在此书编写之初，红彦馆长在写作框架、内容编排等方面都给予我具体的指导与建议。在本书即将付梓之际，我还要感谢我的徒弟崔志宾。在编写过程中，志宾在文字编排、照片整理等方面都给予大力帮助。远在南京的徒弟绪军也以不同的方式给予帮助。承蒙各位惠助，再次感谢并铭感不忘！

朱振彬

2021年5月20日于国家图书馆